외국어 교육 이론과 실제
― 학습인가, 습득인가? ―

Krashen 저
김윤경 역

한국문화사

역자 머리말

이 책은 미국 남가주대학(University of Southern California) 교육학과 소속 스테픈 크라센(Stephen D. Krashen) 교수가 1982년에 초판을 낸 바 있다. 그 동안 수 차례의 실험을 거쳐서 이론의 내용을 반복했으며, 그 업적을 인정한 Prentice Hall Europe에서 응용언어학 중 언어교수법 시리즈 출판 목록에 선정, 1995년에 출판된 책이다.

제2외국어 습득(SLA)에 관한 이론을 종류별로 분류하면 (1)문화동화 모델, (2)적응이론, (3)담화이론, (4)감시모델, (5)변이능력 모델, (6)보편성 가설, (7)신경기능이론 등 7개 범주로 볼 수 있는데, 이 책은 이 중 (4)번에 해당하는 것이다. 외국어 습득을 이해하기 위해서는 적어도 위의 분류에 속하는 책을 한 권씩은 읽고 공부해야 할 것이지만, 우선 급한 대로 이 책과 또 한 권의 책을 권한다면 Understanding Second Language Acquisition by Rod Ellis, Oxford University, 1985(번역: 김윤경(1998), 외국어 습득론, 한국문화사)를 꼽을 수 있다.

이 책의 주요 독자층으로는 영어 및 영어교육을 전공하는 대학원생, 중등학교 영어교사가 될 것으로 안다. 우리나라와 같이 학생을 대상으로 실험을 할 수 있는 여건 조성이 어렵고, 또한 실험 연구를 할 수 있는 연구비 조성도 만만치 않은 상황에선 우선 선진국 학자들의 연구결과라도 빨리 접하고 이해하는 것이 급선무라고 볼 수 있다. 따라서 외국어 습득에 관심이 많은 분들과 이를 전공하는 대학원생들은 누구보다 먼저 이 책을 볼 것을 권한다. 주의할 점은 Krashen의 이론은 아직 이론이라기보다는 외국어 습득을 그 나름대로 이해하기 위하여 평생토록 실험하고 씨름한 결과를 정리한 정도로 볼 수 있다는 점이다.

　만약 외국어 습득의 원리를 명쾌하게 이론으로 발표하게 되면 우리가 학생들에게 영어를 비롯한 외국어를 가르치는데 혁명적인 기여를 하게 될 것이다. 그러나 외국어 습득은 인간의 머릿속에서 이루어지는 관계로 그 원리를 명확하게 분석하고 이론을 수립하는데는 더 많은 시간을 필요로 하는 것 같다. 그 반증이 바로 위에 분류한 이론의 범주 중 (7)신경기능이론일 것이다. 신경과 뇌를 이해하고 분석해 보면 외국어 습득원리를 파악할 수 있는 실마리를 찾게 될지도 모른다.

　좌우간 외국어 습득이나 교육은 한 시도 쉴 사이가 없는 중요한 일이며, 우리는 이 막중한 일에 종사하면서 사실은 아직 정확한 이론 정립을 보지 못하고 있으므로 연구를 게을리 할 수 없는 일이라 아니할 수 없다. 그럼에도 불구하고 우리는 연구에 몰두하기보다는 시대의 흐름에 편승하여 남도 가르치고, 내 자식도 가르치고 있으니 그 교육이 잘 될 리가 없다. "영어 교·강사 치고 못난 사람 없고, 동시에 잘난 사람도 없다"란 말이 항간에 무성하고 급기야는 대학이든 중등학교든 학원이든 소위 말해서 Native speaker만 찾는 지경에 이르렀다.

　여기서 우리는 외국어 습득이란 과연 무엇을 말하는 것인지 그 정의부터 다시 생각하지 않을 수 없다. 이 책을 통하여 그 정의를 다시 음미해 보고, 정의에 따른 연구방법과 사고의 발상 등이 어떻게 전개되고 있는지, 연구자의 태도와 안목을 배울 수 있는 기회가 되기를 바란다. 번역서의 특징은 원서로 볼 때 이해하기 힘든 부분을 쉽게 풀어서 설명해 주고, 우리말로 옮기기 어려운 표현들을 적절히 의역하여 독자의 이해를 돕고자 하는 면이 있으며, 읽는 속도 면에서 원서보다 빠르다는 장점도 있다. 그러나 역자의 실수로 번역이 잘못되거나 오역인 경우 치명적인 피해가 따를 수도 있다는 단점도 동시에 갖고 있기 때문에 역자는 무거운 책임감을 갖고 최선을 다하려고 다른 책들도 참고하고, 저자와 끊임없이 e-mail로 서신교환을 했음을 미리 언급한다. 그럼에도 불구하고 오역이나 오·탈자 등 잘못이 있을 경우 이는 오직 역자의 책임이며 능력의 한계임을 양해해 주기 바란다.

이번 학기에 한성대학으로 자리를 옮기다 보니 연구실, 강의실, 수업 등등이 새롭고, 또한 적응해야 할 요소들이었기 때문에 이 책의 번역 원고를 탈고하는데 특별한 이유도 없이 한 학기를 낭비한 셈이다.

그 동안 e-mail을 통하여 계속 고견을 주신 저자 Krashen 교수께 우선 감사한다. 그리고 그 동안 말없이 뒷바라지 해준 아내와 열심히 자기 할 일을 한 두 아들에게 미안한 마음을 전한다.

그리고 항상 지원을 아끼지 않고 불비한 원고도 마다 않고 받아주시는 한국문화사 김진수 사장님, 편집부 여러분, 감사합니다.

2000년 6월
진리관 315호 연구실에서
김윤경

목 차

제1장 개요 : 이론과 실제의 관계 ·· 9
   1. 교수법에 관한 3가지 접근법 ··· 10
   2. 접근 방법론간의 상호작용 ·· 13
   3. 3가지 접근 방법론의 교수법에 관한 입장 ······················· 17
   4. 이 책의 목표 ·· 19

제2장 외국어 습득론 ·· 21
   1. 제2외국어 습득에 관한 5가지 가설 ································· 22
   2. 제2외국어 습득의 작인(作因, 원인적 변수) ··················· 56

제3장 습득을 위한 입력 ·· 89
   1. 제2외국어 학급의 잠재력 ·· 90
   2. 교실의 한계 ·· 92
   3. 생산(결과)의 기능 ·· 93
   4. 습득을 위한 최적 입력의 특성 ·· 96
   5. 언어 습득을 조장하는 기타 자질들 ······························· 112
   6. 대화 능력을 "가르치는 일" ··· 120

제4장 문법의 역할과 올바른 위치 ·············· 127
   1. 학습이 곧 습득은 아니다 ·············· 127
   2. 문법의 위치 ·············· 135
   3. 학습의 효과: 자기-교정의 정확도 ·············· 157
   4. 의식적 언어규칙의 기타 효과 ·············· 166
   5. 언어규칙의 제시 ·············· 168
   6. 오류 교정에 관한 메모 ·············· 173
   7. 주관적인 문제: 문법 ·············· 177

제5장 언어 교육 방법론 ·············· 187
   1. 오늘날의 교수 방법론 ·············· 189
   2. 응용언어학 연구 ·············· 216
   3. 대안으로서의 교수법 ·············· 231
   4. 성취도 테스트 ·············· 253
   5. 교재간의 차이 ·············· 262
   6. 몇 가지 문제점 ·············· 268

참고문헌 ·············· 275

제1장 | 개요 : 이론과 실제의 관계

 이 책의 집필 목적은 "외국어 교육의 실제와 외국어 습득과정에 관하여 지금까지 알려진 지식이 어떤 관계가 있는가?"란 구태의연한 질문을 놓고 새로운 시각에서 다시 한 번 더 들여다보자는 것이다. 이와 같은 의도와 목적을 달성하기 위한 수단으로는 통상적으로 외국어 교육과 습득과정이 관련성이 깊다고 생각해 봄으로써, 이들 결과로부터 개략적이나마 어떤 이론체계 설정의 가능성을 모색해 볼 수 있을 것이다. 필자인 나도 어느 정도까지는 이와 같은 통상적인 연구방법을 따르게 될 것이다. 사실상 이 책의 상당 부분은 외국어 습득론 분야의 최근 이론들을 요약 정리하는데 할애했다. 이와 같은 집필 태도를 견지하면서 나는 외국어 습득에 필요한 교수법과 교재에 관한 일반화된 결론을 도출하게 될 것인데, 그것이 사실은 효과적인 교재란 이러이러한 특성을 가진 것이어야 한다는 정도로 끝을 맺게 될 것이다.
 그러나 이 책 집필에 들어가기에 앞서서 교수법과 교재를 결정하는 요인이 오로지 "이론"과 "이론적 연구"만 있는 것이 아니라는 사실을 미리 언급해 둘 필요가 있다. 나는 여기서 이론 및 이론이 갖고 있는 함축적 의미 등을 강조하고 있지만, 오로지 이론에만 의존하는 것은 위험성이 높다. 교수법과 교재에 관한 답을 찾는 데는 적어도 3가지 방법이 있으며, 우리는 이 책을 통하여 이들 3가지 방법을 모두 다루게 될 것이다. 나는 개요에 해당하는 본 장의 나머지 지면을 통하여 이들 3가지 방법에 관하여, 그리고 이들 3가지 방법 간의 상호 연관성에 관하여 다루어 보고자 한다.

그런 다음 우리는 이들 각각의 3가지 방법과 관련된 교수법은 어떤 것이 있는지 고찰하게 될 것이다. 성미가 급한 독자를 위하여 미리 저자의 견해를 언급하자면 이들 3가지 방법에 해당하는 각각의 방법론이 정확히 동일한 답에 귀결된다는 점이다. 언어 교수의 문제점 해결 방법은 고가의 장비, 이색적 방법, 정교한 언어분석 또는 새로운 어학 실습실 등등이 아니라, 이미 우리가 보유하고 있는 실제 의사소통에 해당 언어를 사용중인 수많은 인적 자원 및 기타 모든 것의 100% 활용에서 찾아야 할 것이다. 또한 최선의 방법은 가장 재미있는 것이며, 이상하게 보일지 모르지만 언어란 의사소통을 목적으로 설계된 것이며 바로 이 목적에 맞게 언어가 사용될 때 언어습득이 가능하지 않을까 라고 저자는 결론을 내리게 될 것이다.

1. 교수법에 관한 3가지 접근법

1) 제2외국어 습득론

우리가 논의할 첫 번째 분야는 제2외국어 습득론이며 이 책의 핵심 논제가 될 것이다. 오늘날 이론 발달에서 볼 수 있는 바와 같이 제2외국어 습득론은 "순수 이론 언어학"의 일부로 볼 수 있다. 즉 현장에서 실질적인 적용 없이 이론 자체가 연구되고 발전될 수 있다고 본다. 여타 과학적 이론의 경우와 마찬가지로 외국어 습득론도 하나의 과학으로서 일련의 가설 또는 일반화로 구성되어 있으며, 이들을 더 자세히 들여다보면 대부분 실험 데이터를 배경에 깔고 있다. 다양한 수단을 (명석한 성찰, 이상적인 꿈 등등) 통하여 학자는 가설을 만들어 낼 수 있다. 그러나 이런 가설들을 기초로 새로운 데이터를 도출해낼 수도 있을 것이다. 바꾸어 말하자면 가설이란 이미 과거에 존재했던 데이터와 관찰된 사실에 대한 요약이나 범주화가 아니라 새로운 데이터 생성을 위한 검증이란 테스트를 통과한 것만이 가치가 있는 것이다. 만약 현재 우리의 가설들이 새로운 어떤 것(events)을 예측할 수 있는 것이라면 가치가 있는 것으로 살아 남을 것이고, 예측력이 없거나 단 한 번이라도 예측에 실패하게 되면 그 가설은 즉각 수정되어야 한다. 그리고 만일 이와 같은 가설의 수정으로 인하여 일반화 자체도 수정될 수밖에 없게 된다면, 이 가설은 아예 폐기될 수밖에 없을 것이다.

이와 같은 학문의 과학적 방법에 따르면 우리가 아무 것도 증명할 수 없다는 사실에 주목할 필요가 있다! 우리는 그렇게 하면 단지 "긍정적인 증거"를 찾을 수 있을 뿐이다. 우리가 긍정적인 증거를 찾지 못하거나 대치되는 증거를 찾아내게 되면, 가설은 문제에 봉착하고 만다. 그리고 긍정적 증거를 찾아내어 가설이 정확한 예측을 할 수 있는 단계가 되었다 할지라도 아직은 우리가 "충분한" 증거를 확보한 것이 아니다. 그러므로 전문가적 입장에서 말하자면 과학자는 뭐든지 "입증"되었다고 단정적으로 말할 수 없는 것이다. 따라서 과학자가 할 수 있는 일은 항상 관심 분야를 증명하려고 문제 제기를 하고, 가설을 설정하는 일이 전부일 것이다.

이 책의 후반부에서 나는 제2외국어 습득에 관한 탄탄한 이론을 구성하는 일련의 가설들을 제시하게 될 것이다. 과학적 방법론의 규칙에 의하면 외국어 습득론은 항상 "온당한 이론"이 될 수 있을 뿐, 그것이 "확정적 증명"이란 있을 수 없는 것이다. 그러나 저자의 입장에서 보면 내가 이 책에 제시하게 될 가설들은 그 동안 상당량의 실험적 데이터 및 기타 자료들을 바탕으로 했으며, 아직까지 이에 상반되는 비중이 있는 반론이 제기된 바가 없는 것으로 안다. 이와 같은 실험적 데이터 및 기타 자료들이 총체적으로 나의 견해와 입장을 뒷받침해 주고 있다. 이 말은 내가 그 모든 실험적 데이터와 기타 자료들을 모두 신뢰한다는 뜻은 아니다. 여기서 내 말의 의미는 내가 설정한 가설들이 고려할 가치가 있는 기존의 데이터와 일치하거나 일맥상통하는 점이 상당히 크고, 기존의 다른 가설의 일반화와 비교할 때 데이터 수집 면에서 더 나아 보인다는 뜻이다.

이론이란 추상적인 것이며, 실제로 현장 적용을 시도하지 않은 단계에 있는 것이다. 그러나 외국어 교육의 경우는 실제 교육 현장 적용만큼 좋은 이론은 없다는 점을 독자들이 알아주기 바란다!

2) 응용언어학 연구

이미 확립된 탄탄한 이론을 공격하거나 지지할 것을 목적으로 하지 않는 언어학은 지금도 상당히 많은 연구를 진행하고 있다. 이들 연구들은 사회가 직면하고 있는 현안 문제들을 다루고 해결하는 것을 목표로 하고 있다. 다음과 같은 몇 가지 예를 들어보면 이들의 목표와 범주를 분명하게 이해하게 될 것이다.

언어 교육에 관한 우리의 논의에서 비중이 높은 사례들은 주로 교수법을 비교할 수 있는 실험으로 이루어져있다. 아주 간단히 말해서 동일한 언어를 한 집단의 학생들에게 교수법 A(예: audio-lingual)로 가르치고, 또 다른 집단의 학생들에겐 교수법 B(예: grammar-translation)로 가르친다고 치자. 어떤 특정의 이론은 교수법 A로 가르친 경우가 교수법 B로 가르친 경우보다 낫거나 못하다는 예측을 할 수 있기 때문에 이와 같은 실험의 결과가 이론가들에겐 분명히 관심과 흥미를 끌게 되는 것이다. 그러나 궁극적으로 볼 때 실험 자체는 실용성을 목적으로 한다. 즉 다시 말하면 우리 학교 현장에서 어떤 교수법을 적용할 것인가를 결정하는데 목적이 있다.

연구 결과를 게재하고 있는 문헌들은 다음과 같이 응용언어학적 실험 내용을 담고 있다: 즉 제2외국어 교육은 어린이들을 더욱 지적으로 (혹은 덜 지적으로) 만들어주는가?

영어를 모르는 어린이가 미국의 이중언어 교육에 노출되면 읽기 공부를 할 때, 모국어로 시작해야 하는가 아니면 영어로 시작해야 하는가?

3) 경험을 통한 아이디어 및 육감

교수법에 관한 세 번째 접근법은 전혀 실험에 의존하지 않는 방법이다. 이 방법은 외국어 교육분야에서 다년간의 경험을 쌓은 교사와 학생들의 성찰에 전적으로 의존하는 것이다. 이것은 "작용하고 있는 아이디어"(교사들이 투고한 교실 현장 교육 기법으로 구성된 것으로 Darlene Larson이 편집한 *TESOL Newsletter*의 칼럼 명칭임), 언어를 공부하는 학생들의 자기 반성(예: "diary studies") 및 기타 비공식적인 관찰과 목격 등으로 구성되어 있다. 연구결과가 정례적으로 전문 저널에 게재되고 있지만, 그러나 교사들은 이들 전문 저널에 쉽게 접근할 수 있는 것이 아니다. 언어 교육을 담당하는 교사들의 모임은 이따금씩 모임을 주선하여 경험 많은 교사들이 현장의 경험과 성찰을 다른 교사들과 공유할 수 있는 정도이다(예: 가장 성공적인 예로 캘리포니아 TESOL organization에 의하여 조직된 "mini-conferences"를 들 수 있다). 그러나 여기서 새로운 교수 기법을 위한 경험론적 지원이나 지지는 기대할 수도 없고 제시되지도 않는다. 오히려 새로운 아이디어를 각기 다른 학급에 적용, 시도해 보기에는 교사들의 육성 그 자체만 있으면 충분한 것이다.

2. 접근 방법론간의 상호작용

각각의 접근 방법론들이 교수법과 교재에 관하여 어떤 주장을 하는가를 논하기에 앞서서 나는 위에서 언급한 '3가지 접근법들이 서로 영향을 주며 돕는 관계'일 것이라는 하나의 온건한 주장과 논리를 전제로 하고 싶다. 첫째로 연구자들이 응용연구의 결과에 관심과 흥미를 보여야 할 것 같다. 왜냐하면 그와 같은 실험연구들은 제2외국어 습득 이론을 실증적으로 확신 또는 약화시킬 수 있는 증거를 제공할 수 있기 때문이다. 마찬가지로 응용언어학을 연구하는 사람들도 엄격한 이론 연구 분야에도 관심을 갖고 주목할 필요성이 있다. 그 이유는 이론상으로 성공을 거두고 있는 하나의 이론체계가 응용언어학 연구 결과에 대하여 연구자로 하여금 보다 깊이 있는 성찰과 해석을 할 수 있는 수단으로 작용할 수 있기 때문이다.

순수 이론 언어학이나 응용언어학 두 분야의 연구자 모두 공히 언어 습득과정에 대한 보다 상세한 성찰과 아이디어를 얻기 위해서는 언어를 직접 가르치고 연구하는 것이 좋다고 볼 수 있다. 마찬가지로 교육 현장 종사자들은 당연히 연구 결과에 흥미와 관심을 가질 것이고, 동시에 연구자들은 교육 현장의 교사와 학생의 의견에 대단한 관심과 흥미를 가질 것으로 생각한다.

아래 <그림 1.1>은 언어 교수법에 영향을 미치는 3요소간 이상적인 정보의 흐름을 나타내고 있다. 그러나 현실과 이상간엔 상당한 차이가 있는데, 3요소간 정보의 흐름에 관한 현실적인 모형은 <그림 1.2>와 같다. 즉 오늘날 현실은 3요소 사이에 상호작용이 대단히 미약하다는 말이다.

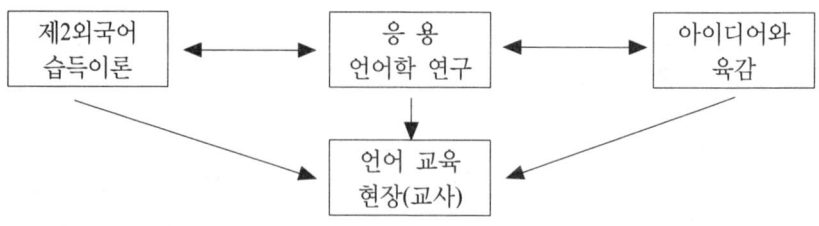

<그림 1.1> 이론, 응용 언어학연구, 아이디어와 육감, 언어 교육현장간의 이상적인 관계 모형

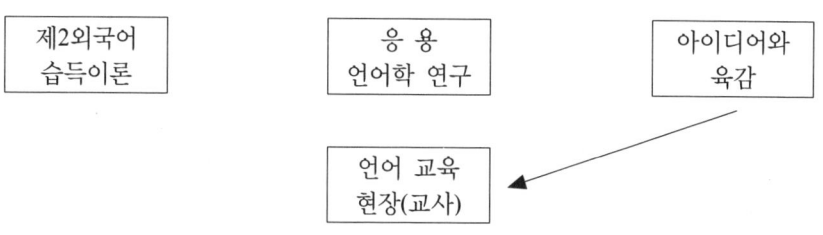

<그림 1.2> 이론, 응용 언어학연구, 아이디어와 육감, 언어 교육현장간의 실제적인 관계 모형

　실제로 많은 학자들이 언어 교육 및 습득 현장 자체에 개입 내지는 관련되어 있지 않을 뿐만 아니라 교사들과 상호 교류도 되지 않고 있는 실정이다. 그리고 순수 이론연구와 응용연구 사이에도 상호교류나 접촉이 거의 없는 상태이다. 최선의 교수법을 찾아 헤매는 학자들은 기초가 되는 근본적인 이론에 별로 관심이 없는 경우가 많다. 교사들과 교재 개발자들이 연구 및 어떤 종류든 간에 이론 체계화에는 별로 관심을 보이지 않는 것이 분명하다.
　이와 같이 상호작용이 미미한데 특히 학자들과 교사간의 상호작용의 실패에는 그 나름대로 좋은 이유가 있는 것이다. 이와 같이 상호 의사소통이 결여된 이유가 교사들의 어떤 반지성주의로부터 연유되는 것은 아니다. 오히려 이론의 체계를 세우는 학자들이 과거에 자기들의 성찰만이 교사들의 행동과 교재의 구성에 반영되어야 한다고 고집스럽게 주장했기 때문에 현장의 교사들로부터 외면당했던 것으로 볼 수 있다. 한편 우리는 과거에 이론이 발표되면 즉각 그 이론을 교육현장에 도입, 적용했는데, 현장에서 그 이론들이 원만하게 적용되거나 효과적으로 작동되지를 못했던 것이다.
　그와 같은 과오를 범했던 좋은 예로는 청각언어교수법(audio-lingual method)으로 알려진 행동주의 심리학 원리의 교실 현장 적용을 들 수 있다. 이론 학자들은 다이아로그와 문형연습(pattern drill)이 곧 언어를 가르치는 "방법"이라고 주장하면서, 수많은 교사와 학생들이 잘못된 방법이라고 느꼈던 기법(techniques)을 권했던 것이다. 아주 최근에 나온 "이론 적용"의 예로는 소위 말하는 "변형문법 적용" 운동이라고 칭하는 것을 들 수 있는데, 이는 최근 통사론 및 음운론의 이론적 발달에 직결된 것이라는 특징을 갖고 있다. 앞으로 그 이유를 자세히 살펴보겠지만 이 변형문법 적용은 언어 교육에 그다지 큰 효과를 거두지 못했고, 언어 교육이란 차원에선 별로 의미 부여를 할 만한 가치가 없다. 변형문법은 혼란만 초래했는데, 현장의 교사들이 변형문법 자체에 대하여 그다지 아는 것이 없었기 때문에 상당수의 교사들에겐 변형문법은 아직 준비가 덜된 이론이라는 느낌을 주었던 것이다. (변형생성문법에 대한 필자의 견해에 관하여 이 책의 독자들로부터 오해의 소지가 있을 수 있으므로 필자의 주장을 다시 부연하자면 다음과 같다: 변형생성문법이 형식언어학에 상당한 자극제가 되었으며 언어학 발달에 기여한 바 적지 않지만, 필자가 여기서 말하고자 하는 요점은 제2외국어 교수법 및 교재가 반드시 변형생성문법에 기초를 둘 필요는 없다는 점이다.)

  지금까지 언급한 두 가지 이론들은 모두 실패했다. 첫째 행동주의 이론은 근본적으로 언어 습득론이 아니기 때문에 언어 교육에 적용하는데 실패했던 것이다. 둘째 변형생성문법은 언어 능력 즉 언어 생산에 관한 이론이지 언어 능력을 어떻게 갖추게 되는 것인지 그 방법에 관한 이론이 아니기 때문에 교수법으로선 실패했던 것이다. 결국 변형생성문법도 언어 습득과정에 관한 이론이 아닌 것이다.

  이 책의 제2장에서 소개하게 될 "새로운" 이론은 제2외국어 습득론으로서 언어 생산이 아니라 언어 습득과정을 다루게 된다. 그럼에도 불구하고 제2외국어 교육을 위한 교수법과 교재를 결정하는 문제에 있어서는 몇 가지 가능한 정보의 출처중 단 한 가지만을 고려해야 할 것이다. 관련된 이론을 제공하려는 이론가들이 실패하는 복합적인 요인 중에는 해당 이론을 현장에 적용하는데 실패한 현장 교사들이 그 실패의 원인을 이론가들의 탓으로 돌리는 것도 빼놓을 수 없는 요인중 하나이다. 그들은 이들 이론에 근거를 둔 교수법들이 실패한 이유를 자신들이 이론에 대하여 무지하기 때문이라고 당치도 않은 결론을 내린다. 결과적으로 최근의 교사들은 교실 현장에서 할 일을 결정할 때 위의 <도표 1.1>에 나타난 세 번째 칸에 해당하는 "아이디어와 육감"에 가장 크게 의존하고 있다. 실제로 교사들이 행하는 일은 이론연구나 응용연구에 의존하거나 근거를 두지 않는 것이다. 교육자료와 교수법에 관한 수많은 서적들은 주로 교실 현장에서 발생할 것 같은 것에 근거를 두고 있는 것이지, 하나의 이론에 근거를 둔 경우는 별로 없고 (초기의 청각교수법이나 변형문법론을 상기해 보라) 현장 검증을 거친 경우는 더더욱 드물다.

3. 3가지 접근 방법론의 교수법에 관한 입장

이 책의 집필 목적은 최근에 나온 한 가지 이론을 요약하고, 이 이론이 암시하는 교수법이 어떤 것인지를 짚어보는데 있다. 이 이론이 암시하는 점을 여기선 간단히 요약하고 앞으로 제3장에서 심도 있게 다룰 것이다. 최근의 이론이 다루고 있는 것은 아주 간단한데, 모국어이든 제2외국어이든 언어습득은 진정한 의미에서의 메시지를 이해할 경우에 한해서, 그리고 Stevick이 즐겨 사용하는 용어를 빌자면 언어 습득자가 "방어적 입장"이 아닐 경우만 가능하다고 본다. 언어습득은 의식적인 문법 규칙의 과도한 사용을 요하지 않으며, 지루한 연습을 요하지도 않는다. 그러나 그렇다고 해서 하룻밤 사이에 언어습득이 되는 것도 아니다. 진정한 언어습득은 서서히 발달하는 것이며, 비록 여건이 완벽할 경우라도 말하기 기술은 듣기 기술보다 상당히 늦고 더디게 발달하는 것이다.

그러므로 학생들이 진짜 듣고 싶어하는 메시지가 내포된 것을 즉 심리적으로 아주 편안한 상태에서 하나의 "이해 가능한 입력"(comprehensible input)을 제공하는 것이 최선의 방법(교수법)이다. 이와 같은 방법들은 제2외국어인 경우 조기 발화생산을 강요하지 않고, 발화의 강요나 오류 수정으로부터가 아니라 의사 소통적이고 이해 가능한 입력 제공으로부터 차츰 차츰 개선, 발전된다는 점을 잘 인식하고 학생들이 "준비"가 되었을 때, 스스로 언어를 발화하고 생산할 수 있음을 인정하는 것이다.

　이 책의 요점은 응용언어학의 연구가 결국 제2외국어 습득에 관한 이론연구와 밀접한 관계가 있음을 보여 주고자 했다는 점이다. 비교연구법에 (이미 앞에서 언급한 바와 같이 교수법 A와 교수법 B를 비교하는 연구방법) 따르면 "최선의 교수법"은 중압감에서 해방된 상황 하에 이해 가능한 입력(comprehensible input) 제공에 초점을 맞추고 있는 교수법이라고 할 수 있는 "입력 교수법"인 것 같다.

　최근 교사들의 웍샾에 등장하는 발표문의 제목과 교육 위주의 학술지에 게재되는 논문 등을 조사 연구한 바에 의하면 "아이디어와 육감" 영역이 "최선의 방법"이라는 결론에 도달하게 된다. 논문의 제목이 눈에 띌 만큼 변화했다! 10년 전만 해도 교사 중심의 논문과 발표문들은 언어 생산과 연습 절차 등등에 관한 관심을 반영하여 주로 문법적 기술에 치중했다.[1] 그러던 것이 최근에 와서는 이들 논문의 제목이 학생들이 구두 및 문자 입력(spoken and written input)을 이해하고 대화에 참여하도록 도와주는 방식 즉 교실에서의 진짜 의사소통을 촉진시킬 수 있는 방법이 무엇이냐에 쏠리고 있다.[2]

　웍샾 및 소회의(mini-conference) 등에서 우리는 이제 문법이나 대체문형연습의 유형 등등에 관한 발표를 더 이상 찾아 볼 수 없게 되었다. 요즈음의 논문 발표의 흐름은 교육 보조재료, 사회-드라마(socio-drama) 등등의 교보재로서 신문을 이용하는 역할극을 염두에 두고 있는 것이다.

뿐만 아니라 새로운 교수법은 우선 학생들의 불안과 염려를 덜어 주고 안심시키는 것을 일차적인 목표로 삼고 있다(제3장 참조).

4. 이 책의 목표

이 책의 주요 집필 목표는 최근의 교수법 이론과 그 의미를 소개하는 데 있다. 그러나 또 다른 목적은 교사들에게 새로운 이론을 소개하고, 교사들로부터 새로운 이론에 대한 신뢰를 회복하고자 함에 있다. 외국어 습득론에 관한 한 가장 최근의 이론일지라도 그것이 완결판일 수 없다는 점을 깨닫게 되면서 이제 이론적인 측면을 되돌아 볼 때가 된 것이다. 나는 현장 교사들이나 교재 집필자들에게 맹목적으로 교수법 이론을 따르라고 강요하지는 않는다. 다만 내가 바라는 것은 우리의 연구 결과가 교실 현장의 교사와 학생으로서 경험을 통하여 그들이 내린 결론에 또 다른 아이디어와 투입 정보의 참고자료로 고려되고 활용될 수 있기를 기대하는 것이다.

미주

[1] 예를 들어 Language Learning, vol.9, 1959의 목차를 보면 다음과 같은 것들이 포함되어 있다:
"영어 문법 수업에서의 문법이론 및 실제"
"불어 동사에 관한 수업"
"명사-등급' 및 실용적인 교사"
"스페인어 동사 유형에 나타나는 문법 형태소 대체형(alternants)"
"학급활동의 'technemes' 및 리듬"
volume 12, 1962엔 다음과 같은 목차가 들어 있다:

"생성문법의 주석을 단 참고문헌들"

[2] TESOL Quarterly, volume 1979엔 다음과 같은 논문들이 실려있다:
"라디오 광고를 ESL 듣기 수업의 보충교재로 활용"
"의사소통적 글쓰기(작문)"
"ESL학습효과를 높이기 위한 농담(joke-telling)"
학급에서 커뮤니케이션을 강조하는 최근의 경향을 반영함.
(주 1, 2는 분명히 이 분야의 활동을 소개하기 위한 충분한 예는 못되지만 그래도 이 분야의 대표적인 예는 될 것이다. 최근에 학술연구지인 Language Learning은 교육(pedagogy)쪽 보다는 이론연구와 응용연구에 치중해왔다. 이와 같은 이유로 나는 TESOL Quarterly는 제호를 바꿔서 발간하기 시작한 1967년 이후 발행분부터 다루었다.)

제 2 장 외국어 습득론

본 장에서는 최근의 외국어 습득에 관한 이론을 간략하게 요약, 정리하여 보기로 한다. 우선 첫째로 몇 가지 주요 가설들을 살펴보자. 우선 습득-학습 구분 가설, 자연스런 습득 순서 가설, 모니터(감시) 가설 등 기본적인 3가지 가설들은 이미 나의 다른 책과 논문에서 많이 다루었기 때문에 여기서는 간략하게 검토해 보기로 한다. 그러나 간략하게 다룬다고는 했지만 그래도 이런 가설과 이론을 처음 접하는 독자들을 감안하여 이들이 본 가설과 이론을 충분히 이해할 수 있을 정도의 소개는 있어야 할 것이다. 네 번째 가설인 입력가설(input hypothesis)은 아마도 오늘날 외국어 습득론에서 가장 중요한 개념일지도 모른다. 이 가설이 중요한 이유는 우리가 어떻게 언어를 습득하느냐란 이론적으로 매우 중요한 질문에 관하여 해답을 찾고자 하기 때문이다. 이 가설은 또한 우리가 일상적인 외국어 교육에서 부딪히게 되는 수많은 문제점들에 대한 답을 모색하고 있기 때문에 그 중요성을 간과할 수 없다. 입력가설에 관한 논의에 이어서 우리는 정의적 변수가 제2외국어 습득과정과 어떤 연관성을 갖고 있다고 보는 하나의 가설인 정의적 여과(affective filter) 개념을 다루게 된다.

이 책의 후반부에서는 교육(가르침)을 포함한 제2외국어에의 노출 정도를 측정하는 각기 다른 방법 및 습득자의 연령 등등 그 동안 습득과 관련이 있다고 생각했던 요소들을 다루게 된다. 이들 요소들은 진정한 의미에서 원인적 요소가 아니라는 결론이 나온다. 이들 요소들이 제2외국어 습득의 성공이나 실패에 원인이 될 수 있는 것으로 보이지만 제2

외국어 습득의 진짜 인과적 변수들은 사실 입력 가설 및 정의적 여과로부터 파생된다. 여기서 말하는 입력가설 및 정의적 여과란 습득자가 받아서 이해하게 되는 즉 양적으로 이해 가능한 정도의 입력, 정의적 여과의 강도 또는 습득자가 입력에 마음을 열어 놓는 "개방"의 정도 등을 말한다.

1. 제2외국어 습득에 관한 5가지 가설

1) 습득-학습의 구분

이 책에서 소개하는 거의 모든 가설에 가장 기본적인 배경과 기초를 이루는 논리는 바로 습득과 학습이 동일한 것이 아니므로 이들 두 개념 자체가 분명히 다르다는 사실을 전제로 하고 있다. 즉 적어도 성인의 제2외국어의 경우는 학습과 습득이 다르고, 제2외국어 능력의 발달은 모국어의 경우와 다른 독자적인 방식을 갖고 있는 것이다.

모국어일 경우 언어습득 과정을 보면 성인도 어린이와 그 과정이 동일하거나 매우 유사한 것으로 나타나고 있다. 언어습득은 하나의 잠재의식적인 과정으로 습득자들이 언어 습득이 진행되고 있다는 사실을 항상 감지하고 깨닫고 있는 것이 아니라 자신들이 의사소통으로 언어를 사용하고 있다는 사실만을 의식하고 있을 뿐이다. 습득된 능력인 언어 습득의 결과도 또한 잠재의식일 뿐이다. 우리는 일반적으로 우리가 습득한 언어의 규칙들을 의식적으로 깨닫고 알게 되는 것이 아니다. 오히려 우리는 틀린 것을 교정해야 한다는 어떤 "감(感)"을 갖고 있다. 우리가 비록 어떤 문법 규칙을 어겼음을 의식적으로 깨닫지 못한다 할지라도 문법적인 문장은 옳다고 "느끼게" 되고 오류는 잘못이라고 느끼게 된다.

언어 습득을 기술하는 또 다른 방법으로는 맹목적 학습(implicit learning), 비공식 학습(informal learning), 자연스런 학습(natural learning) 등이 있다. 비기술적 언어의 경우, 언어습득은 하나의 언어를 "picking-up"(당장 필요한 것을 골라내는 일)하는 것이다.

제2외국어 능력을 개발하는 두 번째 방법은 언어 학습인 것이다. 앞으로 우리는 언어 규칙을 알고, 그 규칙들을 의식하며, 규칙에 관하여 언급할 능력을 갖게 되는 등 제2외국어에 관한 의식적인 지식을 지칭하는 말로 "학습"이란 용어를 사용하게 될 것이다. 비기술적 용어의 경우 학습이란 거의 대부분의 사람들이 "문법" 혹은 "규칙"이라고 알고 있는 하나의 언어에 대하여 "알고 있는 것"을 의미한다. 맹목적 학습이나 언어에 관한 형식적 지식 속엔 몇 가지 동의어도 내포되어 있다.[1]

외국어 이론가중 일부는 어린이는 언어를 습득하지만 성인의 경우는 학습만이 가능할 뿐이라고 단정해 왔다. 그러나 습득-학습 구분 가설은 언어 선택(pick-up) 능력이 사춘기에 도달해도 소멸되는 것이 아니기 때문에 성인들도 언어를 습득한다고 주장한다. 이 말은 성인들이 외국어를 습득함에 있어서 항상 모국어 화자의 수준으로 외국어를 유창하게 습득할 수 있다는 뜻이 아니라 성인도 어린이와 마찬가지로 자연스런 "언어 습득 장치"(language acquisition device=LAD)에 접근할 수 있다는 의미이다. 앞으로 자세히 다루게 되겠지만 습득이란 성인에 있어서 상당히 강력한 하나의 절차요 과정인 것이다.

오류정정은 잠재적 습득에 별로 영향이 없지만, 의식적인 학습에는 매우 유용한 것으로 생각된다. 오류정정은 학습자가 언어규칙의 올바른 형식을 도출해 내는데 도움이 되는 것으로 추정된다. 예를 들면 제2외국어로 영어를 배우고 있는 한 학생이 "I goes to school every day"라고 말할 때 교사가 반복해서 "I go to school every day"라고 교정해 준다면, 학습자는 일반동사 go의 경우 1인칭과 2인칭은 그대로 쓰이고, 3인칭 단수의 경우만 어미 -(e)s가 붙는다는 사실을 하나의 언어규칙으로 의식적으로 머릿속에 각인시키게 될 것이다. 이는 매우 합리적인 것처럼 보이지만 이와 같은 오류교정이 실제 상황 하에서 학습에 영향을 주게 되는 하나의 요인으로 작용하는지 여부는 분명치 않다(Fanselow, 1977; Long, 1977).

어린이 언어습득에서 얻어낸 증거를 보면 오류교정이 언어습득에 그다지 큰 영향을 주지 못하는 것으로 나타난다. Brown과 그의 동료 학자들은 부모가 자기 자녀의 언어를 교정해 주는 정도는 사실상 매우 미미한 정도에 지나지 않음을 보여 주었다 (이따금씩 발음문제, 어떤 동사, 그리고 점잖지 못한 단어 정도를 교정해 줄뿐임). 그래서 그들은 연구결과 다음과 같은 결론에 도달한다. 즉 부모들은 아이들의 언어 유형(form)이나 형태보다는 무엇을 말하려고 하는지에 대하여 더 관심을 갖고 있다는 것이다. 예를 들면 Brown, Cazden, Bellugi(1973) 등은 다음과 같은 문장을 실제로 어머니가 Eve's hair를 지지고 있기(curling) 때문에 인정할 수밖에 없었다고 보고서를 쓰고 있다:

    Her curl my hair.

그런가 하면 실제로 월트 디즈니사의 만화가 수요일에 방영되었기 때문에 다음과 같은 문장은 통사적으로 정확한 문장임에도 불구하고 지적받고 교정을 시킬 수밖에 없었다.

    Walt Disney comes on on Tuesday.

Brown 등 학자들은 "부모들은 주로 명백한 동사적 강화를 지배하는 통사적 적절성보다는 오히려 진짜 아이가 전달하려고 하는 내용"에 더 신경을 쓰는 것 같다고 결론을 내리고 있다.

습득-학습의 구분이 제2외국어 습득에선 그다지 특이한 것이 아닐지도 모른다. 우리가 분명 학교를 통하여 모국어를 "학습"하는 정도는 매우 적으며, 기타 다른 영역에서도 그런 경우가 많다(Reber, 1976; Hall, 1959, the review in d'Anglejan, 1978).

2) 자연스런 습득 경로 가설

언어습득 연구 분야에서 최근에 알게 된 가장 흥미로운 점 중의 하나는 문법 구조의 습득은 그 경로가 예측 가능한 방향으로 진행된다는 점을 발견했다는 사실이다. 학습자들에게 주어진 언어를 습득함에 있어서 어떤 특정한 문법구조를 먼저 습득하고 기타 다른 것들을 나중에 습득하는 경향이 있다. 이와 같은 선습득과 후습득 현상의 영역이 개인 학습자들 간에 100% 일치하는 것은 아니지만 유사성은 매우 높아서 통계학적 유의미성을 보여 주고 있음은 분명하다.

자연스런 습득 경로 가설에 관한 한 가장 연구가 많이 이루어진 언어가 아마도 영어일 것이고, 영어의 문법구조 중 특히 형태론(morphology)이 가장 많이 연구되었다. Brown(1973)은 모국어로서 영어를 습득하는 어린이들은 영어 중 다른 어떤 분야보다도 특정의 형태소 또는 기능어를 먼저 습득하는 경향이 있다고 결론을 내렸다. 예를 들면 우선 습득되는 형태소로 진행형 -ing(예: He is playing baseball), 복수형 어미 형태소 /s/ (예: two dogs) 등이 있고, 그리고 6개월 혹은 1년쯤 지나서 습득되는 형태소로 3인칭 단수 어미 형태소 /s/ (예: He lives in New York), 소유격 어미 형태소 /s/ (예: John's hat) 등이 있다. de Villiers and de Villiers(1973)는 횡적연구를(cross-sectional research 즉 동일 시점에서 다양한 실험집단을 설정하여 실시하는 연구) 통하여 Brown의 종단면연구(longitudinal research 즉 소수의 특정 실험 집단을 수년간에 걸쳐서 실시하는 실험 및 관찰연구)의 결과를 재확인했다. 다시 말하자면 이들 형태소를 비교 연구해 보니 그 난이도 순위가 습득 순서와 매우 유사하게 나타났던 것이다.

Brown의 연구 결과가 발표된 직후 Dulay and Burt(1974, 1975)가 제2외국어로서 영어를 습득하는 어린이들도 그들의 모국어가 무엇이냐에 상관없이 문법적 형태소 습득에 "자연스런 경로"가 있음을 보여 주고 있다고 발표했다. 어린이의 제2외국어 습득 순서가 모국어 습득 순서와는 차이가 있었지만, 제2외국어를 습득하는 다른 실험집단의 (어린이가 아닌 집단) 경우는 습득순서가 모국어 습득의 경로와 매우 유사한 것으로 나타났다. Dulay and Burt의 연구결과는 그 후 수많은 연구자들에 의하여 검증을 받은 바 있다(Kessler and Idar, 1977; Fabris, 1978; Makino, 1980). Dulay and Burt는 Brown이 맨 처음 조사연구의 자료로 사용했던 14개의 형태소를 연구에 그대로 이용했다. Fathman(1975)은 각기 다른 20개의 구조로 구성된 발화 테스트인 SLOPE 테스트라 명명한 자신의 테스트 기법으로 어린이의 제2외국어 습득에도 자연스런 경로가 있음을 확인할 수 있었다.

Dulay and Burt의 연구에 이어서 Bailey, Madden, Krashen(1974) 등은 성인을 대상으로 연구한 결과 성인에게도 어린이의 제2외국어 습득에서 본 바와 매우 유사한 자연스런 습득 경로가 존재한다는 결론을 내리고 있다. 앞으로 다루게 되겠지만 이와 같이 자연스런 습득 경로는 특정의 조건 하에서만 나타나고 있다(아니 어떤 특별한 조건 하에서만 사라지는 것으로 볼 수도 있다). 성인의 경우에 문법 형태소 습득에 자연스런 경로가 있음을 확인한 학자로는 작문을 연구 자료로 활용했던 Andersen(1976), 그리고 자유 발화(free speech)를 연구 자료로 활용했던 (1977) Krashen, Houck, Guinchi, Bode, Birnbaum, Strei, 그리고 또한 자유 발화를 자료로 활용했던(1979) Christison 등을 들 수 있다. 위에서 언급한 바 있는 SLOPE 테스트법을 이용한 성인 연구도 자연스런 경로가 있음을 확신케 했으며 이에 관한 자료(data base)를 증대시켰다. Krashen, Sferlazza, Feldman, Fathman(1976) 등도 어린이의 제2외국어 습득 순서에 관한 Fathman(1975)의 연구 결과, 그리고 SLOPE 테스트법을 이용했던 Kayfetz-Fuller(1978)의 연구 결과 등과 매우 유사한 연구 결과를 내놓았다.

<도표 2.1> 제2외국어로서의 영어의 문법적 형태소의 "평균적" 습득 순서(어린이, 성인)

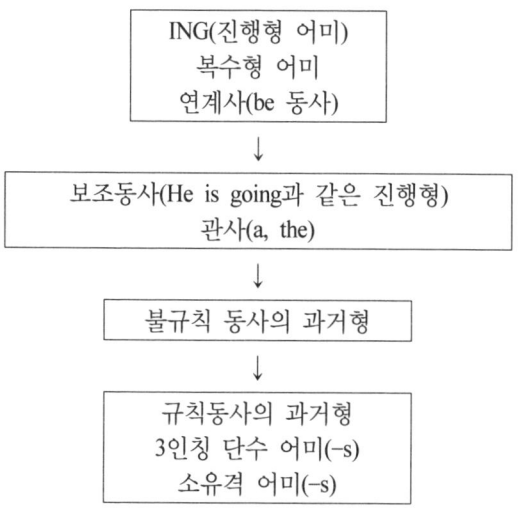

주: 1. 이 습득 순서는 제2외국어 습득에 관한 실험연구 결과로부터 나온 것임(Krashen, 1977). 대부분의 연구 결과가 평균 습득 순서와 높은 상관관계를 나타내었음.
2. 이들 습득 순서에 관하여 아무런 비판이나 반대가 없었음.
3. 여기 나타난 대부분의 상관관계는 어린이의 모국어 습득에 관한 것이지만 예외도 있다.

위에서 언급한 바와 같이 제2외국어의 습득순서는 모국어 습득의 경우와 그 순서가 동일하지는 않지만 뭔가 그와 유사한 면들이 상당히 많이 존재한다. Krashen(1977)에서 인용한 <도표 2.1>은 제2외국어 습득 순서의 평균적인 현상을 나타내고 있으며, 동시에 모국어 습득순서와 어떤 차이가 있는지를 잘 나타내고 있다. 여기서 말하는 평균적인 순서란 연구자에 따라 각기 차이가 나고 순서가 다른 데 이를 모두 수용할 수 있는 도식으로 평균을 냈다는 정도의 의미를 갖고 있는데, 이와 같은 평균을 도출하는데 활용된 자료는 수많은 문법적 형태소 습득에 관한 실험 연구들을 비교한 결과이다.

영어가 가장 많이 그리고 가장 잘 연구된 언어이긴 하지만 그렇다고 수많은 언어 중 유일하게 영어만 연구대상이 되었던 것은 아니다. 영어 이외에 다른 언어의 연구 결과도 나타나기 시작했다. 외국어로서의 러시아어를 연구 대상으로 다룬 아직 발표되지 않은 Bruce(1979)의 연구 논문, 외국어로서의 스페인어를 연구 대상으로 다룬 van Naerssen(1981)의 연구 등은 영어 이외의 언어에도 자연스런 습득순서가 있을 것이라는 가설을 재확인 시켜준 셈이다.

우리는 나중에 이 책의 후반부에서 자연스런 습득순서 가설의 교육적 의미를 다루게 될 것이다. 그러나 여기선 우선 자연스런 습득순서 가설의 의미가 이 책의 집필 목적이 아니므로 구체적으로 논할 계제는 아니기 때문에, 가르칠 때 먼저 –ing를 가르치고 난 다음 3인칭 단수 어미 –s를 나중에 가르치라는 등의 주문을 하지 않겠다. 사실 우리의 목표인 언어 습득에서 모든 경우에 문법 면에서 어떤 순서가 있음을 부정할 이유를 찾게 될 것이다. 그러나 이 문제는 우선 먼저 이론적 배경과 구조를 정리한 다음 이 책의 후반부에서 다루고자 한다.

(가) 과도기 유형

자연스런 습득경로 가설을 지원해 주는 연구결과들은 성숙했거나 잘 구성된 문장 구조 내에서 나타나는 순서만을 보여 주고 있지만 기타 다른 연구들은 습득자들이 언어에 통달하기 위한 어떤 경로를 밟고 있음을 보여주기도 한다(Dulay, Burt, Krashen의 출판물, Ravem, 1974, Milon, 1974, Gillis and Weber, 1976, Cancino, Rosansky, and Schumann, 1974, Wode, 1978, Nelson, 1980 등등이 이 분야의 제2외국어를 연구 주제로 다루고 있음). 이들 연구의 공통점을 보면 습득자들이 저지르는 오류가 모든 연구에 매우 유사하게 나타나는데 이는 소위 말하는 발달 오류라고 명명할 수 있을 것이다. 예를 들면 모국어로든 외국어로든 영어의 경우 다음 예문과 같이 부정을 배울 때 대부분의 학습자들이 문장의 앞에 부정어를 위치시키는 단계를 거치게 된다:

예문 a) No Mom sharpened it.
b) Not like it now.

(상기 예문 a)의 출처 : Klima and Bellugi(1966)의 어린이 L1 습득 연구,
b)의 출처 : Ravem(1974)의 어린이 L2 습득 연구)

이 단계를 거친 다음 올바른 유형의 문장 단계에 도달하기 바로 직전 단계로 다음 예문과 같이 부정어를 주어와 동사 사이에 위치시키는 단계가 나타난다:

예문 a) I no like this one.
b) This no have calendar.

(상기 예문 a)의 출처 : Cancino et al.(1975)의 어린이 L2 습득 연구,
b)의 출처 : Schumann(1978a)의 성인 L2 습득 연구)

영어에서 wh- 의문문 습득의 예측 단계에서는 아래 예문과 같이 평서문 앞에 단순히 wh- 의문사만 위치시키는 초기 단계가 나타난다:

예문 a) How he can be a doctor?
b) What she is doing?

(상기 예문 a)의 출처 : Klima and Bellugi(1966)의 어린이 L1 습득 연구,
b)의 출처 : Ravem(1974)의 어린이 L2 습득 연구)

그리고 난 다음 단계에서 어린이 습득자들은 의문사 다음에 오는 문장의 주어와 동사를 도치시키기 시작하는 단계가 온다 (이에 관한 더 자세한 내용은 Dulay and Burt의 연구물들을 참고하기 바란다).

이상과 같이 언어 습득시 바로 완전한 유형에 도달하지 못하고 중간에 과도기적 유형을 거치는 단계들이 존재한다는 사실은 영어 이외의 다른 언어에도 있고 예문 이외의 다른 문장 구조에도 있음을 연구 결과들은 보여준다. 학습자의 모국어가 무엇이냐에 상관없이 목표어 습득시 이와 같은 습득 순서나 단계가 매우 유사하게 나타나고 있다 (어떤 모국어의 경우 특정 단계의 지속 기간에 다소 영향을 줄 수도 있다. 이에 관해서는 Schumann, 1979를 참조할 것). 이와 같은 현상은 우리 인간 누구에게나 나타나는 자연스런 언어습득 경로의 작동에 영향을 미치는 것으로 보인다 (자연스런 언어 습득 순서 가설에 관한 작금의 현안 문제 및 찬·반론에 관해서는 Krashen, 1981을 참고할 것).

3) 감시 가설

습득-학습 구분론은 성인의 경우 두 가지 분리된 절차와 과정이 공존한다고 주장하는데, 이들 두 가지가 제2외국어 언어 수행시 어떤 방법으로 사용되고 있는지를 설명하지 못한다. 습득과 학습이 매우 구체적인 방법으로 사용되고 있음을 가정하고 있는 이론이 바로 감시 가설 (모니터 가설)이다. 습득이 우리의 제2외국어 발화에 "시발"(또는 시동)

이 되고, 우리의 유창성과도 직결되는 것은 지극히 정상적인 것이다. 학습은 단 한 가지 기능만을 갖고 있으니 그것은 바로 하나의 감시자 또는 편집자 역할일 뿐이다. 학습은 이미 습득된 체계에 의하여 "생산"된 다음, 우리의 발화 유형을 변화시키고자 할 때만 역할을 하게 된다. 이와 같은 기능과 역할은 우리가 말을 하거나 글을 쓰기 전 또는 후(자체 수정)에 발생한다. 다음의 <그림 2.1>은 바로 이와 같은 과정을 하나의 모델로 잘 표현하고 있다.

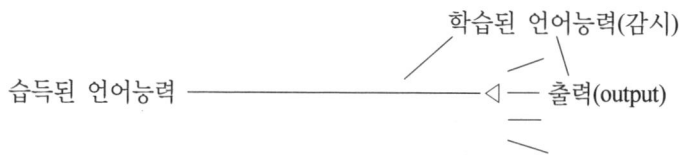

<그림 2.1> 제2외국어 발화의 습득과 학습

의도적 학습은 하나의 "감시(Monitor)"로서만 유용하며, "감시"란 발화가 실제로 말하기나 글쓰기 행위 전 또는 후에 이미 습득된 언어체계의 산출을 변경시킬 수 있다. 정상적이고 유창한 발화를 시작하는 시동장치는 바로 습득된 체계인 것이다.

감시 가설은 형식적인 규칙 또는 의식적 학습은 제2외국어 언어 수행에서 단지 제한적인 역할만을 맡고 있는 것으로 이해하고 있다. 지난 몇 년 동안 연구가 진행됨에 따라 이와 같은 제한적인 역할과 기능은 더욱 분명해졌다. 이 책의 제4장에서 보는 바와 같이 본 연구는 제2외국어 언어수행자(performers)는 오직 3가지 조건이 맞아떨어질 경우만 의식적인 언어규칙을 사용할 수 있다는 점을 강력히 주장한다. 이들 조건들은 필요조건이지 충분조건은 아니다 즉 언어 수행자는 이들 3가지 조건이 맞아떨어진 경우라도 자기가 알고 있는 의식적인 언어규칙을 완전히 다 사용하지 않을 수도 있는 것이다. 이들 3가지 필요조건에 관해서는 제4장에서 상세히 다룰 예정이므로 여기서는 다음과 같이 간단하게 설명하고 지나가기로 한다:

(1) 시간 : 제2외국어 언어수행자가 해당 언어에 관한 의식적인 규칙을 효과적으로 생각하고 활용하기 위해서는 충분한 시간적 여유를 필요로 한다. 대부분의 사람들의 경우 정상적인 대화라면 그런 규칙을 생각한 다음 끄집어내어 활용할 수 있을 만큼 그렇게 시간이 충분치 않다. 대화시 언어규칙의 과도한 사용은 오히려 문제를 야기 시킬 수도 있다 즉 자연스런 대화의 흐름이 주저주저하고 머뭇거리는 바람에 상대로 하여금 답답함을 느끼게 할 수도 있고 대화 상대방의 말에 관심이 없는 것으로 보이는 등등의 문제를 야기 시킬 수도 있다는 말이다.

(2) 형식에 치중 : 감시(Monitor)를 효과적으로 활용하려면 시간(time)만으론 충분치 않다. 외국어 수행자(발화자)는 상기 1항의 기간 외에도 언어형식과 정확성에도 초점을 맞추지 않을 수 없다(Dulay and Burt, 1978). 비록 우리가 시간이 있을 경우라도 우리가 어떻게 말을 하고 있는 지 그 방법에 주의를 기울이지 않고 있다고 할지라도 말하는 그 자체에 우리 자신이 관련되어 있는 것이다.

(3) 언어 규칙 알기 : 이것은 대단히 중요한 조건이 될 수 있다. 언어학은 우리로 하여금 언어구조가 매우 복잡하다는 생각을 하게 했으며, 언어학자들은 그 동안 가장 잘 알려진 언어의 지극히 일부 단편적인 사례들만 기술했을 뿐이라고 주장했다. 우리 학생들은 해당 언어의 문법 전체 중 아주 작은 일부분에 겨우 노출되었을 뿐이므로 매우 명석한 학생일지라도 노출된 언어의 모든 규칙을 다 배우지 못한다는 사실을 우리는 알고 있다.

위의 <그림 2.1>에 나타난 발화 도식에 관한 증거는 언어습득의 자연스런 발달순서에 관한 연구로부터 도출해 낸 것이다 (이를 확인할 수 있는 증거로 다른 연구들도 있다. 예: Bialystok and Frohlich, 1977, 1978a, 1978b). 이들 연구의 결과들은 나의 연구 결과(<그림 2.1>)와 일치한다 (나의 그림을 일반화할 수 있다고 본다). 즉 우리는 문법적 형태소에도 자연스러운 습득순서가 있음을 발견하게 된다. 다시 말하자면 우리가 어린이들의 언어 형태가 아니라 의사소통을 기준으로 즉 "감시를 받지 않는 상태(Monitor-free)"와 여건 하에서 실험을 해보면, 실험 대상 어린이들은 제2외국어 어휘의 난이도 순위가 습득 순서와 매우 유사함을 알게 된다(Krashen, 1977). 성인들을 대상으로 위에 언급한 (1), (2), (3)의 조건으로 실험할 때 (종이와 연필을 사용하는 "문법"형 시험 방식), 우리는 이 경우엔 어린이의 제2외국어 습득순서나 난이도 순위와는 다르게 "자연스럽지 못한" 순서가 나타남을 알게 되었다. 이와 같은 결과의 해석은 성인의 제2외국어 습득은 어린이의 제2외국어 습득의 경우와 매우 유사하기 때문에, 자연스러운 습득순서는 의식적인 문법의 방해나 간섭 없이 습득된 체제 자체의 작동을 의미한다고 볼 수 있다. 우리가 위의 3가지 조건을 구비한 상황과 여건을 갖춘 상태에서 대상을 실험할 때, 이들 대상의 오류 유형은 의식적인 문법의 방해나 간섭이 개입되는 방향으로 변화함을 발견하게 된다.

자연스럽지 못한 습득순서는 후기에 습득되고 더 많이 배워야 할 어떤 특정한 형태소의 출현의 결과로 인한 경우에서 나타난다. 제2외국어로서의 영어의 경우, 언어 수행자들이 감시(monitor)될 수 있고 그리고 직접 감시 받는 여건 하에서라면, 앞의 <도표 2.1>에 나타난 바와 같이 하위 수준에 속하는 규칙동사의 과거형, 3인칭 단수 형태소 등이 나타남을 알 수 있으며, 형태상으로나 의미상으로 이런 형태소들은 비교적 직진 방향으로 발전해 나아감을 알 수 있다 (참고문헌: Larsen-Freeman,

1975의 제4장 <도표 4.1>, 제4장 주4번에서 언급한 Brown 등).[2]

그러므로 의식적인 모니터(Monitor)의 사용은 언어 수행자에게 아직 그가 습득하지 못한 아이템을 공급해 주는 것을 허용하는 효과를 갖게 된다. 그러나 앞으로 우리가 제4장에서 보겠지만 대부분의 모니터 사용자들에 의하여 공급될 수 있는 아이템은 어떤 일정한 아이템들 뿐이다. 이때 모니터는 문법의 어떤 다른 분야보다도 특정 분야와 더욱 잘 어울린다. 구체적으로 말하면 이는 두 가지 "간단"한 규칙들과 더욱 잘 어울리는 것 같다. 즉 첫째, 정교한 이동(movement)이나 치환(permutation)을 필요로 하지 않는 규칙들, 그러니까 통사상으로 아주 간단한 규칙들과 잘 어울리는 것 같다는 말이다. 이와 같은 의미에서의 쉬운 규칙들에는 영어의 3인칭 단수 어미, 불어의 de + le = du로의 축약 등과 같은 구속형태소(bound morphology)가 있다. 여기서 말하는 어려운 규칙으로는 영어의 경우 의문사가 문장 앞으로의 이동(movement)을 요하는 wh- 의문 규칙, 주어-조동사 도치 규칙, 올바른 위치에 삽입을 요하는 do 동사 규칙 등등이 있다. 이들 규칙들은 각각의 의미론적 속성 때문에 쉬우면서도 동시에 어려울 수 있다. 영어의 관사체계는 형식적으로 기술하기는 쉬워서 명사 앞에 간단히 the 또는 a를 삽입하면 되고 때로는 관사가 없는 무관사 문장이 될 수도 있다. 그러나 관사에 관한 의미론으로 들어가면 설명하기가 그리 쉽지 않은 상당히 어려운 부분이 된다(Hawkins, 1978 참조).

지금까지의 글을 요약하면, 모니터(Monitor)의 활용은 자연스런 습득순서상 "후기 습득"에 속하는 아이템들, 언어 수행자들이 학습한 것이지 습득한 것이 아닌 아이템들의 서열화란 결과를 낳는다.[3] 그러나 단지 몇몇 아이템만이 서열화가 가능하다. 모니터 활용이 심한 경우, 이와 같은 서열화의 야기는 자연스런 습득순서를 방해하기에 충분하다. (제4장에서 언급하는 바와 같이, 자연스런 습득순서를 방해하지 않는 어떤 후기 습득 형태소에서는 다소의 변화가 있을 수 있다. 이런 것들은 약간의 모니터 활용이라 명명할 수도 있을 것이다. 이에 관해서는 특히 제4장 주 5.를 참조할 것.)

제4장에서 보게 되겠지만, 눈에 띄는 모니터 활용을 조장하기는 그리 쉽지 않다. 실험 결과를 보면 단순한 문법 테스트는 어떤 힘으로도 의식적인 문법을 도출해내지 못할 것임을 입증하고 있다. Keyfetz(1978)는 SLOPE 테스트를 통하여 단순한 조동사(written modality) 사용만으로는 자연스럽지 못한 습득순서의 원인으로 볼 수 없음을 제시하고, SLOPE 테스트상에 (구두시험과 필기시험 모두에) 자연스런 습득 순서가 있음을 발견했다. Houck, Robertson and Krashen(1978a)은 실험 대상으로 성인을 (대학 수준의 국제 학생들) 택했는데, 이들 대상들은 자기가 작성한 글을 스스로 교정함을 보게 되었고, 교정된 최종 마무리 글에서 역시 자연스런 습득 순서가 있음을 발견했다. Krashen, Birnbaum, and Robertson(1978)은 비록 ESL에 속한 학생들이 "세심한" 선생님의 수업 중 충분한 시간적 여유를 갖고 작문을 할 경우라도, 놀랍게도 모니터 활용의 효과는 별로 없었음을 발견했다. 이제 가장 최선의 가설은 대부분의 사람들에게 심지어 대학생에 이르기까지도 단편적인 문법 유형의 테스트도 모니터 활용을 위한 이들 3가지 조건에 맞고, 동시에 의식적 문법의 유의미한 활용을 자극한다고 보는 것이다.

(가) 모니터 활용상의 개인적 변이

우리가 성인의 제2외국어 습득 및 언어 수행에서 볼 수 있는 몇 가지 개인적 변이는 의식적 모니터의 각기 다른 활용으로 설명할 수 있다. 이와 같은 개인적 변이에 관한 사례연구들을 분류하면 다음과 같이 언어 수행자 유형을 3가지로 볼 수 있다(Krashen, 1978; Stafford and Covitt, 1978; Kounin and Krashen, 1978).

(i) 모니터 과잉 사용자. 이 부류에 속하는 사람들은 항상 모니터를 활용하려는 사람들인데, 이들은 자신들의 언어 수행 결과(output)를 항상 제2외국어가 자신의 의식적인 지식과 맞는지 체크하고 있다. 결과적으로 이런 수행자들은 말을 할 때 주저주저하게 되고, 종종 발화의 도중에도 자기 스스로 한 말을 수정하게 되고, 언어의 정확성에 치중하다 보니 유창성이 떨어지게 된다.

이와 같이 모니터를 과잉으로 사용하게 되는 데는 두 가지 원인이 있다고 본다. 첫째 원인은 수행자가 과거 제2외국어에 어떻게 노출되었느냐 하는 개인적 역사(이력)에서 비롯된다. 유일하게 문법 교육에 치중했던 많은 희생자들은 제2외국어의 문법 이외의 많은 부분들에 관하여 습득할 기회를 얻지 못하고 언어 학습(문법)에만 의존할 뿐 그 외 어떤 다른 선택의 여지가 없었던 것이다. 또 다른 유형은 개성(personality)과 관련이 있다고 본다. 이 부류에 속하는 사람들은 외국어 습득의 기회를 가졌으며, 실제로 제2외국어의 상당한 것을 배울 수 있다. 다만 이들은 이렇게 해서 습득된 것을 단순히 믿지 않고, 자기의 것을 "확실하다"고 확인해 주는 모니터와 관련이 있을 때만 자신을 갖게 되는 것이다.

(ii) 모니터 과소 사용자. 이 부류는 아직 외국어를 배우지 않았거나 배웠더라도 조건이 허락되는 상황 하에서마저도 의식적인 지식의 사용을 선호하지 않는 언어 수행자들이다. 이들은 오류 정정에 별로 영향을 받지 않는 부류로서 이들은 옳다는 "느낌"이 올 때만(예: 올바른 것 같을 경우) 스스로 교정을 할 수 있을 뿐 전적으로 습득된 체계에만 의존한다.

Stafford and Covitt(1978)는 모니터 과소 사용자 중 일부가 의식적 문법의 가치에 관하여 공치사를 하고 있음을 언급했다. 그들의 연구 대상들은 "나는" 사람들이 "정확하게" 말하기 위하여 의식적인 언어 규칙이 필요함을 느꼈으며, "문법이 모든 언어에 핵심임"을 느꼈다. 그러나 이렇게 공치사하는 연구 대상들인 "나" 자신은 말을 할 때나 글을 쓸 때 의식적인 언어 규칙을 거의 사용하지 않았다.

(iii) 모니터 최적 사용자. 우리의 교육적 목적은 모니터로 인하여 의사소통에 방해를 받지 않고 적절한 최적의 모니터 사용자를 산출해 내는데 있다. 수많은 모니터 최적 사용자들은 일상적인 대화시엔 대화 자체가 방해를 받을 지도 모르기 때문에 문법 사용을 자제한다. (언어학자와 언어 교사들과 같이 매우 숙련된 일부 언어 수행자들의 경우는 대화시 많은 양의 의식적 지식의 사용을 억제하거나 떨쳐버릴 수 있다. 예: Rivers, 1979, 그러나 이는 매우 이례적인 경우일 뿐이다. 우리는 이런 사례를 Yorio, 1978 이후 "super Monitor users"라고 생각했다). 그러나 시간적 여유가 있을 때 글쓰기와 계획된 스피치에서 보면 모니터 최적 사용자들은 무엇이든 간에 이들의 언어엔 전형적으로 정확성을 유지한다 (Krashen and Pon, 1975 참조).

그러므로 모니터 최적 사용자들은 자신의 학습된 언어 능력을 습득된 능력을 위한 보조적 또는 보충적 수단으로 사용할 수 있다. 제2외국어를 완전하게 습득하지 못했거나 말을 할 때 이따금씩 경미한 오류를 범하는 일부 모니터 최적 사용자들은 자기가 갖고 있는 의식적 문법을 너무나 성공적으로 사용할 수 있기 때문에 그들은 작문에서 원어민이 된 것과 같은 착각과 환상에 빠지는 수가 있다. (이 말은 의식적 학습이 전적으로 불완전한 습득에 보충적 역할을 한다는 뜻은 아니다. 습득되지 않은 언어 규칙 중 일부는 학습으로 보충되기도 하지만, 그렇지 않은 것도 있다. 모니터 최적 사용자는 습득과 의식적 학습간의 격차 중 일부를 의식적 학습으로 보완할 수는 있지만 그 격차의 전부를 보완하지는 못한다).

4) 입력 가설

이 가설은 앞에서 본 다른 것들과는 달리 다음과 같은 두 가지 이유에서 설명하는데 시간이 훨씬 더 많이 걸릴 것이다. 첫째, 다른 가설들은 이미 많은 논문과 책으로 설명되고 논의된 바 있지만, 이 가설은 비교적 새로운 분야이기 때문이다. 둘째 이유는 이론상으로나 실제상으로 본 가설의 중요성 때문이다. 입력 가설은 우리 연구 분야에서 아마도 가장 중요한 사안에 대한 해답을 찾고자 하는 시도일 것이며, 언어 교육의 모든 분야에 태풍의 눈으로 떠오를 가능성이 매우 높은 하나의 해답을 찾고자 하는 시도인 것이다.

그 중요한 의문은 "우리 인간이 언어를 어떻게 습득하는가?"이다. 만약 감시(Monitor) 가설이 맞는다면, 언어의 경우 습득이 핵심이고 학습은 미미한 주변적 요소가 될 것이고, 그렇다면 우리 교육의 목표는 습득을 자극하고 장려하는 것이 되어야 할 것이다. 그렇다면 우리가 어떻게 언어를 습득하느냐란 질문이 매우 중요하게 된다.

본 장은 다음과 같이 구성된다: 나는 증거 자료를 제시하기에 앞서서 우선 입력 가설을 소개할 것이다. 그 다음 L1, L2 습득에 관한 많은 연구로부터 습득에 관한 증거 자료를 추출해 낼 것이다. 그 다음 간략하게 나마 응용언어학 연구로부터 그 증거 자료를 확인해 볼 것이다 (이 분야에 관한 상세한 사항은 제5장에서 논한다).

(가) 가설의 내용

인간이 언어를 어떻게 습득하는지를 다시 재론해 보자. 자연스런 습득 순서가 있다는 가설이 맞다면 하나의 습득단계에서 다음 단계로 어떤 방법으로 움직여 가는가? 한 인간이 습득의 "4단계"에 있다면, 그는 어떤 방법으로 그 다음에 있는 "5단계"로 발전해 나아가는가? 보다 일반적으로 설명한다면 현재의 습득 단계를 i로 표시할 때, 어떤 방법으로 그 다음 단계인 $i + 1$ 단계로 발전하는가? 이에 대하여 입력 가설은 다음과 같이 주장한다: i 단계에서 $i + 1$ 단계로의 발전에 필요조건은(충분조건은 아님) 습득자가 $i + 1$의 내용을 이해하고 있어야 한다는 것이다. 여기서 말하는 "이해한다"는 말은 습득자가 메시지의 형식이 아니고 의미에 치중하고 초점을 맞춘다는 뜻이다.

다시 말하면 우리는 현재 우리가 알고 있는 수준을 "약간 상회하는" 구조를 내포하고 있는 언어 수준을 갖고 있는 경우만 습득하게 된다. 어떻게 이런 것이 가능한가? 아직 우리가 습득하지 못한 구조를 내포한 언어를 어떻게 이해할 수 있는가? 이 명백한 모순에 대한 해답은 우리는 우리의 이해를 돕기 위하여 우리가 갖고 있는 언어 능력 이상을 인간은 사용하고 있기 때문이라고 본다. 인간은 인간에게 지시되는 언어를 이해하는데 도움을 받고자 문맥 상황, 세상에 대한 지식, 언어외적 정보 등등을 사용한다. 입력 가설은 외국어 교육에서 일상적으로 사용하고 있는 접근법이나 교수법과는 상반된다. Hatch(1978a)가 지적한 바와 같이, 우리의 가정은 그 동안 먼저 언어의 구조를 배우고, 이를 연습을 통하여 실제 의사소통에 활용하며, 이렇게 해서 유창성을 기른다고 보아왔던 것이다. 그러나 입력 가설은 이와 정반대의 입장이다. 입력 가설은 첫째 의사소통에 필요한 "의미"를 찾게 되고, 그 다음 구조를 습득하게 된다는 것이다! (L1 습득에 관한 논의는 MacNamara, 1972를 참고할 것).

그러므로 우리는 입력 가설을 다음과 같이 (1), (2)로 세분하여 설명한다:

(1) 입력 가설은 학습이 아니라 습득과 연관된다.
(2) 인간의 언어 습득은 현재의 단계(i)를 약간 상회하는 단계(i + 1)의 구조를 내포하고 있는 언어를 이해함으로서 언어를 습득하게 된다. 이와 같은 이해의 과정은 문맥 상황이나 언어 외적 정보의 도움을 받아서 이루어진다.

입력 가설의 세 번째 부분은 언어 습득에 유익하고 가치 있는 입력이 되려면 입력에 $i + 1$을 포함하고 있어야 하지만, 반드시 $i + 1$만 내포하고 있을 필요는 없다고 한다. 여기서는 습득자가 입력 정보를 이해하고 그 정보가 충분하다면 $i + 1$은 자동적으로 제공될 것이라고 말한다. 바꾸어 말하면 의사소통이 성공적이라면 $i + 1$이 제공된다는 것이다. 나중에 다시 논하겠지만 이는 최선의 입력이 반드시 $i + 1$을 목표로 할 필요는 없다고 본다. 우리는 신중하게 $i + 1$을 커버하려고 시도하는 syllabus(교수 요목, 강의 계획서 등)에 매우 친숙하다. "오늘 학습의 문법구조"란 것이 설정되어 있고, 대개 교사와 학생 모두 한 단원의 목적이 어떤 구체적인 문법 사항(item)이나 문장 구조를 가르치거나 활용 연습시킬 것이라는 감(感)을 갖고 있다. 일단 이와 같은 문장 구조를 익히고 나면 syllabus는 다음 과(課) 또는 단계로 넘어가는 것으로 짜여진다. 입력 가설의 이 부분은 $i + 1$을 제공하려는 신중한 노력이나 시도가 필요 없다고 본다. 이 책의 후반에서 논하는 바와 같이 $i + 1$을 제공하려는 노력이나 시도가 오히려 이롭지 못할 수도 있다는 이유가 상당히 많다.

그러므로 이 부분에 해당하는 입력 가설은 다음과 같이 정리해 볼 수 있다:

(3) 의사소통이 성공적이며 입력 정보를 충분히 이해할 경우 $i + 1$은 자동적으로 제공될 것이다.

입력 가설의 설명에 필요한 마지막 단계인 유창하게 말하기는 직접적으로 가르쳐질 수 있는 것이 아니라는 주장이다. 오히려 이는 시간이 흐름에 따라 자동적으로[4] 나타난다는 것이다. 입력 가설의 입장에서 보면 유창하게 말하기의 유일한 최선의 방법은 그저 간단하게 이해 가능한 입력을 제공하는 길뿐이라는 것이다. 습득자가 "준비"되었다고 느낄 때 초기의 말(speech)이 시작된다. 그러나 여기서 말하는 "준비"란 그 시기가 사람에 따라 다소 개인차가 있다. 뿐만 아니라 전형적인 초기의 말은 오히려 문법적으로 정확하지 않은 것이다. 초기 말의 정확도는 시간이 경과하고 더 많은 정보를 듣고 이해하게 되면서부터 발달하게 된다. 그러므로 마지막 (4)번은 다음과 같이 정리할 수 있다:

(4) 말 생산의 능력은 직접 가르쳐지는 것이 아니라 생기는 것(emerge)이다.

(나) 가설 입증 자료
(1) 어린이의 모국어 습득. 입력 가설은 부모나 기타 어른들이 어린아이에게 말을 할 때 행하는 언어의 가감변형인 "보모(애 보는 이)의 말"과 밀접한 관련이 있다. "보모의 말"이 우리에게 가장 흥미롭고 아마도 가장 중요한 특성을 보일텐데, 그 이유는 그들이 아이에게 언어를 신중을 기하여 가르치려는 시도가 아니라는 점이다. 오히려 Clark and Clark(1977)가 지적한 바와 같이 이들의 말은 아이의 이해를 돕기 위하여 언어의 가감변형을 시도하는 것이다. 애 보는 이들은 아이에게 자기를 이해시키기 위한 노력으로 자꾸만 "간단하게" 말을 한다.

보모의 말의 두 번째 특성은 성인대 성인의 말보다 통사적으로 더욱 간단한데, 이는 어린이의 현 언어 수준에 "대강의 조율"을 한 것이지 "최종 조율"을 한 것이 아니라는 점이다. 바꾸어 말하면 보모의 말은 정확하게 개개 어린아이의 언어 수준에 조율한 것이 아니라 아이의 언어가 발달하는 만큼 보조를 맞추면서 진행되는 것이다. "대강의 조율"에 관한 증거는 Cross(1977), Newport, Gleitman, and Gleitman(1977) 등의 연구 결과에서 찾아 볼 수 있는데, 이들의 연구 결과를 보면 입력의 복잡성과 어린이의 언어 성숙도간의 상관관계는 대체로 봐서 그다지 크지 않았다. 이들 연구 결과에 대한 한 해석을 보면 애 보는 이들은 정확하게 $i + 1$ 단계를 목표로 설정하지 않는다고 한다. 이들이 아이에게 제공하는 투입에는 $i + 1$도 있지만, 이미 습득된 많은 문장 구조와 더불어 아직 습득되지 않은 구조들($i + 2$, $i + 3$ 등등) 그리고 아직 아이들이 배울 준비가 되어 있지 않은 것 등등도 포함되어 있다. 다시 말하면 애 보는 이들은 문법적으로 근거를 둔 교수 요목(syllabus)을 제공하는 것이 아니다! ("대강의 조율"에 관하여 자세한 사항은 Krashen, 1980, 1981을 참고할 것.)

우리의 관심을 끄는 보모의 말의 세 번째 특징은 "지금 당장 여기서"(here and now) 원칙이다. 이는 애 보는 이는 주로 아이가 인지할 수 있는 것, 아이가 있는 현장 즉석의 환경 등에 관하여 말을 한다. 아이와의 대화는 지금 당장 방안에 없는 것("우리 내일 2층에서 무엇을 할까?"와 같은 말)보다는 현재 방안에서 발생하고 있는 것("이 공 좀 볼래?"와 같은 말)을 주로 다룬다. Newport et al(1977)이 지적한 바와 같이 이는 "지금 당장 여기서"원칙은 애 보는 이와 아이 사이에 공동의 관심을 반영하는 하나의 화제의 제한이다.

보모의 말이 언어의 가감변형을 가하지 않은 입력(말)보다 정말로 효과가 더 크다는 사실을 보여주는 직접적이고도 명백한 증거는 없지만, 입력 가설은 보모의 말이 어린아이에겐 대단히 유용할 것이라고 예측한다. 첫째, 보모의 말은 아이에게 이해가 가능하거나 이해시킬 목적을 갖고 있다. "지금 당장 여기서"의 자질은 아이가 $i + 1$을 내포하고 있는 발화를 이해하는데 도움을 줄 수 있는 비언어적 자원(문맥 상황)을 제공한다. MacNamara(1972)가 지적한 바와 같이 아이는 문법을 먼저 습득하는 것이 아니고 이해를 위하여 언어를 사용하는 것이다. 아이는 먼저 이해를 하고, 이와 같은 이해는 아이의 언어 습득에 도움이 된다.

앞에서 논한 바와 같이 대강 조율된 보모의 말은 아이의 $i + 1$의 단계까지 커버하지만 전적으로 $i + 1$에만 초점을 맞추는 것은 아니다. 입력

가설의 상기 정리 (3)은 이것이 최적이라고 주장한다. 아이의 모국어 습득에서 대강의 조율은 다음과 같은 이점이 있다:

1. 개개의 아이에게 정확히 $i + 1$이 무엇인지 추측할 필요도 없이 여기엔 $i + 1$이 포함되어 있음이 분명하다. 한편 $i + 1$에 대한 신중한 목표는 잘못일 수 있다!
2. 아이들이 말을 이해하는 한 대강 조율된 입력은 동시에 1명 이상의 아이에게 $i + 1$을 제공하게 된다. 최종 조율된 입력은 $i + 1$이 정확히 입력에서 강조되는 것과 동일한 것을 갖고 있는 아이에게만 이롭다.
3. 대강 조율된 입력은 내장된(built-in) 검사를 제공한다. 아이가 문장 구조를 마스터했느냐 여부, 아이가 당일의 입력에 관심을 끌었느냐 여부, 우리가 충분히 입력을 제공했느냐 여부 등등에 우리는 관심을 가질 필요가 없다. 대강 조율된 입력에서 $i + 1$은 자연스럽게 나타나고 또 나타나게 된다.

다시 말해서 상기 3항이 맞는다면 즉 $i + 1$이 항상 제공되는 충분히 자연스러운 의사소통이 이루어지는 경우라면 보모는 의도적으로 프로그램화한 구조에 대하여 우려할 필요가 전혀 없다.

이는 오히려 좋은 일일 것이다! 오히려 문법적 순서를 만들라는 책임을 부모에게 부여하는 것은 부모-자식간 의사소통을 자연스럽지 못하게 할 뿐만 아니라 상당히 어려운 일이기도 하다.

(2) 제2외국어 습득으로부터 나온 증거: 단순 부호(simple codes). 입력 가설도 제2외국어 습득론을 제시하고 있다. 첫째, 앞에서 언급한 바와 같이 어린이든 성인이든 제2외국어 습득자도 모국어를 습득하는 어린이와 마찬가지로 하나의 언어 "습득자"인 것이다. 그리고 둘째, 상기 2항의 가설에 따르면 모국어와 마찬가지로 제2외국어에도 자연스런 습득순

서가 있기 때문에 우리는 제2외국어 습득자의 $i + 1$에 관해서도 말할 수 있을 것이다. 셋째, 제2외국어 습득자도 어린이들이 받는 것과 같은 그런 종류의 수정된 입력(modified input)을 받을 수 있다.

바로 이 수정된 입력에는 외국인 상대 말(foreigner-talk), 교사의 말(teacher-talk), 중간어(interlanguage) 등 3가지 종류가 있다. (여기서 말하는 외국인 상대 말(foreigner-talk)은 원어민이 외국인을 상대로 말하는 경우와 같이 알아듣기 쉽게 자신의 언어를 수정, 보완해 주는 경우를 말하는데, 참고로 Hatch, Shapira, and Gough, 1978을 보면 많은 예를 찾아볼 수 있다. 그리고 교사의 말(teacher-talk)은 학교 교실에서 교사가 하는 외국인 상대의 말 즉 교육 대상 언어가 제2외국어일 경우 교사가 학급 내에서 내용 설명과 운영에 사용하는 언어를 말한다. 그리고 세 번째에 해당하는 중간어란 기타 다른 제2외국어 습득자들의 말인 것이다).

이들 3종의 간단한 부호(simple code)와 보모의 말 사이에 약간의 차이점이 있지만(Long, 1980; Freed, 1980), 동시에 매우 중요한 유사성도 존재한다. 보모의 말의 경우에서와 마찬가지로 수정, 보완은 외국인 상대의 말에서도 나타나며, 교사의 말은[5] 언어 교육을 목적으로 실행되는 것이 아니라 학생들이 해당 외국어로 무어라 말했는지(교사가)를 이해하는데 도움을 주기 위한 의사소통을 목적으로 한다. 둘째, 그 동안의 연구 결과에 따르면 외국인 상대의 말과 교사의 말은 대체로 학습자의 수준에 맞도록 조율이 될 뿐 완전히 최종적인 조율이 되지는 않는다(Freed, 1980; Gaies, 1977; Krashen, 1980)고 한다. 외국어 습득에 점차 단계와 수준이 높아지면 더욱 복잡한 입력을 확보하고 이해하는 경향이 있지만, 유창성과 입력의 상관관계가 완벽하지는 않다.

외국인 상대의 말과 교사의 말은 "지금 당장 여기에" 존재하지 않을 수도 있지만[6] 원어민 화자들에게 도움을 줄 수 있고, 교사가 입력 정보를 이해할 수 있는 또 다른 길을 찾는데 도움이 될 수도 있다. 이런 것들은 언어적 변화뿐만 아니라 이 세상의 습득자 지식을 이용하게 되는데, 물론 이는 어린이의 모국어 습득시의 그것보다 훨씬 큰 개념이다. 뿐만 아니라 교사들은 그림 및 realia(교육용 실물교재)(제3장에서 논함) 등과 같은 교육 보조재료를 이용한다.

입력 가설은 이들 간소화된 부호화(codes)는 보모의 말이 아이들에게서 차지하는 비중만큼이나 제2외국어 습득자들에겐 매우 유익할 것으로 예측하고 있다. (이 가설을 뒷받침해 주는 몇 가지 예비적 자료를 보기 위해서는 Krashen, 1980, 1981을 보면 될 것이다.) 또한 입력 가설은 자연스럽고, 의사 소통적이고, 대강 조율된 이해 가능한 입력이 직접적으로 $i + 1$ 단계를 목표로 하는 최종 조율된 입력보다 오히려 몇 가지 면에선 더 유리하다고 예측하고 있다. 여기서 말하는 직접 $i + 1$ 단계를 목표로 하는 예로는 "오늘 공부할 문장구조"라고 제시되는 학급에서의 훈련, 연습을 들 수 있다.

문법적 교수요목에 반하는 사례는 앞으로 제3장에서 보다 상세히 다루기로 하고 여기선 그저 간략하게 다루고자 한다. 주장하는 논리는 어린이의 최종 조율된 입력을 부여하자는 것에 반대하는 논리와 상당히 유사한데 다음과 같이 요약할 수 있다:

(1) 모든 어린이의 언어 습득 단계가 동일하지 않을 것이다. 그러므로 "오늘 공부할 문장구조"가 학급내 상당수 학생들에겐 $i + 1$ 단계가 아닐 수도 있다. 그런가 하면 자연스런 의사소통적 입력이란 것을 놓고 볼 때, 몇몇 $i + 1$ 단계나 또는 기타 다른 것이 오히려 학급 내 모든 학생들에게 제공될 수 있다.
(2) 문법적 교수요목을 보면 각각의 구조가 단 한 번밖에 제시되지 않는다. 일단 학생이 그 한번의 기회를 놓치거나 결석하거나 출석했더라도 그것을 가르치고 설명할 때 주의를 게을리 하거나 교사가 가르치면서 해당 학생에게 충분히 이해시키고 연습시키지 않는 것이 된다

면 그 학생은 이해 못한 이 부분만 따로 배울 수 없고 해당 교과 전체에서 이 부분만 뺀 나머지 부분은 지루한 복습에 지나지 않는 것이 되겠지만 할 수 없이 동일 교과 수업을 위하여 1년을 기다려야 한다! 한편 대강 조율된 이해 가능한 입력은 자연스런 복습을 허용하게 된다.

(3) 문법적 교수요목은 우리가 습득순서를 알고 있다고 가정한다. 그러나 우리가 대강 조율된 자연스런 의사소통 즉 이해 가능한 입력에 의존할 때는 이와 같은 가정이 필요 없게 된다.

(4) 끝으로, 문법적 교수요목, 그리고 결과적인 문법 위주 교육은 무엇을 주장하는 것인지 심각한 논리 모순에 빠지게 된다. 이 주장은 우리의 내재된 동기가 특정 구조를 실제적으로 연습시키느냐 여부에 대하여 진정으로 어떤 관심을 갖고 있는지 불가능이 아니라면 적어도 너무 자주 곤란에 봉착하게 한다. 바꾸어 말하면 문법에 치중하는 것은 제2외국어를 사용하는 실제 의사소통에서는 대체로 배제될 것이라는 말이다.

이상의 주장이 맞는다면 우리의 목표가 습득일 경우 우리가 자연스러운 습득 순서나 기타 다른 순서에 따라 가르치려고 해서는 안 된다는 결론이 된다. (이 결론이 아마도 의식적 학습일 경우엔 다를 수도 있을 것이다. 이에 관해서는 제4장을 참조하기 바람.)

(3) 제2외국어 습득에서 나온 증거들: 침묵 시기 및 L1의 영향. 입력 가설은 제2외국어 습득에서 찾아낸 기타 다른 발견과 가설 등과 일맥상통하는 면이 많이 있다. 이런 것 중의 하나가 "침묵 시기"라고 명명할 수 있는 것인데, 이는 어린이의 제2외국어 습득의 경우에 가장 눈에 잘 띄는 현상인 것이다.

자연스럽고 흉금을 터놓는 여건 하에서 언어를 습득하는 어린이가 제2외국어에 처음 노출된 다음 수개월 동안 거의 한 마디도 해당 외국어를 할 수 없음을 보면 이런 현상이 잘 나타난다. 이때 아이들이 발하는 것은 마치 전체를 한 단어인양 학습으로 이해하고 암기한 것을 발하는 것이다. 예를 들면 Hatch(1972)는 제2외국어로서 영어를 습득하고 있는 5세의 중국인 아이가 미국에 와서 처음 몇 달 동안은 전혀 "창조적"인 언어를 사용하지 못했다고 보고한 바 있다. 이 아이가 발하는 것은 단지 암기된 다음과 같은 말일뿐이었다.

   (예문) Get out of here.
      It's time to eat and drink.

 이 아이는 이런 말들을 진짜 구성요소나 구조가 무엇인지 이해하지 못한 채 전체를 하나의 발화로 알고 배웠던 것이다 (즉 이 아이는 아마도 다른 문장에서 "out" 또는 "time" 등의 단어를 사용하면 이 단어들을 이해하지 못할 것이다). 이와 같이 암기된 문장들이 Paul에겐 학급에서나 운동장[7]에서나 대단히 유용한 것이었을 것이다. 그러다가 "진짜" 언어를 이해하기 시작하면 이 아이의 언어는 모국어 발달의 경우와 유사한 발달을 보게 되어 다음과 같이 말하게 된다.

   (예문) This kite.
      Ball no.

 입력가설에서 사용되는 침묵시기에 관한 설명은－어린아이가 듣기를 통하여 주변에 있는 언어를 이해하면서 제2외국어의 언어 능력을 구축해 가는 시기라는 것이다. 입력가설에 따르면 말하기 능력은 듣고 이해하기 능력이 어느 단계까지 발달된 다음 저절로 나타난다고 본다. 제2외국어 습득을 다룬 많은 사례연구의 역사(Hakuta, 1974; Ervin-Trapp, 1974

참조)를 보면, 아이들이 말을 시작하기까지 몇 달이 경과할 수도 있고, 아이의 입에서 나오는 말이 오류가 전혀 없는 것도 아님을 알 수 있다. 이는 우리가 제3장에서 보는 바와 같이 매우 중요한 교육적 고찰로 의미가 있다. 아이들은 자기 생각을 말로 표현할 수 있는 통사적 능력을 충분히 습득하기도 전인 매우 이른 시기부터 제2외국어를 생산하여 말로 표현할 것을 요구받기 일수이다. 이렇게 준비도 되기 전에 말로(제2외국어) 표현할 것을 요구받는 아이는, 이 분야 최초로 한 가지 가설을 제안한 바 있는 Newmark(1966)에 의하면, 자기 모국어의 언어규칙으로 되돌아 갈 수밖에 없기 때문에 제2외국어를 말할 때 이들은 모국어의 통사규칙을 그대로 원용할 수밖에 없다는 것이다.

좀더 공식적으로 말하면 습득자가 자기를 표현하는데 $i + 1$ 단계가 필요하지만 아직 이 단계를 습득하지 못했다면 습득자는 제2외국어의 언어규칙 중 하나인 $i + 1$을 일부 몇몇 L1 규칙으로 대체시키게 된다는 말이다. 이때 사용된 L1 언어규칙은 L2의 $i + 1$과 매우 유사하지만 몇 가지 면에서는 분명히 다를 수도 있다. L1과 L2 언어규칙이 다를 경우에 이로 인하여 결과적으로 나타나는 오류가 있게 되는데 이런 오류를 "간섭"이라 칭한다. 그러나 Newmark에 따르면 이것이 전혀 "간섭"이 아니라는 것이다. 즉 이는 제2외국어 언어 수행에 L1이 간섭을 일으킨 결과가 아니고 언어 수행에 필요한 L2 언어규칙의 습득 부재 즉 무지의 결과라고 한다.

(4) L1 언어규칙 사용의 장점과 단점. 몇몇 $i + 1$ 단계를 일부 L1 언어규칙으로 대체시킴에는 장점과 단점을 모두 갖고 있다. 단점은 매우 심각하게 나타난다는 점이지만, 그러나 그 기간이 짧다는 것이 장점이다. 한 가지 분명한 것은 습득자가 L2 에 관련된 $i + 1$을 습득하기 이전에 L2로의 의사소통을 요한다는 실용적 욕구에 맞추기 위하여 아이가 "자

기의 언어 능력을 능가하는 부분"을 L1의 언어규칙으로 우선 처리한다는 점이다. 이때 사용된 L1 언어규칙이 L2 언어규칙과 일치하면("긍정적 전이"), 언어 수행자는 뭔가 일종의 해방감을 맛보게 되는 것 같다. 비록 L1의 언어규칙이 L2의 언어규칙과 일치하지 않는다 해도, 수행자는 부정확한 어형(form)임에도 불구하고 자기의 할 말을 하고 여전히 의사소통을 할 수 있음을 볼 때 이것 역시 하나의 진보요 발전이라고 주장할 수도 있을 것이다.

또 다른 장점은 L1의 언어규칙 사용으로 허용된 초기의 발화도 입력에 도움이 된다는 점 – 즉 그렇게 함으로서 수행자가 대화에 더 많이 참여하게 되고, 대화에 참여도가 높으면 높을수록 그것이 더 이해 가능한 입력이 되고, 그러면 그럴수록 제2외국어 습득을 더 많이 하게 된다는 점이다.

그러나 모국어 의존도가 높으면 진정으로 몇 가지 단점이 대두된다. 첫째, L1의 언어규칙이 이미 앞에서 언급한 바와 같이 L2의 언어규칙과 동일하지 않을 수 있기 때문에 결과적으로 오류를 범하게 된다. 몇몇의 경우에는 의식적인 감시(Monitor)가 이들 오류를 감지하고 수정을 가하게 되지만, 감시에 따른 압박감이 상당히 크기 때문에 오류 전체를 수정 내지는 교정을 할 수는 없다. 그러므로 L1의 언어규칙의 사용은 감시(Monitor) 역할을 하는 측에 끊임없는 경계를 요하고, 동시에 이로 인하여 제2외국어를 공식적으로 정확한 문장을 생산해야만 한다는 심리적 압박감을 주어 발화자로 하여금 용기를 잃게 할 수 있다. (이론에 의하면 그와 같은 오류에 대한 감시(Monitor)자 교정은 영원한 변화나 언어 습득을 낳지 못하게 할 수도 있다. 비록 장시간 동안 그런 일이 효과적으로 수행되었다 할지라도 이는 L1의 언어규칙을 뿌리째 뽑아 근절시킬 수는 없는 것이다. 진정한 습득은 이해 가능한 입력의 경우만 나타날 수 있는 것이다.)[8]

제2외국어 언어수행에서 L1의 언어규칙을 사용할 경우 매우 심각한 단점이 또 있다. 비록 L1의 언어규칙이 실제로 L2 언어규칙이나 과도기형과 매우 유사할지라도, 이들 언어규칙이 습득자가 외국어를 습득하는 데-이런 것들은 언어 발달과정상에서 "진짜" L2 언어규칙의 정위치에 나타나지 않을 수도 있음-도움이 되는 것인지 분명하지 않다. Krashen (1982)은 습득이란 i와 $i + 1$ 간에 비교를 요한다는 가설을 제시하고 있다(Clark and Andersen, 1980; Lamendella, 1979). i와 $i + 1$간의 거리가 상당히 커질 수 없는데, i와 $i + 1$은 상당히 미세한 정도의 차이가 존재할 것이다. 필자는 중간형은 i와 $i + 1$간의 간격과 거리를 줄이는데 도움을 주면서 잠시 i의 기능을 할 수 있을 때 매우 유익할 것이라는 가설을 제시한 바 있다.

예를 들어 만약 영어에서 목표어의 언어규칙이 부정(문)이라면 (입력에 의하여 그 체계가 $i + 1$에 제시된다면), 중간형인 no + 동사가 (내적으로 창조적 구조체계에 의하여 제공된 형태임) 성숙한 부정(문)형에 더 근접하게 될 것이다. 그러므로 습득자는 훨씬 더 원시적 형태의 부정형 (예: no + 주어)보다는 no + 동사를 하나의 i로 삼을 것이다.

만약 중간형이 임시로 i 역할을 한다면, 이에 따른 다음 의문은 이들이 L2 언어규칙이나 중간형과 매우 유사한 사례가 발생할 경우라도 L1의 언어규칙이 이와 같은 기능을 수행할 수 있느냐 여부인 것이다. 아마도 그 대답은 "아니오"일 것이다. 예를 들면 스페인인들이 영어를 배울 때, 영어 부정문으로 no + 동사를 자주 사용하는데, 이는 영어와 스페인어 중간형이 상호 비슷한 구조를 보이는 것으로 상당히 오랜 기간 동안 이와 같은 현상이 지속되고 있다(Schumann, 1979). 이는 아마도 초기의 no + 동사의 언어 수행이 L1 언어규칙을 사용하는 사례가 될텐데, 나중엔 이 형태가 "전정한" 중간어형이라고 확신하게 되는 경우가 될 것이다. 그러다가 나중에 가서야 동사가 앞으로 이동하게 된다.[9]

요약하면 발화시 제2외국어의 언어규칙이 필요하지만 당장 써먹을 수 있는 규칙을 모를 때, 모국어에 관한 지식으로 되돌아갈 수밖에 없는데 이것이 바로 L1 언어규칙의 적용이다 라고 가정해 볼 수 있다. 이와 같은 행위는 잠정적으로 습득자의 발화 생산력을 증가시킬 수는 있지만, 진정한 의미에서 제2외국어 습득의 발전이라고 할 수는 없을 것이다. Newmark에 의하면 이와 같은 "간섭현상"에 대한 진짜 치유법을 두 언어(L1, L2)가 상호 대조를 이루는 부분에 관한 훈련, 연습에서 찾을 수는 없다(Newmark and Reibel, 1973, p.239). 훈련, 연습은 기껏해야 학습을 낳을 뿐이고, 이미 우리가 본 바와 같이 이것은 단지 단기 처방에 지나지 않는다. 이에 대한 진정한 처방은 "무지를 치료하는 것"이면 족하다(Newmark, 1966, p.81): 이것이 바로 진짜 언어 습득인 것이다. 이것은 습득자 자신이 이해 가능한 입력을 입수했을 때만 일어날 수 있는 현상인 것이다.[10, 11, 12]

(5) 응용언어학 연구. 입력 가설은 소위 말하는 "방법론 비교법"이라 불리는 것과 일맥상통한다. 일부 몇몇 학자들과 연구 집단은 과거에 교수방법론을 단순 비교하여 어느 교수법이 최선인가를 결정하고자 하는 시도를 수 차례 거듭한 바 있다. 그 동안 외국어를 공부하는 학생들을 대상으로 단기 실험과 장기 실험 등을 실시한 다음 그 결과를 비교해보는 방식으로 "방법론 비교" 연구가 실시되었다. 이들 실험 결과를 제5장에서 자세히 검토해 보겠지만, 나는 우선 여기서 결론부터 언급하기로 한다. 내가 적용한 실험법은 강독 시간에 가장 많이 사용되는 아주 평범한 방법으로 (시청각 교수법과 문법-번역식 또는 인지-부호식의 비교) 그 내용은 다음과 같다:

(1) "연역적" 방법(언어규칙을 먼저 설명한 다음 훈련, 연습시키는 방법

예: 문법-번역식과 인지-부호식)은 성인을 대상으로 한 시청각 교수법보다 그 효과가 약간 더 효과적인 것으로 나타났다. 여기서 차이점은 통계적으로 유의미한 경우가 종종 나타나긴 하지만 그 유의미한 차이가 그다지 큰 것은 아니다. 실험 대상 학생들은 비교 연구에 사용된 방법 중 어느 방법을 채택하더라도 약간의 발전을 보이고 있음은 분명하다.
(2) 연구 대상이 청소년의 경우, 교수법 중 측정 가능한 차이점을 보이지 않는다.

나는 방법론간의 유의미한 어떤 커다란 차이점을 발견하는데 실패한 이유를 이렇게 해석한다: 실험 연구에 사용된 어느 교수법도 실험 대상들에게 이해 가능한 입력을 제공하지 못하지 않았던가! 입력 가설을 보면 이해 가능한 입력을 상당량 제공하는 교수법이 여타 기존의 교수법보다 (그 결과가) 훨씬 더 좋을 것이라고 예측하고 있다.

이해 가능한 입력을 상당량 제공하는 보다 새로운 교수법으로는 Asher의 전신반응법(Total Physical Response Method, Asher, 1966, 1969), Terrell의 자연식 교수법(Natural Approach(Terrell, 1977)) 등이 있다. 이런 교수법에서는 교실 수업시간을 학생들 자신이 스스로 "준비"되었다고 생각할 때까지는 제2외국어로 말하는 것을 아예 기대하지 않고 꾸준히 언어 형태가 아니라 해당 언어의 메시지에 치중하여 인내력을 갖고 헌신적으로 가르친다. 과거 십여 년 간 이들 방법의 우수성을 확인할 수 있는 연구 결과 보고서가 전문지에 꾸준히 게재되고 있다(예: Asher, 1972; Gary, 1975; Postovsky, 1974; 기타 상세한 내용은 제5장 참조).

이 책의 집필 목적은 제2외국어 습득론을 (제3, 4, 5장) 고찰해 보는 것이므로, 논제를 벗어나는 주제에 관해서는 더 이상 언급하지 않기로 한다. 그러나 내 생각으로는 입력 가설에 내포된 의미가 언어 습득에 관심을 갖고 있는 우리 모두에게 정말로 흥분을 자아내게 하는 주제일 것이라고 보고 여기서 한 가지만은 집고 넘어가지 않을 수 없다. 그 중에서 가장 중요한 것은 입력 가설은 적어도 "중간 단계"의 수준까지는 교실이 제2외국어 습득에 아주 훌륭한 장소라고 예상한다는 점이다. 초급자에겐 교실 밖의 실사회에선 이해하기 힘든 입력이 제공되며 특히 나이든 습득자들에겐 그 정도가 더더욱 심하기 때문에 교실 밖의 실사회보다는 교실이 훨씬 더 좋은 장소가 될 수 있다(Wagner-Gough and Hatch, 1975). 교실 안에서 우리는 1일 1시간씩 이해 가능한 입력을 제공할 수 있는데, 이것이 교실 밖의 실사회에서 초급자에게 제공되는 입력보다 훨씬 나은 것이 될 수 있을 것이다. 이 문제에 관해서는 정의적 여과(Affective Filter)를 논한 다음 좀더 자세히 다루기로 한다.

5) 정의적 여과 가설

정의적 여과 가설은 정의적 요인들이 제2외국어 습득 과정과 어떤 관계에 있는지를 설명하고 있다. 정의적 여과의 개념은 Dulay and Burt(1977)에 의하여 제안되었으며, 이미 본 장의 가설 부분에서 언급한 바와 같이 정의적 변수 및 제2외국어 습득 부분에서 설명한 이론적 측면과 맥을 같이 하고 있다.

지난 십여 년 간의 연구 업적을 보면 제2외국어 습득의 성공 여부와 관련된 정의적 변수가 상당히 많이 있음을 확인할 수 있다(Krashen, 1981에서 재론됨). 당시의 많은 연구는 다음 3가지 범주 중 어느 하나에 속하는 것으로 분류할 수 있다:

(1) 동기. 일반적으로 높은 동기를 가진 언어 수행자가 제2외국어 습득에서 유리하다(대체로 그렇지만 항상 그렇다고는 할 수 없음[13]).
(2) 자신감. 제2외국어 습득에서 자신감과 좋은 자아 이미지(像)를 가진 수행자가 유리하다.
(3) 불안. 개인이든 학급이든 불안 심리가 낮은 쪽이 외국어 습득에 도

움이 되는 것으로 나타난다.

　나는 이미 학습된 체계보다는 오히려 습득된 체계를 유도하는 유형이 의사소통형의 테스트에 사용되고, 테스트에 응하는 학생들이 이해 가능한 입력이 풍부한 여건인 "습득-풍부" 여건 하에서 언어를 사용하고 있을 때 이들은 제2외국어 성취도가 높게 나타나고 있기 때문에 이들 태도적 변인들이 학습보다는 습득에 직결되어 있을 것이라고 수차에 걸쳐서 가정한 바 있다.

　정의적 여과 가설은 습득자들이 정의적 여과의 강도나 수준이 각기 다르다고 보면서 정의적 변인과 제2외국어 습득 절차와의 관계를 포착하고 있다. 태도가 제2외국어 습득에 최적 상태가 아닌 학생들은 보다 적은 입력을 모색할 뿐만 아니라 높거나 강한 정의적 여과를 - 이들이 비록 메시지를 이해한다 할지라도 그 입력은 언어습득이나 언어습득장치(LAD)에 반응할 수 있는 두뇌의 특정 부분에 도달하지 못할 것이다 - 갖게 될 것이다. 제2외국어 습득에 훨씬 더 도움이 되는 태도를 가진 학생들은 더 많은 입력을 모색하여 찾아낼 뿐만 아니라 여과되는 것도 또한 적거나 약하게 될 것이다. 이런 학생들은 입력에 더욱 개방적일 것이고, 그러다 보면 입력의 더욱 "심도 깊은" 부분을 찾아내게 될 것이다 (Stevick, 1976).

　아래 <그림 2.2>에 제시한 바와 같이 정의적 여과 가설은 정서의 영향은 적절한 언어 습득 장치의 내부가 아니라 "외부"에 존재한다고 주장한다. 이렇게 볼 때 제2외국어 습득의 경우 입력이 주요 변수 중 일차적인 것이며, 정의적 변수들은 입력을 언어습득장치(LAD)에 전달하는 것을 방해하거나 촉진시키는 역할을 한다고 볼 수 있다.

　여과 가설은 언어 습득자가 왜 많은 양의 이해 가능한 입력을 확보할 수 있는지를 설명하고 있지만, 아직도 원어민 수준에는 미치지 못하는 경우가 ("화석화, fossilize", Selinker, 1972) 많다. 바로 이와 같은 화석화 현상이 발생할 때, 그 원인은 정의적 여과 때문인 것이다.

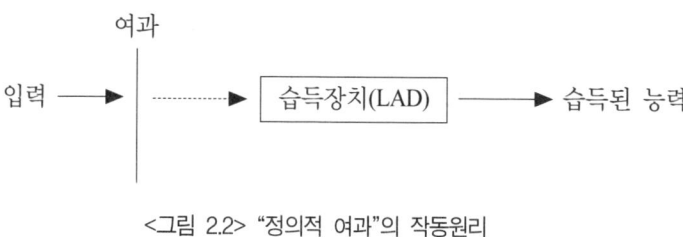

<그림 2.2> "정의적 여과"의 작동원리

Dulay and Burt(1977)에 의하여 제안된 "정의적 여과"는 언어 습득에 장애요인으로 작용한다. 언어습득에 최적의 태도를 갖는 자는 정의적 여과가 "낮을 것"이라고 가정한다. 정의적 여과를 낮게 조성하는 학급은 학생들에게 불안감을 낮은 상태로 유지시켜 주며, 이렇게 하면 학생들은 "방어적 심리가 이완"된다(Stevick, 1976).

위 <그림 2.2>는 어찌되었든 간에 교육학에서 정의적 변수의 중요성을 간과할 수 없다는 말이다. 정의적 여과 가설은 우리의 교육적 목표는 이해 가능한 입력을 제공해야 할 뿐만 아니라 여과의 낮은 상태를 조장하는 여건도 창출해낼 것을 요한다. 앞으로 제5장에서 논의하는 바와 같이 이와 같은 문제에 관하여 관심을 갖는 교수법이 몇 가지가 있다 (예: 카운셀링-학습법, Suggestopedia 교수법 등).

입력 가설과 정의적 여과 개념은 언어교사를 새로운 방식으로 정의한다. 효과적인 언어교사는 입력을 제공하고 그 입력을 학습자가 불안감이 낮은 상태에서 이해할 수 있도록 도와줄 수 있는 사람인 것이다. 물론 많은 교사들은 적어도 전문가들이 말할 때는 교사들이 자기가 맡고 있는 임무에 관하여 수년 간 입력을 제공하고 그 입력이 학습자가 불안감을 낮은 상태에서 이해할 수 있도록 도와주었던 것으로 느껴왔다.[14]

2. 제2외국어 습득의 작인(作因, 원인적 변수)

1) 작인(作因)

지금까지 나온 제2외국어 습득에 관한 이론을 고찰해 보면 다음과 같이 요약할 수 있다:

1. 습득이 학습보다 더 중요하다.
2. 언어를 습득하기 위해서는 2가지 조건이 필수적이다. 첫째, 이해 가능한 입력은 습득자의 현재 수준보다 약간 상회하는 수준의 구조인 i + 1을 내포하고 있어야 하고, 둘째, 입력을 허용할 수 있도록 정의적 여과가 낮거나 약한 상태이어야 한다.

이는 이해 가능한 입력과 여과의 정도가 제2외국어 습득의 진정한 요인이라고 말하는 것과 같다. 즉 우리가 제2외국어의 여타 다른 변수들과 성취도 측정값 사이에 어떤 긍정적인 상관관계를 발견할 수는 있을지 몰라도 언어습득이 일어나는 모든 경우에 무엇보다도 이해 가능한 입력과 여과의 정도만큼 상관관계가 높은 변수도 없을 것이다.

여기서 우리는 제2외국어 습득 면에서 성공 여부와 깊은 관련성을 갖고 있는 몇 가지 요인들을 살펴보면서 그와 같은 분석을 시도하고자 한다. 우리는 그와 같은 변수들의 과거의 분석을 다시 분석해 볼뿐만 아니라 연구 문헌들을 통하여 몇 가지 명백한 문제 및 모순 등을 푸는데 이해 가능한 입력 + 여과란 설명으로부터 지원을 받을 것이다.

제2외국어 습득에 언어 교육이 미치는 효과부터 검토한 다음 우리는 노출(해당 외국어 사용권 거주 기간 및 외국어 사용 기간 등)에 관련된 변수를, 그 다음 연령 변수를 다루게 된다. 끝으로 우리는 Schumann의 문화동화 가설(acculturation hypothesis)도 이런 방식으로 분석될 수 있는지를 검토하게 된다.

2) 언어 교육: 과연 도움이 되는 것인가?

만약 제2외국어 언어수행에 학습이 아니라 습득이 더 중요하고 핵심적이라면, 그리고 만약 외국어 습득에 이해 가능한 입력과 여과가 필수적인 작인(作因)이라면 교실은 단지 낮은 수준의 여과를 조장할 수 있는 분위기 속에서 이해 가능한 입력을 제공하는데 도움을 줄 수 있는 장소에 지나지 않는다. 이미 앞에서 언급한 바와 같이 이것은 이들 변수의 주요 기능인 것인지도 모른다.

교실을 입력에 비공식적인 환경을 쉽게 이용, 활용할 수 없는 초급단계의 학생들에겐 교실이 특별히 중요한 변수가 될 것이라고 가설을 세워보는 것은 매우 합당한 것 같다. 입력에 비공식적인 주변 환경을 잘 활용할 수 있는 학생, 이해 가능한 입력에 교실 이외의 다른 기반을 갖고 있는 학생, 그리고 교실의 이점을 언어학적으로 충분히 이용할 수 있을 만큼 앞서 나간 학생 등등에겐 교실의 중요도가 비교적 덜 할 것이다.

그렇다면 문제는 "언어 교육은 도움이 되는 것인가?"가 아니라 "언어 교육은 언제 도움이 되는 것인가?"가 될 것이다. 이에 대한 한 가지 가능성 있는 대답은 이렇다: 즉 언어 교수(육)는 그것이 교실 밖으로부터 입력을 얻을 기회가 없는 초급자와 외국어를 공부하는 학생들을 위하여 여과가 낮은 상태의 이해 가능한 입력의 주원천으로 쓰일 때 도움이 된다. 가용한 입력의 원천이 풍부할 경우는 별로 도움이 되지 않을 것이다. 연구문헌들이 이와 같은 사실을 일반화하는데 근거가 된다면, 언어 교육이란 이해 가능한 입력을 제공할 경우 제2외국어 습득 및 교육에 큰 도움이 된다는 점을 일반화할 수 있을 것이다.

(가) 언어 교육이 도움이 되는 경우

Brière(1978)는 연령 분포가 4세부터 12세까지의 멕시코 원주민 어린이 920명을 대상으로 제2외국어로서 스페인어 습득에 성공할 수 있느냐 여부를 예측할 수 있는 요인 분석을 시도한 바 있다. 여기서 마을 학교 (promotoria) 출석률이 원주민 아이들의 스페인어 습득에 가장 중요한 요인임이 드러났다. 이 아이들이 교실 밖에서 스페인어를 사용할 기회가 별로 없기 때문에 이들에겐 마을 학교가 스페인어의 이해 가능한 입력의 원천이었다는 점에서 의미가 있다. (그 외에 아버지의 스페인어 구사 능력, 부모들의 스페인어 필요성 정도 등 두 가지가 이들의 스페인어 습득에 작용하는 주요 요인으로서 의미가 있었다.)

일부 몇몇 성인을 대상으로 한 연구들은 교실에서 제2외국어에 노출된 정도(시간)와 외국어 유창성 정도 사이에 상당히 큰 상관관계가 존재함을 보여준다. 그러나 각각의 경우 교실 수업이 이해 가능한 입력의 주요 원천이었다는 점에 대해서 논란이 있을 수 있다. Krashen, Zelinski, Jones and Usprich(1978) 등은 뉴욕 소재 퀸즈 칼리지 어학원 야간반 및 주말반 학생들을 대상으로 시험을 실시했는데, 이들이 진술한 '정식으로 영어 공부를 한 년수'와 ESL에서 실시하는 '다양한 테스트 결과' 사이에 상관관계가 매우 높다는 사실을 다음과 같이 통계로 보이고 있다:

시 험 (테스트)	수업 연한과의 상관관계
Michigan (Lado) Test	$r = 0.50$
Composition Test	$r = 0.34$
Cloze Test	$r = 0.47$
SLOPE Test	$r = 0.42$ (1976년 Krashen 연구)

모두 상관관계가 매우 높음($p < 0.01$ 이상).

이들 연구 대상 학생들이 모두 미국 내에 있고, 기술적으로 FL(foreign language) 환경이 아니라 SL(second language) 상황 하에 있음에도 불구하고 이들에겐 교실 수업 외엔 많은 경우에 영어를 접할 수 있는 풍부한 입력의 기회가 그다지 많지 않다고 볼 수 있다. 첫째, 이들 중 일부는 미국에 온지 얼마 되지 않았기 때문에, 이들에겐 영어가 FL 상황으로 노출되었던 것이다. 둘째, 연구 대상들은 퀸즈 칼리지 정규 대학생이 아니라 어학원생이므로, 이들이 비록 뉴욕에 거주하고 있다고는 하지만 일상생활에서 영어를 그다지 많이 사용하지 않을 가능성이 매우 높다. 이와 같은 추정은 이들의 미국 거주 기간과 영어 유창성 간에 상관관계가 그다지 높지 않다는 사실, 그리고 수업 이외에도 풍부한 영어 투입의 기회를 갖고 있는 퀸즈 칼리지 정규 대학생들에 대한 교육의 효과분석 등을 보면 잘 알 수 있다. (이와 유사한 결과는 Krashen, Seliger, and Hartnett, 1974 그리고 Krashen and Seliger, 1976 등에도 잘 나타난다.)

Chihara and Oller(1978)도 cloze test 및 이와 유사한 기타 다른 테스트에서 수행능력과의 상관관계가 $r = 0.45$ 정도 됨을 발견, 정규 수업 연한과 제2외국어 유창성 간에 높은 상관관계가 있음을 입증하고 있다. 이들의 연구 대상은 일본에서 외국어로서 영어를 공부하고 있는 일본학생들이었는데, 이들에겐 학교 수업이 이해 가능한 입력의 주요 원천일 뿐인 완전히 외국어적 상황과 여건 하에 놓여 있었다.

(나) 언어 교육 자체가 도움이 되지 않는 경우

모든 연구 문헌들이 언어 교육은 제2외국어 습득에 도움이 되는 좋은 것이라고 이구동성으로 결론을 내리고 있는 것은 아니다! (나는 이와 같이 중요한 문제에 대하여 연구된 바와 그다지 많지 않다는 사실에 놀라지 않을 수 없다! 여기선 이 문제를 다룬 연구문헌들을 가급적 최대한 많이 제시하고자 한다.) 그러나 일반적으로 제2외국어 교육에 반하는 결정과 결론을 내린 것 같은 문헌들도 존재한다. 모든 경우에 학생들은 수업 외에 교실 밖에서도 이해 가능한 입력을 풍부하게 갖고 있으며, 제2외국어 능력 즉 이해에 충분한 장점을 택할 수 있다.

어린이의 제2외국어 습득 및 제2외국어로서의 영어를 다루고 있는 연구 2개가 있으니 하나는 Fathman(1975) 연구, 그리고 또 하나는 Hale and Budar(1970) 연구가 그것이다. Fathman(1975)은 ESL 교육을 받은 아이들과 받지 않은 아이들 사이에 영어 유창성 면에서 아무런 유의미한 차이가 존재하지 않음을 발견했다. 오히려 그녀의 연구에서 모든 아이들은 수도 워싱턴 소재 공립학교 영어 중급단계에 등록된 아이들로서 미국에 온지 1년 내지 3년 정도 경과한 아이들이었던 것이다. 그래서 이들 모든 아이들은 학교 수업과 운동장에서 이해 가능한 입력을 확보할 수 있기 때문에, ESL 수업에서 얻은 입력은 이들에게 그다지 유의미한 차이를 보이지 않았을 것이라고 가설을 설정해 볼 수 있다.

Hale and Budar(1970)는 하와이에 이민, 중학교에 입학한 청소년들을 대상으로 연구했다. 이들은 논문에서(제목: "Are TESOL classes the only answer?"), 학생들이 자연스럽게 분리되어 그룹을 형성해 가는 것에 대하여 주목하고 있다. 한 그룹은 공통의 일상적인 언어(common language)를 잘 구사하지 못하는 학생들로 형성되었는데, 이들 학생들은 공식적인 ESL 수업 프로그램의 "혜택"을 별로 입지 못하고, 영어권의 학생들로부터 고립되어 갔던 것이다. 두 번째 그룹은 알아듣기 힘든 각자의 모국어를 구사하는 다른 학생들과 잘 어울리는 사교적인 학생들로 형성되어 갔다. 이들 학생들은 물론 ESL 수업에 출석했다. Hale and Budar는 첫 번째 그룹이 언어 습득에서 보다 나은 발전을 보이고 있으며, ESL 수업의 가치를 의심하고 있는 것 같다고 한다. 그러나 첫 번째 그룹은 보다 많은 영어 화자들과 사귀면서, 그리고 영어를 링구아 프랑카(lingua franca)로 활용하여 기타 많은 영어 비원어민 화자들과 사귐으로서 더 많은 이해 가능한 입력 정보를 얻게 될 것이다. 이 연구 또한 우리의 연구와 일맥상통하고, 문제는 언어 교육이나 ESL이 언어 교육에 플러스냐 마이너스냐가 아니라, 이해 가능한 입력에 여과가 플러스냐 마이너스냐란 점을 확인시켜주고 있다.

성인에 관한 연구 2개도 또한 학급 수업에 반대하는 입장을 나타내고 있다. Upshur(1968)는 미시간 대학 여름 학기 특별과정에서 공부 중인 외국인 학생 3개 집단을 대상으로 연구했다. 모든 학생들은 영어로 교육이 진행되는 세미나와 수업을 수강했다. 뿐만 아니라 각 그룹은 반 배정 시험의 결과에 따라 수업의 양을 조절하면서 공식적인 ESL 수업을 수강했다. 여름 학기를 지나고 이들의 영어 실력 발전 정도를 알아본 Upshur의 분석은 이들이 받았던 교육 시간(양적 개념)에 따른 어떤 유의미한 효과나 차이가 없었음을 밝혀냈다. 즉 ESL 교육을 더 많이 받은 (교육 시간) 학생들이 시수가 적은 학생들보다 더 많은 영어를 습득한 결과가 나온 것은 아니었다. 하와이 대학에서 실시된 Mason(1971) 연구는 한 학기 동안 필요한 ESL 수업의 수강을 연기했던 중급단계[15]의 외국인 학생으로 구성된 소집단을 연구 대상으로 삼았다. 이들의 ESL 수업에서의 발전 정도는 실제로 적시에 중급반 수강을 했던 학생들과 비교했다. 그 결과 Mason은 양 집단 간에 유의미한 차이가 없었다고 결론을 내렸다.

이들 성인을 대상으로 한 2개의 연구 결과도 가설과 일치했다. 두 경우 모두, 학생들은 교실 수업 이외 밖에서 이해 가능한 입력 정보를 풍부하게 접할 수 있었고, 그와 같은 정보를 활용할 수 있을 만큼 이들 대상 학생들 모두가 발전되어 나아갔다.

나는 이와 같은 자료를 근거로 언어 교수(육)는 분명히 언어 습득에 도움이 된다고 결론을 내린다. 언어 교육의 주요 기능은 학급 이외의 다른 장소에서 이해 가능한 입력을 얻을 수 없는 학생들을 위하여, 주어진 상황이 좋지 않은 학생들(학급 이외의 다른 장소에서 입력 원천을 찾을 수 없는 외국어를 공부 중인 학생들) 또는 언어 능력이 제지당한 학생들(교실 밖의 실 세상에서 통용되는 언어를 이해하지 못하는 학생들) 등을 위하여 이해 가능한 입력을 제공하는 것이다. 언어 교육이 수업 이외에 다른 입력의 출처를 갖지 못하는 학생들에겐 별로 유익하지 못하겠지만, 중급 수준의 학생들에겐 교실 수업의 기여도가 매우 높은 것이다. 수업은 최적 모니터 활용(optimal Monitor use, 제4장 참조)을 위한 의식적 학습을 제공할 수 있고, 더 많은 습득을 위하여(제3장 참조) 교실 밖의 외부 환경을 습득자가 더 많이 활용하고 이해하는 것을 도와주는 도구가 될 수 있다. 여기서 논의한 내용들을 간략하게 정리하면 아래 <도표 2.2>와 같다.[16]

3) 노출 변수

제2외국어 습득과 관련해서 몇몇 노출 변수들에 대하여 조사, 연구된 바 있다. 일부 연구 결과를 보면 이해 가능한 입력 플러스 저여과는 진정한 인과적 변수란 가설이 노출량과 유창성 간에 분명히 상관관계가 있는 경우와 그렇지 못한 경우, 노출변수가 제2외국어 습득과 언제 관련이 있고 언제 관련이 없다는 식의 주장을 재고해 볼 필요가 있다. 그러므로 노출변수도 간접적인 것이며 그 자체가 직접적인 요인은 아닌 것이다.

몇몇 학자들은 제2외국어 환경 속에서 거주했던 기간(LOR, length of residence)을 조사 연구한 바 있다. 어린이의 제2외국어 습득과 관련해서 이런 종류의 연구들은 거주기간(LOR)이 아이들이 얻을 수 있는 이해 가능한 입력량을 반영해 줄 수 있을 것이라고 희망 섞인 주장을 할 수 있다. (이는 물론 어린이의 제2외국어 습득시 모든 경우에 다 적용되는 것은 아닐 것이다; 한 나라에 살고 있는 어린이가 학교 안에서나 밖에서 이해 가능한 입력을 얻지 못하는 사례가 너무 많다.) 그러므로 우리는 이들 연구에서 거주기간(LOR)과 제2외국어 유창성 간에 하나의 분명한 관계를 찾아 볼 수 있는 것이다.

Fathman(1975)연구에 관해서는 이 정도로 간략하게 보겠는데, 공식적인 수업이 ESL 성취도에 아무런 효과도 없다는 그녀의 발견 말고도, 그녀는 거주기간(LOR)이 실험 대상으로 삼았던 표본들의(수도 워싱턴 소재 초등학교에 등록한 6-14세 어린이들) 언어 유창성을 예측하는데 활용될 수 있다는 결론도 내리고 있다.

<도표 2.2> 공식 교육과 제2외국어 습득

연구(학)자	실험 대상	실력 수준	기타 이해 가능한 투입 출처
교수(육)가 언어습득에 도움이 된다는 입장			
Briere(1978)	멕시코 원주민 아이들	초급반	없음; 마을학교가 스페인어를 접할 수 있는 유일한 원천임.
Krashen et al(1978)	대학 내 어학원생	초급반-중급반	극히 일부 사례의 경우만; 일부는 미국에 새로 온 경우, 기타 다른 학생들은 일상생활에서 영어 사용 안함.
Chihara and Oller(1978)	일본(EFL) 성인 학생들(영어)	초급반-중급반	없음; 교실 밖에선 좀처럼 영어 사용 기회가 없는 외국어 상황임.
교수(육)가 언어습득에 도움이 되지 않는다는 입장			
Fathem(1975)	어린이들	중급반 [a]	있음; 수업과 운동장 놀이 등.
Hale and Budar(1970)	청소년들	초급반-중급반	있음; 수업, 운동장 놀이, 중간어(interlanguage) 사용 가능성.
Upshur(1968)	대학 내 어학원 여름학기(성인 ESL 등록생)	중급반	있음; 주어진 영어 사용 가능 환경 속에서 수업 및 세미나
Mason(1971)	대학 내 어학원 등록생(성인)	중급반	있음; 영어로 진행되는 수업 및 비공식 환경 여건

[a] 실험대상 전원 미국 거주 최소한 1년 이상임.

SLOPE 테스트에서 미국 거주 3년 정도의 집단이 거주 2년 정도의 집단보다 높은 점수를 받았고, 거주 2년 정도의 집단은 거주 1년 정도의 집단보다 높은 점수를 얻었다.

 Walberg, Hase, and Rasher(1978)는 일어를 말하는 일본 출생으로 미국에 온지 0-12년 어린이들을 연구대상으로 삼았는데, 이들 대상 중 미국 거주기간이 3-4년 된 어린이가 가장 많았다. 이들 어린이들의 영어 유창성을 측정하기 위한 척도로 연구 대상 어린이 자신들의 진술과 교사의 평가 등을 사용했다. Walberg et al.은 거주기간(LOR)과 제2외국어로서의 영어 유창성 간에 유의미한 상관관계가 있음을 발견했지만, 상관관계가 시간이 경과할수록 "감소"하는 현상 즉 "처음엔 습득 속도가 매우 빠르게 진행되다가 시간이 지나감에 따라서 속도가 감소하는 현상"을(p.436) 발견했던 것이다. 구체적으로 말하자면 "교육을 시작한 이후 처음 2개월, 그 다음 5개월, 그 다음 1년, 그 다음 2년, 그 다음 8년" (p.436) 등으로 발전 속도를 묶어볼 수 있었다.

 그러나 Ekstrand(1976)는 스웨덴에 이민 온 어린이들을 대상으로 연구한 결과 거주기간(LOR)과 이들의 제2외국어 유창성 간엔 아무런 상관관계가 없음을 발견했다. 그의 연구에서 거주기간의 중앙값은 고작 10.5개월이었는데, 아마도 이는 거주기간이 효과를 나타낼 수 있는 최소기간(1년 정도?)에 미치지 못한 것이 아닐까싶다. 그러나 이와 같은 짧은 기간이라도 Fathman and Walberg et al. 등의 연구에선 만족스런 결과가 나왔는데, 이는 대체로 다소 나이가 든 아이들이 초기 단계의 습득 속도 면에서 가질 수 있는 이점을 상쇄하는데 대략 1년 정도 걸린다는 사실 때문일지도 모른다(Krashen, Long, and Scarcella, 1979; 그리고 이하에서 논하는 「연령」 변수도 참고할 것).

 Walberg et al.의 습득 감소 가설은 거주기간(LOR)과 제2외국어 습득간에 아무런 관계가 없다는 우리의 생각을 초월하여 최대 거주기간(maximum LOR)이란 것도 있음을 예측하고 있다. 기타 다른 연구 자료들도 이와 같은 사실을 확인시켜 주고 있다. Seliger, Krashen and Ladefoged(1974), Oyama(1976, 1978), Patkowski(1980) 등 이들 모두는 미국에 어떤 이는 어린이 때, 어떤 이는 성인이 된 다음 오는 등 각기 다른 시기에 온 다양한 실험대상을 가지고 연구한 결과 이들의 미국 거주기간(LOR)과 제2외국어로서의 영어 유창성 간엔 아무런 관계가 없음을 확인했다. 그러나 모든 연구 집단의 경우 거주기간(LOR)이 상당히 오래된 사람도 있었고, 최소한 5년 정도 된 사람도 포함되어 있었다.

제2외국어 습득과 미국 거주기간(LOR)과의 관계를 연구한 기타 2편의 연구에 관해서는 아래에서 다루기로 한다(Ramsey and Wright, 1974; Minoura, 1979).

거주기간(LOR)과 제2외국어 유창성 간의 관계에 관한 성인연구는 내 생각으론 거주기간(LOR)은 그것이 높은 상호작용을 반영하여 이해 가능한 입력을 제공한다는 증거가 존재할 때만 "고려"될 수 있는 것이라고 본다. 그러나 성인의 경우 여과 단계나 수준이 다양하기 때문에 우리는 어린이와 비교한다면 일반적으로 성인의 경우가 그 상관관계가 낮아질 것으로 예상할 수 있다(아래에서 논하는 「연령」 변수를 참고할 것).

완전히 학문적인 분위기에 싸여 있는 대학의 정규 유학생들은 수업 내외 모두로부터 상당량의 이해 가능한 입력을 접해야만 하므로 이들의 경우는 거주기간(LOR)과 제2외국어 유창성 간에 대단히 큰 유의미한 상관관계를 보여준다. 이들 유학생을 대상으로 한 연구가 2개 정도 있다. Murakami(1980)는 남일리노이 대학에 재학 중인 일본계 유학생 30명을 대상으로 연구하여, ESL의 받아쓰기 시험 성적과 거주기간(LOR) 간에 상당히 유의미한 상관관계($r = 0.68$)가 있음을 발견했으며, cloze test 성적과는 상관관계가 긍정적이긴 하지만 별로 유의미한 상관관계($r = 0.29$)가 없음도 발견하게 되었다. 이와 같은 연구 결과는 동일한 대학에서 (이 중 30명은 무라카미 연구의 대상과 중복되지 않음) 182명을 연구

대상으로 선정했던 Oller, Perkins, and Murakami(1980) 공동연구의 결과와 거의 대동소이했다. 이들도 거주기간(LOR)과 받아쓰기 시험성적 간에 유의미한 상관관계($r = 0.46$)가 존재하지만, cloze test와는 유의미한 상관관계가 없다(이에 대한 언급이 전혀 없음)는 결론에 도달했다.

거주기간(LOR)과 유창성 간의 상관관계는 우리의 퀸즈 칼리지 어학원생 연구로도 입증된 바 있다(Krashen et al., 1978, 위에 인용한 바 있음). 때로는 상관관계가 중요하지만(표본의 크기가 크기 때문에) 그렇다고 모든 것을 상관관계로만 해석할 일도 아니다.

상관관계	측정도구
0.18	미시간 테스트(Lado)
0.22	작문시험
0.24	Cloze 테스트
0.014	SLOPE 테스트(Krashen, 1976)

이와 같은 결과들은 예측이 가능하다. 어학원 수강생들은 정규 대학생들과 비교할 때 영어에 접할 기회가 그 만큼 적고 반면에 장애요인은 더 많을 것으로 예상해 볼 수 있다. 어학원생 중 일부는 이해 가능한 입력을 별로 받지 못한 채 수년간을 미국에 거주했을 수도 있다. (이와 유사한 결과가 Krashen, Seliger, and Hartnett, 1974, Krashen and Seliger, 1976 등에도 나타난다.)

외국어를 공부하는 학생들을 대상으로 "시간을 쏟아 부은" 연구가 2개 있지만, 환경이 다소 다르고 또한 결과도 다르게 나왔다. Carroll (1967)은 외국인으로 미국에서 유년기를 보낸 미국 대학 내의 외국어 전공학생들이 단지 여름방학 기간 동안 미국에 와서 어학을 공부했던 학생들보다 FSI 테스트 성적이 더 높게 나왔다고 분석했다. 그런가하면 여름 방학 기간만이라도 미국에 체류했던 학생들이 해외에 나가본 적이 전혀 없는 학생들보다는 성적이 훨씬 높게 나타났다. 이와 같은 결과는 해외에(미국) 나간 학생들이 현지인과의 상호작용을 모색했기 때문에 해외에 체류하는 동안 제2외국어로서 영어에 관한 이해 가능한 입력을 더 많이 받아들일 수 있는 기회를 갖게 되었다는 사실을 반영하고 있다고 볼 수 있다.

<도표 2.3> 거주기간(LOR)과 제2외국어 습득(SLA)과의 관계

연구(학)자	실험 대상	거주기간(LOR)	언어적 환경; LOR = CI?
LOR이 SLA와 어떤 관계가 있다는 입장			
Fathman(1975)	어린이	1-3년	그렇다 : 초등학교/운동장
Walberg et al.(1978)	어린이	0-12년[b]	그렇다 : 초등학교/운동장
Murakami(1980)	성 인	보고된 바 없음	그렇다 : 정규 대학
Oller et al.(1980)	성 인	보고된 바 없음	그렇다 : 정규 대학
Carroll(1967)	성 인	여름방학(기)	그렇다 : 대학 3학년 해외연수
LOR과 SLA 간에 아무런 관계도 없거나 있어도 약하다는 입장			
Ekstrand(1976)	어린이	평균 10.5개월	그렇다[c]: 초등학교/운동장
Krashen et al.(1978)	성 인	평균 4년	약간의 변수 : 불필요한 경우
Chihara and Oller(1978)	성 인	보고된 바 없음	"해외연수" 필수가 아님

[a] CI = Comprehensible input(이해 가능한 투입)
[b] 평균 LOR = 3-4년
[c] 여기서 LOR과 SLA간에 상관관계가 없는 것은 LOR이 비교적 짧기 때문인 것 같음.

Chihara and Oller(1978)는 일본에서 외국어로서 영어를 공부하는 학생들을 연구대상으로 했다. 그 결과 해외 거주기간(LOR)과 이들의 영어 시험 성적간엔 아무런 관계가 없었다(cloze 테스트에서 $r = 0.04$, 그리고 기타 다른 테스트의 결과도 이와 비슷했다; Chihara and Oller는 해외체류기간(LOR)과 영어 유창성에 대한 자기평가간에 높은 상관관계를 보여서 말하기에 $r = 0.24$, 청해력에 $r = 0.23$인 것으로 분석했다). 습득자들이 일상적으로 목표어(영어)에 접촉할 수 있는 Carroll의 미국 내 외국어 전공 대학생들을 대상으로 한 연구와는 대조적으로 이 경우 해외체류기간(LOR)은 이해 가능한 입력과 직접적인 관계가 있을 필요는 없었다. 위 <도표 2.3>은 거주기간(LOR)에 관한 연구를 일목요연하게 요약하고 있다.

그 동안 연구되어 온 두 번째 노출 변수는 제2외국어의 사용인 것으로 보고되고 있다. 일부 몇몇 연구들은(놀랍게도 연구된 바가 별로 없음) 외국어를 더 많이 습득하면 할수록 해당 외국어를 더 많이 사용하느냐 여부에 대하여 물었다. 외국어를 사용한다는 것은 대부분 이해 가능한 입력을 수반하기 때문에 "사용"과 습득간엔 유의미한 어떤 관계가 존재할 것으로 예상하게 된다. 이와 관련해서 나는 3가지 연구물을 검토해 보았는데, 그 중 2개는 "사용"과 제2외국어 유창성 간에 명백한 관계가 있음을 보여주고 있다. (모든 사례에서 명백한 관계를 보여주지 못함은 실험대상들 자신의 자기 평가의 신뢰성이 낮은 때문이 아니었나 싶다; Oller and Perkins, 1978 참조.)

"사용"을 조사 연구했던 모든 연구에는 연구대상으로 성인도 포함된다. Johnson and Krug(1980)는 남일리노이 대학의 외국 유학생 72명을 연구대상으로 선정, 연구한 결과 이들의 영어 유창성(인터뷰 상황에서 문법적 형태소 사용의 정확성 검사를 실시)과 이들이 영어로 듣고 말하는 여가시간의 양간엔 어느 정도 유의미한 상관관계($r = 0.34$)가 있음을 발견했다. 그러나 이와 유사한 표본조사를 했던 Oller, Perkins, and Murakami (1980) 등은 받아쓰기 및 cloze-type 문법시험을 실시한 결과 이들이 "영어권 사람들과 보낸 시간"과 제2외국어 유창성 간에 아무런 관계도 찾아내지 못했다.

Schumann(1978b)이 인용한 바 있는 하이델베르크 연구 프로젝트는 독일에 근무중인 외국인 근로자(이태리, 스페인인들)들이 제2외국어로서 독일어를 잘 할 수 있는 예측 가능성이 높은 요인들을 면밀히 조사 연구한 것이다. 연구 결과는 독어의 통사적 유창성과 이들의 독일인과 접촉하는 "여가시간의 접촉"간에 상관관계가 0.64, 그리고 "근무시간의 접촉"과 독어 유창성 간엔 0.53인 것으로 계산해냈다. 즉 여가 시간적 접촉이나 근무상의 접촉 모두 이해 가능한 투입을 낳을 수 있는 요소로 해석해 볼 수 있는 것이다.

4) 연령 변수

일반적으로 연령이 낮은 사람이 높은 사람보다 제2외국어를 습득하는데 더 유리하다고 생각하여 그 동안 연령 자체가 제2외국어 유창성을 점치는 하나의 가늠자 역할을 해왔던 것이다. 그러나 연령 자체만으로는 제2외국어 성취도나 습득 속도 등을 알아볼 수 있는 가늠자 역할을 한다는 점에 대해서는 논란의 여지가 많고, 이해 가능한 입력의 양 및 정의적 여과의 수준 등이 너무 과소 평가된 감이 없지 않다.

Krashen, Long, and Scarcella(1979) 등은 제2외국어 습득에 미치는 나이의 영향과 효과 등에 관한 실험적 연구를 통하여 지금까지 나온 연구 문헌들 모두를 검토한 결과 다음과 같이 일반화시킬 수 있었다고 결론을 내렸다:

1. 제2외국어 습득의 초기단계에선 그 속도가 성인이 어린이보다 빠르다(시간과 노출이 일정할 때).
2. 시간과 노출이 일정할 때, 어린이 중 나이가 많은 쪽이 적은 쪽보다 습득속도가 빠르다.
3. 일반적으로 어린 시절에 제2외국어에 자연스럽게 노출되기 시작한 습득자들이 성인이 된 다음 노출되기 시작한 사람보다 제2외국어 유창성이 높다.

그러므로 외국어는 "어릴수록 좋다"는 말을 단순 일반화할 수는 없고, 장기적으로 볼 경우만 아이들이 성인보다 우수하다고 볼 수 있을 뿐이다.

내게 가장 바람직한 내용인 것 같은 이들 관찰된 차이점에 관한 설명은 입력 및 정의적 여과의 수준이나 크기 등을 배제할 수 없게 된다. 첫째, 나이가 높은 쪽의 습득자들의 습득속도의 우수성(상기 요약 1, 2항에 해당함)을 보자. Scarcella and Higa(이 책의 후반에서 소개될 예정임)는 사실상 나이가 낮은 쪽의 습득자들이 괄호 넣기 테스트에서 "보다 간단한" 입력을 받았다는 사실을 발견했는데, 이는 Wagner-Gough and Hatch(1975)에 의한 관찰을 확신케 해주는 것이며, 나이가 어린 쪽이 높은 쪽보다 습득 속도가 더 빠르다고 예측하는 것 같다. Scarcella and Higa는 나이가 높은 쪽 습득자들이(청소년의 경우) 입력의 양과 질 두 가지 모두를 더 잘 조절할 수 있다는 점에 주목했다. 나이가 높은 쪽 청소년들이 원어민 화자에게 스피치를 할 수 있도록 촉진시키고 자기들이 이해력을 높일 수 있는 차원으로 스피치를 수정, 보완하도록 유도하는 면에서 나이가 낮은 쪽 보다 더 훌륭했다. 예를 들면 나이가 높은 쪽 청소년들은 대화의 주제를 바꿔보거나 무슨 말인지 도움을 직접적으로 요청할 수도 있었던 것이다. 다시 말하자면 이들이 "대화 능력"면에서 더 뛰어났다고 볼 수 있다. 그러므로 나이가 낮은 쪽 아이들에게 더 간단한 입력이 제시되었음에도 불구하고 사실상 나이가 높은 쪽 아이들이 이해 가능한 입력을 더 많이 얻게 되게 되는데, 바로 이점이 나이가 높은 쪽 아이들이 초기 단계에서 습득속도가 더 빨리 진행되는 주 요인이 되는 것 같다.

습득 속도면에서 나이가 높은 쪽이 더 우수한 결과로 나타난 것에 관해서 기타 다른 이유들이 있을 것이다. 성인들은 어떤 상황의 초기에 재빨리 언어 생산 수단, "침묵기를 벗어나는 수단(beating the Silent Period)"

등을 갖고 있는데, 이는 자연스런 언어 습득과는 아무런 관련이 없지만, 그럼에도 불구하고 이것이 그들로 하여금 대화에의 참여를 도와주고, 따라서 이해 가능한 입력을 확보할 수 있게 해준다.

나는 일찍이 (예: Krashen, 1981) 중요한 모니터 사용(significant Monitor use)은 습득자가 일반적으로 사춘기에 나타나는 인지 발달의 한 단계 (Inhelder and Piaget, 1958)라고 볼 수 있는 외적작동(formal operations)이 시작된 이후에만 가능하다는 가설을 설정한 바 있다. 의식적 문법의 작용인 모니터(the Monitor)는 본 장의 앞부분에서 이미 설명한 바와 같이 성인의 경우는 모니터에 의하여 이미 수정된 L1의 언어규칙을 사용하여 외관상 수용 가능한 발화를 생산할 수 있게 해준다. 이와 같은 모드(방식)의 사용엔 이해 가능한 투입을 요하지는 않지만, 이런 방식으로 습득자가 대화에 참여하기 위한 초기 단계에의 시동 대화를 보조해 주기 때문에, 이로 인하여 투입을 확보하게 되는데, 이때 투입이란 앞으로 이해 가능한 것이 될 것이고, 현재로선 투입 전체는 아니더라도 일부 정도는 이해하게 될 것이다.

이상과 같이 나이가 높은 쪽의 습득자의 습득 속도가 더 우수하다고 보는 2가지 설명 모두 이해 가능한 투입을 확보하는데 성인 및 어린이 중 나이가 높은 쪽의 능력이 더 크다는 쪽으로 기울었다. 그러므로 연령 자체가 아니라 이해 가능한 입력이 인과 변인이 될 것이라는 가설을 또 다시 제시하게 된다. 궁극적인 외국어 습득 면에서 어린이의 우수성에 대해서 그 동안 형식적인 조작기능과도 관련이 될 수도 있는 하나의 사건(Krashen, 1981)이라고 볼 수 있는 인생의 사춘기에 나타나는 강력한 정의적 여과가 그 주요 요인일 것이라고 보는 가정이 계속되어 왔다. 이 책의 다른 부분에서도 주장하는 바와 같이 이와 같은 가설은 몇 가지 장점을 갖고 있다. 첫째, 언어 습득 면에서 어린이-성인간의 차이는 "언어습득장치(LAD)" 자체의 어떤 차이 때문이 아니라, LAD 외적 요인이라고 볼 수 있는 여과적 차이 때문이라고 볼 수 있다. 둘째, 이는 성인도 어린이가 갖고 있는 자연스런 언어습득 능력(용량)을 여전히 보유하고 있는 "습득자"라는 주장과 일맥상통한다. 이와 같은 맥락에서 보면 일부 성인들은 제2외국어 능력 면에서 매우 높은 단계에 도달할 수 있으며 심지어는 원어민 수준에까지 도달할 수 있다는 가능성을 배제할 수 없다. 이는 무엇보다도 이와 같이 "훌륭한 언어 학습자"들은 낮은 정의적 여과 상태로 상당량의 이해 가능한 투입을 확보할 능력을 갖춘 훌륭한 습득자일 것이라는 예측을 가능케 해준다. 상당히 많은 경우를 보면 여과가 성인들에겐 습득의 마지막 단계에[17] 도달하는 것을 가로막고 서 있다.

5) 문화동화

Schumann의 문화동화 가설에 관해서도 위에서 언급한 바와 매우 유사한 주장이 있을 수 있다. Schumann(1978b)은 문화동화가 "제2외국어 습득에선 가장 중요한 변수"(p.29)로 작용할 것이라는 가설을 내놓았다. Schumann은 "제2외국어 습득은 문화동화의 한 측면에 지나지 않으며, 학습자가 목표어 집단에 동화되는 정도는 해당 목표어를 습득한 정도에 따라 달라진다"(p.34)라고 주장하고 있다.

문화동화 가설은 확대된 체류상황 하에서 제2외국어 습득 데이터를 설명하고 있는 것처럼 보이지만, 사실은 이해 가능한 입력 및 저여과 단계란 용어로 설명하는 것이 훨씬 더 쉽다. 문화동화란 이해 가능한 입력을 확보하고 여과 수준을 낮추는 하나의 수단으로 볼 수 있다. 뿐만 아니라 이해 가능한 입력가설은 문화동화 가설이 다루려고 하지 않는 상황 하에서의 제2외국어 습득도 설명하고 있다. Schumann은 문화동화를 다음과 같이 두 가지 유형으로 분류하고 있다:

"제1유형 : 학습자가 목표어(TL) 집단과 사교적으로 접근, 통합되어 가며, 그 결과 자신이 목표어를 배울 수 있도록 하기 위하여 목표어 사용 집단과 충분한 접촉을 하게 된다. 뿐만 아니라 자신이 노출되어 섭취하고자 하는 목표어에 심리적 개방 자세를 취하게 된다.

제2유형 : 제1유형과 모든 특성이 같지만 여기선 학습자가 목표어 화자를 자신이 의식적으로든 무의식적으로든 간에 삶의 스타일과 가치관을 배우고 수용할 기준으로 삼는다는 점이 다르다. 이들 두 유형 모두 목표어 습득에 충분한 요인이 될 수 있지만, 성공적인 언어습득에 목표어 집단의 생활방식과 가치관까지 수용해야 할 필요성을 강조하는 그야말로 목표어 집단에의 사회적, 심리적 접촉까지를 강조한다는 점에서 두 유형 간 차이점을 발견할 수 있다."(p.29)

그러므로 제1유형의 문화동화는 새로운 삶의 방식까지를 내포하고 있는 제2유형보다 다소 "약한" 동화인 것이다. Schumann이 제1유형은 성공적인 제2외국어 습득에 누구에게나 필수적인 것이라고 가정하기 때문에 우리는 여기서 그가 주장하는 제1유형의 문화동화에 관해서만 살펴보기로 한다.

제1유형의 문화동화는 본 장에서 제시한 틀(framework) 안에서 재론하기가 쉽다. 즉 접촉의 결과 나타나는 사교적인 응집력은 결국 이해 가능한 입력을 낳게 되고, Schumann이 언급하는 개방적 심리상태는 저여과(low filter)와 동일한 것이다. 문화동화 가설을 주장하기 위한 Schumann의 논리도 이와 유사하게 해석될 수 있다.

이미 앞에서 언급한 바 있는 하이델베르크 연구 프로젝트에서 외국인 근로자들의 성공적인 독일어 습득과 관련된 변수간의 상관관계를 연구한 바 있다. 연구결과는 이들의 독일인들과 접촉한 여가시간의 양이 독일인들과 함께 일하는 근로시간($r = 0.55$)과 마찬가지로 통사적 수행($r = 0.64$)과도 높은 상관관계를 보였다고 한다. 분명히 일이든 여가든 현지

원어민들과 함께 하는 시간은 제2외국어 습득을 장려, 고무하는데 효과적이었다. (Schumann은 "최선의 화자들 중 독일인들과 레저로 접촉하는 일이 거의 없는 사람들은 모두 근무상의 접촉자"(p.39)로 분류했기 때문에, 독어를 습득한 일부 외국인 근로자들도 레저에 의한 접촉이 별로 없기 때문에 근무상 접촉자로 분류되었다.) 이는 상호작용이 존재한다는 사실을 확인시켜준 셈이며, 제2외국어 습득의 원인이 되는 이해 가능한 입력의 결과라고 볼 수 있으므로 문화동화 가설이나 이해 가능한 입력 프로스 저여과 견해나 둘 다 일맥상통하는 관점이라고 볼 수 있다.

하이델베르크 연구 프로젝트 결과를 보고하면서 Schumann도 "함께 일하는 사람들과 의사소통을 요하는 그런 학습자들이 단순 서비스업 (예: 이·미용사, 주방 보조 등) 종사자들 보다 독일어 습득 면에서 더 나은 편"이라고 지적하고 있다. 또한, "시끄럽거나 동작이 억제된 환경 속에서 근무하는 학습자인 경우 불리하다"라는 점도 지적하고 있다. 이와 같은 결과들도 목표어에 더 많이 상호 작용할 수 있는 사람들이 독어를 더 많이 습득한다고 주장하는데, 이들 모두가 입력 가설의 필요조건을 충족시키는 보다 많은 입력을 뜻하는 것이다.

Schumann은 초기의 제2외국어 습득은 피진어화(2차 잡종혼성어화)와 유사하고, 후기의 제2외국어 습득은 decreolization의 mesolect 및 acrolect 와 유사하다고 주장하면서 자연스런 제2외국어 습득(자유롭거나 비공식적인)과 피진어화-크리올어화 연속선 사이에 하나의 평행선을 설정했다.[18] 그 증거로 그는 미국에 살고 있는 스페인어를 사용하는 성인인 알베르토의 사례를 기술하고 있는데, 알베르또는 영어 화자들과 심리적으로, 사회적으로 상당한 거리감[19]을 갖고 있는 것으로 나타났고, 그가 하는 말들은 피진어화의 유표 징후 즉 몇 가지 문법적 형태소의 결여, 의문문에서 문장 도치형의 사용 미비, 부정문에서 원시적 전이형의 빈번한 사용 등등의 특징을 보였다(Schumann, 1978a에 상세히 나옴). 그러므로 알베르또는 제2외국어 습득이 별로 나타나지 않았고, 사회적, 심리적 거리의 정도로 정의된 문화동화현상도 별로 나타나지 않았기 때문에 문화동화 가설에 맞아떨어지는 경우이다. Albert도 여기서 제시한 '이해 가능한 입력 및 여과 수준 등이 제2외국어 습득의 결정적인 요인'이라고 보는 이론적 틀과 일치한다. 알베르또도 영어로 이해 가능한 입력을 별로 받지 못했고 (Schumann, 1978a에 의하면 그는 TV도 없이 야간 근무를 했고, ELS 수업도 수강하지 않았고, 영어권 화자들을 사귀려고 노력도 하지 않았다.), 아마도 정의적 여과도 강했을 것이라고 주장할 수 있을 것이다.[20]

Stauble(1978) 연구 보고서에 나타난 연구 대상들도 문화동화 가설을 위한 증거가 될 수 있는 것으로 볼 수 있다. 이들 대상 3명 모두 수년간 미국에서 생활한 스페인어 화자들이며, 영어 부정문 발달 과정에서 각기 다른 수준에서 분명히 "화석화" 현상을 일으킨 사람들이다. Stauble은 이들의 제2외국어 습득의 발달과정을 그들이 영어 부정문을 만들려고 사용하고 있는 잠정적(임시적) 형태에 나타나고, 영어권의 사람들과 사회적 심리적 거리를 입증하려고 했던 비공식적인 질문지로 측정된 문화동화 등과 연계시켜 보려고 시도했다. 실험대상자 Xavier는 영어 부정문에서 가장 저조함을 보였지만, 동시에 사회적 거리는 가장 적은 것으로 나타났다. 그러나 Stauble의 질문지를 보면 심리적 거리가 기타 다른 거리보다 크게 나타났는데, 이는 문화동화 가설과 일맥상통하는 것이다. 영어 습득이 가장 앞서간 실험대상 Paz의 사교적 거리가 가장 멀었지만, 그 거리는 상대적으로 낮은 심리적 거리를 보인 또 다른 실험 대상자였던 Maria와 같은 것이었다. 이와 같은 발견에 대한 Stauble의 해석은 심리적 거리가 문화동화와 언어 습득에 사교적 거리보다 더 중요한 결정인자일 것이라는 것이다.

Stauble의 데이터도 우리의 이론적 틀로 분석이 가능하다. 이들 연구의 실험대상 3명 모두 미국에 거주기간으로 볼 때 거의 원어민 정도의 "zero filter" 수준이라고 보기에 충분할 만큼 이해 가능한 입력을 상당히 많이 갖고 있다고 볼 수 있다. 그렇다면 우리는 이것이 심리적 거리감 점수가 낮아짐을 반영한 Paz의 저여과라고 간단히 가설을 설정해 볼 수 있는데, 이는 결국 습득자에게 외국어 습득을 더욱 발전시킬 수 있게 해 주는 요인이 되는 것이다.[21]

끝으로 이해 가능한 입력 프러스 여과 위치(filter position) 등 이들 두 가지가 비교적 더 일반적인 요인이란 주장이 가능해진다. 문화동화 가설은 제2외국어 습득을 이민의 경우와 연장된 체류상황의 경우만 예측하고 있다. (실제로, Schumann은 논문에서 문화동화 가설은 오직 이와 같은 상황 하에서의 제2외국어 습득에 관해서만 설명할 수 있도록 설계되었기 때문에 다른 상황에 적용하거나 설명하는 것은 온당치 못하다고 분명하게 주장한다.) 본 장에서 제시한 SLA이론은 체류 연장 및 이민자의 SLA 뿐만 아니라 본서의 3, 4, 5장에서 상세히 다루고 있는 바와 같이 학급에서의 성공까지도 예측하고 있으며, 나아가 모든 언어 습득에 적용 가능하다고 보고 있다.

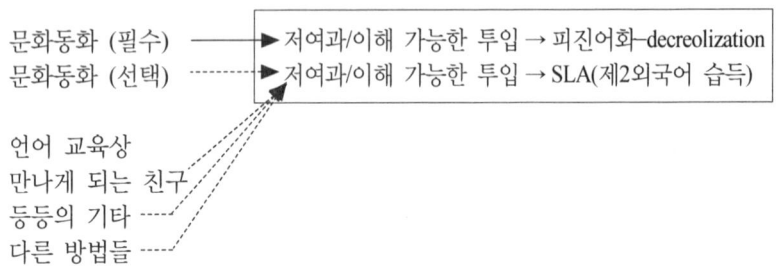

<그림 2.3> 문화동화, 피진어화-decreolization, SLA(제2외국어 습득)

제2외국어 습득, 피진어화-decreolization 연속선은 저여과 상태(위 그림 중 네모 상자 내부)에서 공급된 이해 가능한 투입을 거쳐서 발전해 간다는 점에서 둘 다 매우 유사하다.

———— 필수적 과정
-------- 선택적 과정

문화동화 가설은 장점도 많이 있다. 여기서 말하는 문화동화란 이민자와 장기 체류자들에게 정의적 여과를 낮춰주고, 입력을 심어줄 수 있는 가장 효과적인 방법 이것이 바로 그와 같은 사례일지도 모른다. 위 <그림 2.3>은 제2외국어 습득과 피진어화-크리올어화 연속선 및 두 경우의 문화동화의 효과 사이에 존재하는 평행선을 찾아 보고자한 시도이다. "자유로운" 제2외국어 습득 및 그 연속선은 문화동화가 두 경우의 이면에[22] "모티베이션 동인(動因)"일 수 있다는 점에서 상호 유사하다. 크리올 화자들이 목표어 문화에 동화되는 정도에 따라 차츰차츰 목표어의 표준어에 근접한 말을 습득해 간다. 이와 같은 문화동화가 이들로 하여금 표준 목표어 화자들과 접촉할 수 있게 해주고, 그렇게 되면 이들은 입력에 더욱 "개방"적으로 (즉 여과 수준이 낮아짐) 변화된다. 또한 문화동화는 제2외국어 습득을 "모티베이트(동기 유발 및 자극을 줌)" 시킬 수 있다. 개인적인 습득자가 어떤 특정 문화에 동화되어 감에 따라서, 더 많은 상호접촉을 통하여 점점 더 많은 입력을 얻게 되고, 그렇게 되면 목표어에 더욱 "개방"적으로 발전해간다. 차이점이 있다면 그것은 여과의 수준을 낮추고 이해 가능한 입력을 확보할 수 있는 유일한 방법일 경우 문화동화가 디크리올어화 연속선을 따라 움직여 가는 필수적인 동인(動因)이라는 점뿐이다. 입력은 문화동화로 확보될 수 있고, 문화동화와 아무런 관련이 없는 여과를 낮추는 기술(techniques)은 여러 가지가 있다.

미주

[1] 습득-학습의 구분이 내게는 새로운 개념이 아니다. 다른 학자들도 이와 유사한 차이점들을 정리하고 설명하기에 이와 같은 구분이 매우 유익하다는 사실을 알게 되었다. Bialystock and Frohlich(1972)는 학습을 "암시적" 학습과 "명시적" 학습으로 구분했고, Lawler and Selinker(1971)는 "자동적" 수행 기재(mechanism)와 "퍼즐 및 문제 해결"(p.35) 기재를 구분해서 논의한 바 있다. Corder(1967), Widdowson(1977)도 이와 비슷한 생각을 주장한다.

[2] 문법적 정확성을 위주로 학교에서 매우 많은 굴절 형태론을 연구했던 대부분의 사람들은 종종 이와 같은 현상에 관한 경험을 제일 먼저 하게 된다. 독어와 같은 경우 문법시험을 보기 직전에 어떤 현상이 일어나는지 한 번 생각해 보라. 시험을 보는 과정에서 학생들은 독어의 굴절체계에 대하여(예: der–das–die; den–das–die, 그리고 격에 따라 달라지는 전치사의 목록 등) 매우 신중하게 복습하고 외우게 된다. 학생들이 시험을 보려고 책상 앞에 앉는 순간, 학생들은 즉각 암기할 수 있는 것이면 뭐든지 시험지 옆에 깨알같이 적어 놓게 된다. 그렇게 해서 학생들은 필요할 때 그것을 참고하여 시험문제를 풀게 된다. 시험이 끝나고 답안지를 제출하기에 앞서서 깨알같이 적어 놓았던 부분을 지우개로 깨끗이 지운다. 이렇게 시험용으로 적어 놓았던 형태소들은 대부분 학습이나 습득상 순서가 늦게 나타나는 것이며, 대부분의 사람들에게 빠른 대화나 회화시 별로 활용 가능한 것도 아니다. 그렇다면 시험지나 책 여백에 적어 놓는 메모는 학생들이 시간적 여유가 있을 경우에만 산출의 정확성을 야기하는 의식적 모니터의 역할을 할 뿐이다. 이런 것은 형태(form)에 치중하게 되고, 언어규칙이나 문법을 준수하게 된다. 문법시험은 이와 같은 조건들을 충족시킬 수 있다. 그러므로 학생들은 습득 순서나 서열상 아직 습득되지 않은 것이거나 나중에 습득되게 되는 자유스런 대화(회화)의 경우보다 문법시험의 경우 그 정확도가 더욱 높게 나타난다.

[3] 하나의 재미있는 평행선 가설은 무감시조건(Monitor-free conditions) 하에서 상당히 많은 과도기 형태를 찾아 볼 수 있다. 의식적 감시(conscious Monitor)의 비사용자 또는 별로 사용하지 않는 자로 나타난 실험 대상자 대부분의 성인 학습자의 경우에도 과도기 형태가 나타나고 있음을 볼 때 연구 문헌들은 대개 본 가설과 일맥상통한다. 예를 들면 Schumann의 Alberto(Schumann, 1978); Nelson의 McGill 대학 경비원들(Nelson, 1980), Hanania and Gradman의 Fatmah (Hanania and Gradman, 1977) 등이 있다. 과도기 형태는 일단 습득된 체계의 작동 및 운영이라고 가정해 볼 수 있기 때문에 예측이 가능하다.

⁴ 보다 정확히 말하자면 습득된 능력에 달린 말하기 기술(speaking skill)은 이해 가능한 입력의 결과로서 시간이 경과함에 따라 나타나게 된다. 그러나 적어도 단기간 내에선 이런 체계를 극복할 수 있는 방법이 2개정도 된다. 우리 인간은 기억된 언어를 사용하거나 상투적인 표현(routines)과 문형(patterns) 등을 이용하여 말을 생산해낼 수 있으며(Krashen and Scarcella, 1978), 또한 모국어의 표면적 구조 플러스 의식적 문법(L1 plus Monitor Mode) 등을 사용하여 말을 생산해 낼 수도 있다. 나중에 이 책 후반에서 보겠지만, 습득된 능력이 전혀 없는 이들 두 가지 방식의 언어 수행은 결점과 한계를 갖고 있게 마련이다.

⁵ 제2외국어 습득자들 상호간에 사용되는 말인 중간어(interlanguage talk)는 습득에 도움이 될 수도 있고 도움이 되지 않을 수도 있다. 내가 알기론 이것은 전문 연구문헌상에선 아직 직접 다루어진 바가 없는 매우 중요한 문제인 것이다. 이 문제를 놓고 언어 습득 면에서 주로 거론되는 논쟁은 다음과 같다: 즉 중간어 문제는 하나의 의사소통이며 일부 습득자들의 $i + 1$ 단계의 입력을 내포하고 있다고 보는 점에서 입력 가설을 만족시킨다. 그런가 하면 또 다른 면에서 보면 중간어는 상당히 많은 비문법성 때문에 그다지 큰 비중을 둘 수 없을 뿐만 아니라 중간어의 입력은 중고급 수준의 외국어 습득자들에겐 너무 간단하고 $i + 1$ 단계의 내용을 내포하지 못하고 있을 수도 있다. 이 문제에 관하여 조망해 볼 수 있는 몇몇 실험적 증거를 보려면 Krashen(1980, 1981)을 참고할 것.

⁶ 최근의 연구에서 보면 M. Long(1980)은 원어민-원어민 담화의 경우 보다 외국인 상대 담화의 경우가 현재 시제로 표시된 동사를 더 많이 내포하고 있지 않다고 보고했다. 그러므로 이것은 Long을 풀어 설명하기 위해서 "here and now" 중 "now"가 더 많다는 것은 아니다.

⁷ 침묵기에 어린이들이 취사선택하는 기억된 문장과 구절을 몇 개 들여다보면 다양한 사회 상황 속에서 이런 것들의 유용성을 확신하게 된다. 그러나 아이들은 정확히 언제 어떻게 이런 것들을 이용할 수 있는지에 관한 지식을 습득하지 못하는 경우가 너무나 자주 나타난다. 이에 관한 아주 생생한 예 중의 하나는 미국에 약 2개월 간 체류 중인, 내가 아는 한 사람에게 "I kick you ass" (문법상 I will kick your ass가 맞고, 인사법으로 "나는 당신을 걷어차 버리겠어"라는 말은 전혀 있을 수 없는 말임)라고 인사말을 한 아이가 될 것이다.

⁸ 의식적 모니터링(Conscious Monitoring)이 항상 L1에 영향 받은 오류의 완전한 교정이라는 결과로 나타나지는 않는다. 만약 교정하는 일이 Monitor가 일을 다루기에 너무 복잡해 보인다면, 언어 수행자는 전체 문장을 간단히 포기해

버리고 자기 생각을 이보다 더 간단한 방식으로 표현해 보려고 할지도 모른다. 이는 Schachter(1974)가 최초로 연구, 발표한 바 있는 회피현상의 원인일 것이다. Schachter의 연구를 보면 제2외국어로서 영어를 공부할 때 관계절 생산면을 보면 중국인과 일본인들이 아랍인과 Farsi인보다 훨씬 적지만, 사용의 정확성은 훨씬 높은 것으로 나타나 있다. Schachter는 이와 같은 결과를 L1-L2의 차이와 연관시켰다: 즉 중국어와 일본어의 관계절은 핵명사 좌측에 위치하고 있으며, 영어와 마찬가지로 Farsi어와 아랍어는 핵명사의 우측에 관계절이 위치하고 있다.

한 가지 가능성 있는 해석은 Schachter의 연구에 나타난 중국어 및 일어 화자들이 의식적으로 영어 관계절 규칙을 정확히 알고 있었지만, 아직 습득한 것은 아닐 수 있다는 점이고, 또한 이들의 영어 생산(production)면에서 자신들의 L1을 활용했을 것이라는 점 등이다. 그러므로 이들의 Monitor(조정자)는 핵명사 주변으로의 관계절 이동이란 대단히 복잡한 조작과 작업을 해냈던 것이다. 많은 사례의 경우 실험 대상들은 그런 복잡한 노력을 기울일 가치가 없다! 고 간단하게 단정해 버렸다. 그러나 그들이 관계절을 생산하게 될 때는 정확하게 생산했다. 이런 사례들은 그들이 어려운 언어규칙을 적용하기 힘들거나 문제에 봉착한 경우에 해당한다.

그러므로 언어규칙을 의식적으로 배웠지만 습득되지는 않은 경우에 회피(기피)현상이 나타난다고 예측할 수 있다. 그리고 L1, L2 언어규칙이 서로 상당히 다를 경우에도 회피(기피)현상이 나타난다고 예측해 볼 수 있다.

언어 수행자가 의식 속에서 언어규칙을 불완전하게 알고 있을 경우 즉 자기가 알고 사용해 온 L1의 언어규칙과 목표어의 정확한 언어규칙 사이에 동일하지 않고 뭔가 다르다는 점은 충분히 알고 있지만 사실 그렇게 할 능력은 없는 경우에 회피(기피) 현상이 나올 것으로 예측해 볼 수 있다. 이 경우 수정을 할 능력은 없지만 오류가 발생한다는 사실은 알고 있기 때문에 그는 잘못된 구조를 피하기 위하여 대안을 모색, 연습해 볼 수 있다. 이와 같은 현상을 잘 설명한 연구로는 Kleinman의 회피 데이터(Kleinman, 1977)가 있다. 아랍계 학생을 대상으로 한 그의 연구는 영어의 수동태 회피현상을, 스페인, 포르투갈계 대상은 부정사 보문과 부정사 보문과 함께 쓰이는 직접 목적어인 대명사 회피현상(예: I told her to leave)을 볼 수 있다. Kleinman에 따르면 두 경우 모두 대조 분석은 어려움이 예상된다. Schachter의 연구와는 달리 Kleinman의 연구에 활용된 대상들은 이와 같은 문장구조를 정확하게 생산해냈다. 이 경우 실험대상 학생들이 알고 있는 언어규칙이 완벽하게 오류 수정을 가할 정도로 충분치 못하기 때문에 그 결과로 회피현상이 나타난 것일 가능성이 있다.

위에 소개한 두 경우 모두 의식적인 언어규칙이 기능을 여과시키고, L1 규칙이 L2 규칙과 다를 경우 언어 수행자에게 그 사실을 알려주는 역할을 한다. 어떤 경우는 오류 수정은 가능하지만 사실상 매우 어렵고, 또 어떤 경우는 의식적 언어규칙 자체가 오류 수정을 허용치 않는다.

[9] 스웨덴인 성인 학습자를 놓고 연구한 부정문 습득에 관한 Hyltenstam의 연구에 근거하여 Hammarberg(1979)는 습득자는 자기 모국어에 따라 외국어 습득 단계가 각기 다를 수 있다고 주장한다. 스웨덴인의 경우 부정문 습득의 정상적인 발달 과정은 일반적으로 다음과 같은 과도기 단계로 구성되어 있다:

(1a) 습득자들은 VP의 모든 다른 부분 앞에, 조동사와 본동사 앞에 부정 표시를 위치시킨다.
(1b) 습득자들은 부정 표시를 본동사 앞, 조동사 다음에 위치시킨다.
(2) 부정 표시의 위치가 동사 뒤.

이어지는 다음 단계에서, 습득자들은 주절에서 부정 표시의 위치가 동사 뒤에 오고, 종속절에서 부정 표시의 위치가 동사 앞에 오는 스웨덴어의 언어규칙과 매우 유사하게 닮아간다.

Hammarberg에 의하면, 부정어 표시가 동사 앞에 오는 언어 화자들은(세르비아-크로아티아) 처음 단계에서(위의 (1a)단계에서) 이와 같은 발달 단계를 보이는 것이 전형적인 사례이다. 그러나 영어 화자의 경우는 위의 (1b)로 시작한다. Hyltenstam의 연구 자료에서 우리는 부정 + 조동사(neg + aux)를 생산하는 연구 대상 학생들을 찾아볼 수가 없다. 위의 (1b)는 "영어와 같은 해법"이기 때문에(p.10), 영어 화자들은 (1a)와 같은 과도기 단계를 건너뛴다고 가정해 볼 수 있다.

여기에 몇 가지 가능성이 있다. 첫째, Hammarberg의 주장은 맞는 것인지도 모른다. 그렇다면, 그들의 언어가 tj+1과 동일한 언어규칙을 갖고 있을 때, 만약 습득자들이 과도기 단계인 tj를 건너뛸 수 있다면 이는 tj는 필수 요소가 아니라고 볼 수 있다 – 그것은 i로서 역할을 할 수 없는 것이다. 이는 tj가 매우 유용할 것이라는 가능성을 배제하지 못한다.

두 번째 가능성은 tj가 현재 존재하지만, 관찰자의 시야에서 사라진 것일 수 있다. 사실, 그것은 tj로서 존재할는지도 모르지만, 결코 언급되지 않는다. 목표어의 언어규칙을 의식적으로 배운 성인 언어 수행자들이나, 목표어의 언어규칙의 일부라도 배운 성인 언어 수행자들은 과도기적 오류를 탐지하기 위하여, 그리고 언어 수행상 그런 것들을 피하거나 교정하기 위하여(미주 7. "회피" 참조) 의도적인 조정자(Monitor)를 이용할 수도 있다. 그러나 비록 그런 것이 오류라 할지라도(Schachter et al., 1976) 그것이 L1 언어규칙과 잘 부합할 경우 그들은 이와 같은 과도기적 형태를 수용하는 경향이 더욱 커진다. 이것이 바로 L1의 언어규칙과 다른 과도기적 형태가 언어 수행상 잘 보이지 않는 이유를 설명해 줄 수 있었다. 그러나 Hyltenstam의 연구에서 세르비아-크로아티아어 화자들이 세르비아-크로아티아어의 어떤 언어규칙과도 상응하지 않는 상기 (1b) 단계에 속한다는 명확한 증거를 보이고 있음을 주목해야 할 것이다.

그러므로 영어 화자들은 건너뛰어도 그 다음 단계의 발달에 그다지 중요한 비중을 차지하지 않는다고 볼 수 있는 어떤 단계를 건너뛰었거나, 또는 상주하는 기간이 너무나 순간적이고 짧기 때문에 그 단계가 거기 분명히 존재했지만 포착되지 않았거나, 그 존재가 언어 수행자의 생산된 발화 상에서 사용되지 않았거나 등등 적어도 이들 두 가지 가능성이 있다. Schumann의 발견(Schumann, 1979)과 같은 맥락에서 L1의 언어규칙과 잘 어울리는 과도기 단계가 분명히 세르비아-크로아티아어 화자((1a)단계)의 경우와 영어 화자((1b)단계)의 경우 등 두 경우에 모두 존재했다. 본 교재에서 주장하는 바와 같이 각각의 경우 이 단계는 두 단계라고 볼 수 있는데, 하나는 L1 의 언어규칙이고, 또 하나는 진정 계속 발전에 도움을 주는 "순수" 과도기 단계인 것이다.

[10] 몇몇 학자들은 전이에 관한 이와 같은 견해는 너무 강해서 실제로는 발생하지도 않는 "전이적" 오류의 발생을 예측하고 있음을 지적하고 있다. 이와 같은 문제는 언어 수행자가 $i + 1$을 모국어 언어규칙으로 대체시킬 수 있기 전에 만나게 되는 조건이나 전이에 몇 가지 구속조건을 설정함으로써 해결될 수 있는 것이다.

Zobl(1980a)은 L1 언어규칙 자체가 생산적인 것일 것이라고 언급한다. 이것은 제2외국어로서 영어를 습득하는 불란서 화자들이 이와 같은 오류를 범하지 않는다는 사실을 설명해 준다:

John comes he?
불어의 경우: Jean vient-il?

Zobl에 따르면 불어의 언어규칙은 불란서인들에겐 더 이상 생산적이지 못하다는 것이다. Terry(1970)를 인용하면서 Zobl은 이 언어규칙이 비생산적으로 되어 가는 이유가 주로 현재시제 문맥으로 국한되기 때문이라고 지적한다.

Kellerman(1978)은 전이에 관한 또 다른 조건을 제시한다: 언어 수행자는 잠재적으로 전이된 언어규칙이 비언어적-구체성이 될 수 있음을 감지할 것이다. 어휘적 전이를 다룬 Kellerman의 실험연구는 외국어를 공부하는 학생들 자신이 별로 "핵심"이 아니라고 생각했던 단어의 자질들을 별로 전이시키고 싶어하지 않았음을 보여주었다. 예를 들면 영국내의 네덜란드어를 사용하는 한 학생은 네덜란드어 동사 "brechen(break)"을 영어 문장에서 다음과 같이 전이시킬 수 있을 것으로 간주해 볼 수 있다:

He broke his leg. (활용 가능성 높음)
The waves broke on the shore. (활용 가능성 낮음)

통사론의 경우도 이와 유사한 제약조건이 존재한다. Kellerman은 영어를 공부하는 네덜란드계 학생들이 다음과 같은 의미의 네덜란드어를 영어로 문자적 번역을 수용할 생각이 전혀 없었다고 결론을 내렸다:

This book reads well.

그 이유는 분명히 자동사 read의 용법은 언어-구체화 및 별로 사용 빈도가 없는 것으로 인식되었기 때문이다(Jordans and Kellerman, 1978 참조).

또 다른 제약 요인을 Wode(1978)의 연구에서 찾아 볼 수 있는데, 여기서 보면 L1에 영향을 받은 오류가 습득자의 모든 단계에서 다 발생하는 것 같지는 않다는 것이다. Wode는 언어 내적 오류가 발생하는 것을 보면 L1 언어규칙과 L2 언어규칙 간에 상호 대체현상은 "양자간 유사성이 매우 높다"는 특성이 존재해야 한다(p.116). 다시 말하자면 만약 L1 언어규칙이 유용하게 활용되려면, L1 언어규칙과 다른 L2 언어규칙 중 몇 가지 i가 최소화 또는 극소화 상태로 존재해야 한다는 것이 선행조건이 될 것이다. 독일계 어린이의 제2외국어로서의 영어 습득을 연구한 Wode의 경우를 보면 이 점을 정확하게 표현하고 있다. Wode는 다음과 같은 오류가 독어와 같이 부정어가 후치(동사 뒤)로 사용되는 언어에서 나타나는 현상이라고 언급했다:

John go not to school.

이와 같은 오류가 Wode에 의하면 초급단계의 습득자들에겐 나타나지 않고, 습득자들이 "조동사-부정어(aux-negation)" 습득 단계를 거친 다음에만 나타나고, 이 단계를 지나면서 이미 다음과 같은 문장을 생산할 수 있다는 것이다:

John can not go.

그 다음 습득자는 부정어 위치에 관한 규칙을 조동사 다음(후치)에서 동사 다음(후치)에 두는 것으로 인식, 이를 과도하게 일반화시키고 모국어 언어규칙을 그대로 사용하게 된다.

[11] L1의 사용이 L2 습득에 간접적으로 도움이 된다는 사고방식의 또 다른 예가 있다. 비록 언어 형태와 의미가 L1, L2 간에 동일하지 않다 하더라도 동족어란 사실은 이해 가능한 입력에 도움을 줄 수 있다. 이와 같은 요인은 습득 속도를 가속화시킬 수는 있지만 습득순서에는 영향을 주지 못한다.

[12] L1의 언어규칙이 L2 습득과 발전에 기여할 수 없다는 가설은 L1 언어규칙의 화석화된 사용이 결국 습득엔 "종점"에 지나지 않는다고 보기 때문이다. 이 말은 장기간 몇 가지 $i + 1$단계를 대체시킨 한 가지 L1에서 비롯된 오류가 모든 습득을 정지시킨다는 말인가? 이는 단지 이렇게 말할 수 있을 것이다. 즉 우리가 자연스런 습득 순서 가설을 엄격히 말해서 직선을 형성하는 것 즉 하나하나 차례대로 습득된다는 개념으로 받아들인다면 습득자들은 직선으로 형성된 습득 순서를 따라 발전해 갈 수밖에 없다는 말이 될 것이다. 그러나 분명히 그런 것은 아니다. 만약 그렇다면 습득자들이 한 번에 단 하나의 과도기적 오류만 보여 주어야 한다! 물론 습득자 개개인이 한 번에 수많은 유형의 오류를 보이고 있다. 결국 이는 동시에 여러 개의 발전, 개발 흐름이 진행되고 있음을 의미한다. 이들 흐름들 상호 간에 상관관계가 존재하는 것 같다: 하나의 흐름 속에 주어진 단계에 속한 언어 수행자는 늘 또 다른 흐름 속의 예측 가능한 단계에 속하는 것이다. Schumann(1980)은 no + 동사란 부정어 습득 단계에 속하는 실험연구의 대상들이 관계절이나 관계대명사가 없는 관계절 생산이 별로 없음을 지적하면서 이에 대한 좋은 증거를 제공해 주고 있다. Shipley, Smith and Gleitman(1969)은 L1 습득에 관해서 다음과 같이 주장하고 있다; 동사구 관련 품사들은 습득순서에 상당히 높은 상관관계가 있고, 명사구 관련 품사들은 상관관계가 존재하지만, 집단 전체를 놓고 보면 상관관계가 그다지 높지는 않다(Krashen, Madden and Bailey, 1975; Andersen, 1978 등에도 이와 유사한 주장이 나온다). 물론 한 흐름 속에 있는 과도기적 형태나 언어규칙 등이 하나의 i의 역할과 기능을 해서 다른 흐름에 도움이 될 수도 있을 수 있는 가능성은 있다. 만약 습득자에게 어떤 주어진 시간대에 10개의 습득 흐름이 동시에 병행하여 나타난다고 친다면, 이는 주어진 하나의 흐름이 다른 흐름과 상호작용을 하는 경우라고 볼 수 있지만, 그러나 이런 경우도 다른 흐름 몇몇과의 상호작용이지 다른 흐름 전체(즉 여기선 9개)와 상호작용을 한다고 볼 수는 없다.

[13] "통합적" 동기란 목표어 화자들과 "똑같이" 되고자 하는 소망을 의미한다. 외국어 상황 하에서(예: 영어권의 캐나다에서 불어를 공부하는 경우), 보다 많은 통합적 동기를 가진 학생들이 그렇지 않은 학생들보다 대체로 우수한데, 특히 장기적으로 볼 때 더 그렇다(Gardner and Lambert, 1972). 제2외국어 습득의 필

요성이 긴박하거나 "통합적" 동기가 다소 미흡한 곳에서 통합적 동기의 존재는 제2외국어 실력 향상과 별로 관계가 없을 수도 있다. 오히려 실용적인 수단으로서 해당 언어를 사용하고자 하는 욕구인 "도구적" 동기가 성공할 확률이 높다고 예측해 볼 수 있다(Lukmani, 1972; Gardner and Lambert, 1972; Oller, Baca, and Vigil, 1977).

[14] Stevick(1980)는 매우 신랄한 예를 다음과 같이 들고 있다:
"4년 전 나는 뭔가 할 일거리를 찾고 있었다. 그러다가 영어라고는 전혀 모르는 세계 도처에서 모인 6명의 여성으로 구성된 ESL 학급 영어교육을 담당하게 되었다. 이 직업을 택하게 되기 전까지는 난 ESL이란 용어조차 들어본 적이 없다. 봉급 수준은 형편없고 내가 이대로 교사직을 계속해야 할 것인지 말아야 할 것인지조차 의심스러운 상황이었기 때문에 나의 태도는 매우 불성실했고, 별로 가르치는 일에 압박감 같은 것도 없었다. 나의 교수방법은 늘 이야기할 토픽을 생각해 보고 생각한 것을 수업에 도입하여 학생들로 하여금 자기 생각을 표현하도록 분위기를 조성했다.

나의 성실치 못한 수업 자세에도 불구하고 가르치는 일은 매우 기분 좋은 일이었다. 나는 당시 영어밖에 모르는 상태로 막 세계 일주 여행을 마치고 돌아온 때였으므로 언어 장벽에 직면한 사람이면 누구에게나 동정심이 발동했다.

처음 수업이 2주간 지난 다음 학생들 모두가 순조로운 출발을 보였다. 실수를 저지르면 어떻게 하나 걱정이 되어서 전에는 영어를 말한 적이 없었노라고 내게 말한 한 콜롬비아 출신 여자 학생을 기억한다. 그녀는 잠시 수업을 받고 나더니 영어를 말하기 시작했고 실수를 저질러도 아랑곳하지 않았다. 나는 그녀가 보여준 영어의 발전에 대하여 별로 비중 있게 관심을 보이지 못했다. 사람들이 영어를 배우는데 얼마나 많은 시간이 걸리는지에 대하여 나는 전혀 아는 바 없다.

나는 서서히 교직을 직업으로 생각하게 되었고, 최고의 ESL 교사가 되겠노라 마음이 굳어져갔다. 나는 최초로 내가 가르친 6명의 여성 학생들에게 성의가 없었던 것에 대하여 미안하고 죄송스런 생각을 갖게 되었고, 그 후로는 교재 위주로 교육하는 전통적인 교수 방법에 치중하게 되었다. 수년이 지난 다음 학생들이 자기 자신의 개인적인 이야기와 관련해서 수업을 듣게 되면 그 수업을 들어오기 싫어하고 꺼린다는 사실을 알게 되었다.

지난 4년 간의 교육 경험을 회상하면 학생들의 성적에 점차로 나빠졌음을 알게 된다. 최근까지도 학생들의 성적을 빠른 시일 내에 향상시키기 위해서 이들의 잘못이나 오류에 관심을 갖고 지켜보아야 할 필요성이 있다고 생각했던 것 같다. 요즈음의 나의 교수방법은 학생들의 감정과 기본적 욕구 등을 묵살하고 방법론에 집중하고 있다. 나는 처음에 가르친 6명의 여학생의 경우만큼 성공적인 교육을 아직 보지 못했다."(Stevick, 1980, pp.4-5).

[15] 여기서 말하는 "중급"이란 적어도 부분적으로 학문적 비중과 부담을 소화할 수 있는 정도로 영어를 이해하고 대학 입학에서 요구하는 외국어로서의 영어 수준을 "합격"할 수 있는 정도의 수준이 됨을 말한다. 대학에서 "중급"에 해당하는 정상적인 단계라면 한 두 개의 대학 교과목에 추가하여 1개 정도의 ESL 수업에 등록하는 정도의 수준일 것이다.

[16] 여기서 인용한 연구는 통사론과 형태론 습득에 관한 교육적 노력을 집중적으로 다루고 있다. 최근까지만 해도 발음 습득에 관한 교육적 노력에 대한 연구가 거의 없는 실정이었다. Purcell and Suter(1980)는 제2외국어로서의 영어 발음 습득은 다음 요소들에 의하여 예측이 가능하다고 보고한 바 있다: (1) 습득자의 모국어(아랍어와 Farsi어 화자들은 태국어와 일본어 화자들 보다 우수했다); (2) 영어 화자들과의 상호작용의 양; (3) 음성 능력에 관한 시험 성적; (4) 화자가 자기 발음에 관한 관심의 정도. 상기 요소 (2)는 이해 가능한 입력과 관련이 있는 것 같고, 요소 (3), (4)는 학습과 관련이 있는 것 같다. 요소 (1)은 모국어로 되돌아가는 과정과 결과를 반영하고 있다. 그러나 ESL의 공식적인 교실 수업과 훈련의 양은 비록 수업이 구체적으로 발음 교육을 목적으로 하고 있다 할지라도 발음 능력과 별로 관련이 없었다.

[17] 몇몇 연구는 도착 연도(AOA)로 어린이의 외국어 성취도를 예측할 수 있음을 보여주고 있는 것 같다 - 즉 예를 들면 6세에 목표어권에 도착한 아이는 10세에 목표어권에 도착한 아이보다 언어 유창성 수준이 우수하고 높을 것이라는 것이다. AOA가 성인 집단과 비교되는 어린이 집단의 성취도를 예측할 수 있다고 전제할 때, 보다 면밀한 조사연구는 AOA 자체가 어린이만을 놓고 볼 수 있는 요소가 못됨을 지적하고 있다. AOA가 하나의 요인인 것처럼 보이는 경우에, LOR(거주기간)과 그리고 궁극적으로는 CI(이해 가능한 입력)가 진짜 인과관계를 갖는다고 주장할 수 있다. Cummins(1980)는 캐나다에서 1,200명의 이민 어린이(Ramsey and Wright, 1974)에 관한 Ramsey and Wright의 연구 자료를 다시 분석하여 다음과 같은 결론에 도달했다: Ramsey and Wright의 자료상에서 AOA가 통제될 경우, LOR(거주기간)이 긴 어린이가 여러 가지 면에서 낫다는 점을 발견했다. 그러나 Cummins도 LOR이 통제될 때, 많은 경우를 보면 AOA가 더 어린 경우가 더 나은 것이 아니라 오히려 그 반대임을 발견했다. Minoura(1979)도 재해석될 수 있을 것이다. 그녀는 미국에 건너온 연령이 1세-8세에 이르는 144명의 일본계 어린이를 연구했다. 그랬더니 LOR이 이들의 영어 성취도를 예측($r = 0.79$)할 수 있었고, AOA도 그랬다($r = -0.75$) (여기엔 한 문장의 모방 테스트가 적용되었다). 그러나 연구 표본에 나타난

모든 아이들은 거의 같은 시기에 미국에 도착했고, 따라서 LOR, AOA 모두 높은 상관관계($r = -0.95$)를 나타냈던 것이다. 그러므로 LOR과 이해 가능한 입력 등은 모두 진정한 의미의 인과요인이었다고 주장할 수 있을 것이다. (내 계산에 의하면 LOR의 효과를 제거하면, AOA와 SLA 간의 상관관계가 $r = 0.005$로 낮아진다!). 이 책의 본문에서 논의한 바 있는 하이델베르크 연구 프로젝트도 AOA와 SLA 간의 상관관계를 보고한 바 있다(이 경우는 성인들을 하나의 그룹으로 다루고 있다). 나이가 든 성인 실험대상들은 독어를 사용하는 시간이 비교적 적기 때문에(독어를 사용하는 여가시간과 AOA간의 상관관계 $r = -0.32$임), 이것도 착각인 것 같다. 독어 화자들과의 상호작용의 효과를 배제하는 편파적인 상관관계는 AOA와 SLA간에 상관관계를 -0.57이라고 보고했는데 이것이 $r = -0.49$로 감소시킨다. 이것은 실험 대상들이 실제로 받게 되는 이해 가능한 입력의 양을 보다 신뢰도 높은 방법으로 측정하면 더 낮아질 것이다.

[18] 피진어화는 "각기 다른 언어화자들이 제한된 접촉을 하여 상호간에 의사소통을 위한 보조 수단이 개발될 때" 나타난다(Schumann, 1978b, p.40). 이차적인 혼성 잡종어화는 목표어의 "표준 어형"이 쓸 수 있는 것일 때 나타나는 일종의 피진어화인 것이다. 이는 오직 화자들이 표준 화자들과 사회적, 심리적 거리감이 존재할 때만 계속된다(Schumann, 1978b에 의하여 인용된 Whinnom, 1971에서 인용).

Decreolization은 크리올어(한 집단의 토착어가 된 피진어) 화자들이 "크리올어의 기저어를 말하는 집단과 상당량의 접촉을" 유지할 때 발생한다(Schumann, p.41). 이것은 해당 언어의 "표준 어형"을 향해 가는 절차인 것이다. 크리올어 연구 학자들은 decreolization을 크리올 자체, 크리올에 가까운 basolect, mesolect, acrolect, 그리고 최종적으로 표준 어형에 이르는 몇 가지 단계를 밟는다고 한다.

[19] 심리적 거리감(간격)은 동기, 언어, 문화 충격 및 기타 정의적 변수 등에 의하여 결정된다. 사회적 거리(간격)는 목표어의 화자 및 언어 습득자가 소속된 사회집단의 상대적 위치, 집단 응집력, 문화적 유사성 등과 같은 사회적 요인에 의하여 결정된다. Schumann의 견해에 의하면 심리적, 사회적 거리(간격)감을 야기하는 요인들은 "습득자가 목표어 입력으로부터 크게 차단되고, 목표어가 사용 가능할 시기를 포착하지 못하는 그런 상황 속에 놓이게 된다"(Schumann, 1977, pp.266-267)는 것이다.

[20] Alberto의 문법적 형태소 난이도 순서(하나의 횡단면 연구임)가 이미 앞에서 언급한 바 있는 "자연스런 습득순서"와 유의미한 상관관계를 ($r = 0.73$, $p <$

0.05; Krashen, 1977에서 분석) 보이는 것 또한 흥미로운 사실이다. 이때 사용된 자료는 자연적인 스피치를 수집한 것이다.

[21] 이것은 Stevick이 내게 지적해준 바와 마찬가지로 이와 같은 결과를 나타내는 단 한 개의 유일한 해석이 아니다. 그밖에도 Paz의 제2외국어 습득의 우수성 및 낮은 심리적 거리(간격)감 등등도 이것의 결과일 것이지 요인은 아닐 것이다.

[22] 또는 "원거리 요인(remote cause)". 이에 관해서는 Schumann(1978b), p.48을 참조할 것.

제 3 장 │ 습득을 위한 입력

　본 장에서 우리는 이론으로부터 실제로 향하는 어려운 발걸음을 내딛게 될 것이다. 그러기에 앞서서, 우선 나는 독자들을 위하여 앞에 나온 제1장의 요점을 먼저 정리하고 넘어 가고자 한다. 나는 이론을 몇 가지 가능성 있는 교수법과 교재를 결정할 수 있는 유일한 결정 요인으로 본다. 이와 같은 나의 발상은 더 많은 연구(비록 다른 발상들도 실험적 확인이 필요하다지만) 및 교사와 학생들의 경험 등에 의하여 확인될 필요가 있다. "발상"의 상태 즉 아이디어의 상태는 이론연구, 응용연구 및 이에 대한 현장 적용 실천가들 상호간에 서로 배우고 알게 되는 하나의 유기적 관계를 형성한다.
　우리는 본 장을 통하여 어떻게 하면 준의식적 습득을 고무, 장려할 수 있는가에 대한 하나의 적용적 측면을 다루게 될 것이다. 제2외국어 습득론에 관한 주요 아이디어는 습득 문제가 핵심이기 때문에 풀어야 할 매우 중요한 숙제인 것이다. 그러므로 언어 습득을 장려하는 방향으로 우리의 주요 교육적 노력을 기울일 필요가 있다.
　이와 같은 논의는 제2외국어를 가르치는 수업의 역할과 잠재력 등과 관련해서 그리고 비공식적 환경과 비교하여 교실 수업의 한계 등과도 관련해서 입력가설이란 발상이 주장하는 면면들을 간략하게 요약하는 것으로부터 출발해야 할 것이다. 그 다음 실제 생산(결과)을 낳는 본 가설의 기여도를 논하게 된다. 앞의 제2장에서 설명한 바와 같이 우리는 읽기와 듣기 등 입력을 통하여 언어를 습득하는 것이지, 말하기, 쓰기 등 산출 결과를 통하여 언어를 습득하는 것이 아니라는 가설을 설정할 수 있다. 그러나 말하기, 쓰기 등 산출 결과도 습득에 간접적인 촉진, 장려 역할을 하고 있음은 분명하다.

본 장에서는 주로 "좋은 입력"이란 어떤 것인가를 목록으로 작성해 그 특성을 분석해 보는 데 치중하려고 한다. 그리고 이어서 우리는 의식적인 언어학습이 교육적 구도 속에 어떻게 적응되어 가는가를 살펴보고, 마지막 장에서 몇 가지 일반적인 언어 교수법 및 비공식 환경의 몇 가지 현상과 측면을 검토하여, 이들이 어느 범위까지 입력을 제공하고 있는지 그리고, 앞으로 제4장에서 논의하게 될 학습의 유형 등을 살펴볼 것이다.

이와 같은 검토와 연구의 목표는 과연 어떤 교재와 교수법이 제2외국어를 배우는 학생들을 위하는 것인지 알아보는데 도움이 되는 하나의 준거틀을 제공해 보자는 것이다. 이것은 그 간의 격차(gap)를 좁혀보고 그 격차를 보충해 볼 수 있는 길을 찾아서 기존의 교재와 교수 기법을 개선하는데 조금이나마 도움이 되기를 바라는 기대감에서 출발한다.

1. 제2외국어 학급의 잠재력

우리는 제2외국어를 유창하게 습득하기 위해서는 "해당 외국어 사용국에 가서 살아야 한다", 그래야만 외국어 습득에 '비공식 실제 상황적 환경(해당 외국어를 사용하는 실사회)이 교실이나 공식적인 환경보다 더 낫고 우수하다'는 말을 듣게 된다. 앞의 제2장에서 우리가 본 바와 같이 몇몇 연구결과들은 이와 같은 주장을 인정하는 것처럼 보인다. 그러나 또 다른 많은 연구 결과들은 결국 교실 수업도 외국어 습득에 진정으로 도움이 된다고 주장하고 있다. 나는 여기서 문제가 되고 있는 것은 진짜 어떤 것이 이해 가능한 입력이냐란 점일 것이라고 가설을 설정하여 현저하게 상충되는 이들 두 가지 주장 중 어느 쪽이 옳은 것인지 해법을 찾아보고자 했다. 교실이 이해 가능한 입력의 주요 출처일 경우, 교실 수업은 매우 유익한 것이다. 그러나 학생들이 교실 이외의 다른 장소로부터 이해 가능한 입력을 얻어낼 창구와 출처가 풍부한 경우, 그리고 학생들이 이들 풍부한 교실 외적 출처로부터 이해 가능한 입력을 얻어낼 정도로 충분히 능숙한 솜씨를 갖고 있다면, 교실 수업은 외국어 습득에 그다지 비중 있는 기여를 한다고 볼 수 없다.

그러므로 비공식 환경의 진짜 장점은 교실이 아닌 이와 같은 비공식 환경이 이해 가능한 입력을 제공한다는데 있다. 그러나 우리가 제2외국어를 배우는 학급을 습득에 최적인 상태의 입력으로 가득 채울 수 있다면, 적어도 중급단계의 수준까지는 교실 수업이 실제로 비공식 환경보다 낫게 만들 수 있을 가능성이 있다. 우리가 앞의 제2장에서 언급한 바와 같이 비공식 환경은 나이가 많은 외국어 학습 학생들에게 항상 이해 가능한 입력만을 제공해 줄 수 있는 것은 아니다. Hatch와 그녀의 동료 학자들이 지적한 바와 같이 성인에게 입력은 문법적으로 매우 복잡하며, 광범위한 어휘들을 포함하고 있으며, 상당히 복잡한 토픽을 다루고 있기 때문에 일반적으로 이해하기가 매우 어렵다. 이는 간단히 말해서 성인의 세계가 어린이들 세계보다 복잡하며 성인들의 이해의 수준이 어디까지이어야 한다는 우리의 기대가 상당히 높다는 사실 등을 반영하고 있는 것이다.

성인 외국어 학습 초급자들의 경우, 교실 수업이 비공식 환경보다 월등히 나을 수 있다. 제2외국어 학급에서 우리는 언어 습득을 촉진시킬 수 있는 이해 가능한 입력을 위하여 일일 40–50분 짜리 수업을 실시했다. 비공식 환경하의 순수 초급자들은, 특히 초급자들이 의미의 협상 및 대화 매니지먼트의 기술에 숙달되지 못한 경우(이 문제에 관해서는 본 장의 후반부에서 상세히 논의하기로 한다, 그리고 더 자세한 사항은

Scarcella and Higa를 참고할 것)는 언어의 장애로부터 들어온 많은 양의 이해 가능한 입력을 "선별" 해낼 수 있기까지는 적어도 몇 날 몇 일 혹은 수 주일이 걸릴 수도 있다. 초급자들은 단순히 자기 주변에서 발생하는 대부분의 언어를 이해하지 못할 것이다. 이런 경우 주변에서 발생하는 언어란 초급자들에겐 그저 소음일 뿐 습득에 아무런 도움이 되지 못할 것이다.

그렇다면 제2외국어의 진가는 문법 설명과 교육뿐만 아니라 이해 가능한 입력인 '보다 쉽게 하는' "교사의 말" 등에서 찾을 수 있다. 교실 수업이 습득을 위한 입력을 제공한다는 점에 초점을 맞추는 한, 적어도 중급 수준까지 급속히 끌어올리는 데는 매우 효과적인 장소가 될 수 있다.

2. 교실의 한계

내가 제2외국어를 가르치는 교실에 지대한 관심을 갖고 있음에도 불구하고, 교실 밖의 세상이 외국어를 배우는데 아주 훌륭한 (또는 나중에 우리가 논의하게 되겠지만 아주 매력적인 하나의 대안이 될 수 있는 교실 밖 세상의 "교정(modification)", 특히 중급 단계의 외국어 수준에 속하는 학생들에게 대안이 될 수 있는 몇 가지 방법이 있다. 첫째, 교실 밖 세상이 입력을 더 많이 제공할 수 있다는 것은 명백하다. 해당 외국어가 통용되고 있는 나라에 사는 것은 하루 24시간 외국어 교육을 받고 있는 것과 똑 같은 결과가 될 수 있다! 그러나 앞에서 이미 언급한 바와 같이, 어떠한 용도로든 비공식 환경 속에서 입력된 언어는 이해 가능한 것이 되어야 할 것이다. 그러므로 비공식 환경은 언어 습득자들을 발전시키는 수단으로서 유익함을 이해하게 되고, 점점 더 많이 활용하게 될 것이다.

둘째, 지금까지 수많은 학자들이 지적한 바와 같이, 학생이 제2외국어 수업에서 노출될 수 있는 담화의 범위는, 우리가 제아무리 수업을 "자연스럽게" 조성한다해도, 매우 제한적일 수밖에 없다. 교실 수업이 교실 밖의 실제 세상을 대신할 수는 없지만, 더 많은 습득을 위한 교실 밖의 세상을 활용할 출발점으로, 그리고 교실 밖의 실제 세상에서 사용되고 있는 언어를 이해할 수 있는 출발점으로 (학생들에게) 제공할 수는 있다. 이렇게 하는 데는 다음과 같은 두 가지 방법이 있다: 입력을 제공하여 학생들이 언어 습득을 발전시키게 하고, 그렇게 되면 학생들이 적어도 어느 정도까지는 "진짜" 언어를 이해하게 된다. 그리고 또 하나의 방법은 학생들을 대화상으로 능력을 갖게 만들어서 즉 학생들에게 비록 제2외국어에 완벽한 능력은 아닐지라도 대화를 이끌어 갈 수 있게 하기 위한 도구를 제공하게 된다. 우리는 이들 중요한 두 가지 점을 다음절에서 다루기로 한다.

3. 생산(결과)의 기능

습득을 위한 최적 입력의 특성을 논하기에 앞서서 우선 먼저 우리가 다루어야 할 필요성이 있는 두 번째 문제는 언어 습득에서 대부분 스피치의 역할이라고 볼 수 있는 생산(결과)의 역할이랄까 기능이랄까 하는 것이다.[1*]

입력가설은 일부 사람들에게 상당히 특이하게 눈에 띄는 주장을 한다 - 우리는 구어 유창성을 대화연습을 통해서가 아니라 입력의 이해, 청취와 독해 등을 통하여 습득한다. 사실 이론적으로는 끝없이 말하기 (ever talking) 없이 언어를 습득한다는 것이 가능하다. 이점은 모국어 습득을 설명할 목적으로 Lenneberg(1962)가 입증했다. Lenneberg는 스피치 기관의 일부 손상을 입은 상태로 출생후 한 번도 말을 해본 적이 없는 선천성 뇌성마비 소년의 사례의 경우를 설명했다. Lenneberg가 이 소년을 테스트했을 때, 이 소년이 구어 영어를 완벽하게 이해할 수 있었음을 알게 되었다. 바꾸어 말하면 이 소년은 지금까지 단 한 번도 언어를 생산(결과, output)한 적이 없지만 "언어 능력"을 습득했다는 것이다. 이 소년이 테스트를 받은 것은 8세 때이었는데, 그가 언어 생산(output)을 한 적이 없다는 사실이 그의 언어 습득을 둔화시켰는지 여부를 직접 설명할 길은 없다. 그가 말을 할 수 있었더라면, 스피킹이 언어 습득에 간접적인 기여를 하기 때문에 그가 다소 빠르게 언어를 습득할 수 있었을 것이라고 볼 가능성은 있다.

언어 생산(output)이 언어 습득에 기여하는 것은 틀림없지만, 이것이 언어 습득에 직접적인 요인은 아니다. 간단히 말해서 말을 많이 하면 할 수록, 그 만큼 사람들도 네게 말을 많이 할 것이다! 그러므로 언어 습득자 편에서의 실제적인 스피킹은 주변 사람들이 당신에게 직접 건네는 입력의 양에 영향을 받게 된다.

이것은 또한 습득자에게 지시된 입력의 양에도 영향을 받게 된다. 대화의 상대는 종종 자기의 말을 자꾸만 부연 설명(modify)하여(외국인 상대의 말, foreigner talk) 여러분의 이해를 도와주려고 애쓴다. 이들은 여러분이 무슨 말인지 이해했는가를 보아가면서, 그리고 여러분이 하는 말을 들어가면서 얼마만큼 부연 설명해야 할지를 결정한다. 액센트나 말씨 자체가 훌륭하지 못하고 많은 실수와 오류를 범하는 제2외국어 화자는 유창한 외국어 화자들보다 대체로 더 많은 부연 설명을 듣게 될 것이다. 대화에 참여한다는 것은 언어습득을 위한 "엿듣기"(대화에 직접 참여하고 가담하기보다는 단순히 방관자로 듣고 있는 것)보다 훨씬 더 효과가 클 것이다. 대화에서 제2외국어 습득자는 어느 정도의 대화 통제권을 갖고 있으며, 이해에 어떤 문제가 있음을 대화 상대에게 알릴 수 있다. 다시 말하면 제2외국어 습득자 자신이 입력을 조절하고 규제할 수 있고, 이런 과정을 통하여 입력 자체에 대한 이해력을 높일 수 있다. '단순 엿듣기'엔 이와 같은 통제 기능이 없다! 그러나 대화에 가담하기 위해서는 대화 쌍방 간에 단 몇 마디라도 말이 필요한 것이다. 여기에 스피치의 간접적 기여도가 있게 된다.

1) "대화"와 언어 습득

몇몇 학자들은 "대화에의 참여"가 언어 습득에 필수적이라고 주장해 왔다. 위에서 언급한 사실에 비추어 볼 때, 어떤 의미에선 이 말은 사실인 것 같다. 그러나 "대화" 자체가 제2외국어 습득에 주요 인과 변수라고는 할 수 없다. 대화가 입력을 확보하는 한 가지 방법이며 동시에 매우 좋은 수단이라고 볼 수 있다. 그러나 이론상으론 대화에 참여하지 않고도 언어 습득은 가능한 것이다.[2]

아래 <그림 3.1>은 간접적이지만 시사하는 바가 큰 기여도 높은 생산(output)이 언어 습득을 낳을 수 있는 것임을 잘 표현하고 있는 것이다.

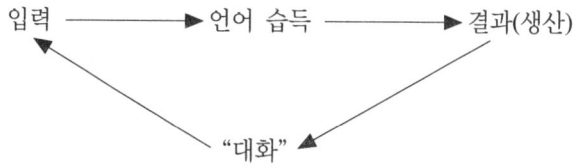

<그림 3.1> 결과(생산)가 언어 습득에 간접적으로 기여하는 방법

언어 습득이 진행, 발전하는데 이해 가능한 입력이 큰 비중을 차지한다.
습득된 언어 능력의 결과로서 생산이 가능하다.
언어 수행자가 말을 할 때, 사람들은 입력을(사람들이 언어 수행자에게 말을 하는 것) 장려한다. 이것이 바로 대화인 것이다.

2) 생산(결과)과 학습

앞의 제2장에서 제안한 바와 같이 생산(결과)은 비록 여기서 반드시 필요한 것은 아니지만 언어 학습을 지원하고 돕는데 상당히 직접적인 역할을 할 수 있다. 생산(결과)은 오류 교정을 위한 하나의 범위와 영역을 제공하기 때문에 학습을 촉진시킨다. 제2외국어 사용자가 말을 하거나 글을 쓸 때, 이들은 오류를 범할 수 있다. 학습자들은 자기가 머릿속에 갖고 있던 언어규칙을 변경하거나 해당 언어규칙의 적용 여건과 환경을 바꾸는데 이들 오류 수정이 도움이 될 것이다(이 점에 관해서는 제2장 가설 (1)을 참고할 것).

그러므로 우리는 "생산(결과) 방법"을 여기서 촉진되는 입력 방법과 비교, 검토할 수 있을 것이다. 우리가 아주 적은 입력이나 아니면 아예 입력 없이 주로 생산(결과)만 장려하는 것으로 언어를 가르칠 수 있고, 모든 오류를 수정할 수 있겠는가? 이와 같은 방법은 문법을 배우는 학생의 능력에만 전적으로 의존하는 방법일 뿐이다.

이것이 오류 수정은 완전히 무용지물이고, 학습이란 아무런 가치도 없다는 뜻은 아니다. 학습은 학습 나름대로 역할이 있고, 오류 수정도 어떤 상황에선 쓸모가 있을 것이다. 좀더 설명을 계속한 다음 "학습이 필요한 경우"에 대한 논의를 다시 거론하기로 하자.

지금까지 독자들은 "이 주제에 관해서 나중에 더 논의하자"는 나의 약속을 충분히 생각해 봤을 것으로 생각하고, 이제는 본 장의 주제인 제2외국어 습득에 필요한 최적 입력의 특성에 관하여 논하기로 한다.

4. 습득을 위한 최적 입력의 특성

나는 여기서 준의식적 언어습득을 목적으로 하는 어떤 활동이나 교재들이 필요로 하는 일련의 필요조건을 제시해 보고자 한다. 이와 같은 필요조건들을 예측해 보는 일은 그 특성에 맞는 활동이 가장 빠른 속도로 언어 습득을 조장하는 일이 될 것이므로 매우 중요한 것이다. 이것에 적합하지 않은 활동은 전혀 습득이 일어나지 않거나, 습득이 일어난다 해도 아주 미미할 것이다.

다음과 같은 특성들은 별로 "비중"을 두지 않을 것이다. 비록 그와 같은 주장들이 가능성은 있다 하더라도 어느 것이 더 중요하다는 주장을 하고 싶지는 않다. 이 문제에 관해서는 앞으로 더 많은 연구를 필요로 한다. 또한 여기선 어떤 실험적 증거로 이와 같은 결론에 도달하고자 하는 시도를 하지는 않겠다. 이런 것들은 앞의 제2장에서 설명한 바 있는 제2외국어 습득론으로부터 파생된다. 제2장에서 논의한 내용들은 실험적 증거에 근거를 둔 것들이다. 다시 말하면 본 장에서 우리는 이론적 사유를 다루고자 한다. 즉 이런 것들은 내가 앞의 제1장에서 논의한 바와 같이 교사와 학생의 육감뿐만 아니라 응용언어학 연구 등에 의하여 확인되어야만 한다는 말이다.

우리는 각각의 특성이 교수법, 교재, 비공식적 입력 등등과 관련해서 어떤 예측이 가능한지를 보여 주면서 각각의 특성을 따로따로 논의해 보고자 한다. 이와 같은 논의를 거친 다음, 나는 몇 가지 새로운 가능성을 도출해 보고, 그 동안 소홀히 다룬 몇 가지 전통적인 입력의 근원들의(제5장) 중요성을 강조하려고 한다.

1) 최적 입력이란 이해 가능한 것이다

이것은 분명히 가장 중요한 입력의 특성이다. 이는 결국 습득자가 메시지를 이해하지 못할 경우, 습득은 발생하지 않는다라는 주장이 된다. 다시 말하면 이해가 가지 않는 입력이나 "소음"은 아무런 도움이 되지 않는다.

근본적이고 필수적인 (그러나 충분치는 않은) 필요조건으로서 이해 가능성을 가정한다는 것은 올바른 것으로 보이는 몇 가지 예측을 가능케 한다. 이것은 습득자가 아주 밀접한 관계를 갖는 언어를 말하지 않는 한 단순히 제2외국어나 외국어를 그저 라디오만 듣고 해당 언어를 습득한다는 것이 불가능한 이유를 설명하는 것이 된다. 예를 들어서 영어밖에 모르는 사람이 폴란드어 라디오 방송을 청취해 봤자 입력이 모두 "소음"³에 지나지 않기 때문에 습득되는 것은 아무 것도 없을 것이다.

이와 같은 필요조건도 외국어를 가르칠 목적으로 개설했던 TV의 교육 프로그램의 명백한 실패 원인을 설명해준다. 실패 원인은 아주 단순한 것이어서 프로그램이 주는 입력 자체가 이해 가능한 것이 아니었던 것이다. 우리 애들도 Ville Allegre와 같은 TV 프로그램을 믿고 수 년 동안 시청한 바 있으나 별로 습득된 것이 없었다. 그 프로그램을 보고 우리 애들이 배운 것은 고작 스페인어로 1부터 10까지 숫자 세는 정도와 casa, mesa 등등의 일부 단어 정도가 전부였다! 이해 가능성의 필요조건은 일반적으로 언어 교육에 TV가 라디오보다 다소 더 나은 편이지만 TV마저도 초급단계에선 그다지 적합하지 못하다. Ervin-Tripp(1973)은 농아자 부모의 자녀들은 TV나 라디오로부터 언어를 습득하지 못함을 지적했다.⁴

이와 같은 특성도 어린이가 가족 언어를 섭취하는데 때로는 실패하는 이유를 잘 설명해 주고 있다. 나 자신의 경우가 아주 전형적인 사례라고 생각한다. 나의 부친은 수 년 동안 가정에서 혼자 또는 때로는 가족끼리 (비밀 이야기일 경우) 이디시어(Yiddish, 구미 유태인간에 쓰이는 말)을 사용했고, 조부모 님껜 줄기차게 이디시어를 사용했다. 그럼에도 불구하고 내 여동생과 나는 몇 가지 상투적인 말과 일부 단어를 제외하고는 이디시어를 습득하지 못했다. 한편 수많은 가족의 경우 아이들이 해당 지역 사회의 언어뿐만 아니라 가족 언어를 말하면서 성장한다. 중요해 보이는 것은 가족 언어가 아이들에게 지시적이냐 즉 다시 말하자면 그 언어가 이해 가능한 입력이 되도록 주변에서 가르치고 이해시키느냐 여부인 것이다. 엿듣기 과정을 통하여 우리가 들은 것은 이해할 수 없는 내용인 것이다. 그것은 쉽게 어느 언어인지, 무엇인지 규명할 수 없고, 때로는 우리 경험의 범위를 벗어난 그런 토픽으로 다루어진다. 이디시어로 우리에게 지시된 언어는 보다 간소화되어야만 했고, 우리에게 직접 관련이 있는 내용이었더라면 더욱 이해가 쉽고 좋았을 것이다.

이해 가능성 필요조건이 주는 또 다른 예측은 "단순한 말하기(just-talking)"나 "자유 대화(free conversation)"가 언어 교육이 아니라는 점일 것이다. 다시 말하면 단순히 어떤 언어의 원어민이라는 사실이 곧 바로 해당 언어를 가르칠 수 있는 교사로서 자격을 갖추었다는 말은 아니다. 의식적이고 폭 넓은 문법지식을 갖고 있다는 사실도 해당 언어를 가르칠 교사로서 자격을 갖춘 것이 아니다. 오히려 교사로서 좋은 자질을 가졌다는 것은 목표어 언어 능력의 수준에 상관없이 비원어민 화자인 학생들에게 이해 가능한 입력을 시킬 수 있는 사람이냐 아니냐 여부로 판단해야 할 것이다. 이와 같은 논리는 결국 교사들이 어떻게 하면 이해 가능한 입력을 조성할 수 있느냐란 또 다른 주제를 낳게 한다.

(가) 이해를 돕는 방법

우리가 습득을 위한 최적 입력에 필요조건으로 이해 가능성을 거론하는 것이 맞는다면 어떻게 하면 이해를 지원하고 도와 줄 수 있느냐란 문제는 결국 제2외국어 교육에 대단히 핵심적인 문제가 될 것이다. 사실, 이해의 필요조건은 아마도 제2외국어 교사의 주 기능은 성인 학습자들에게 "다른 세계"가 할 수 없거나 하지 않을 그런 것이며 고유 영역인 이해 가능한 입력을 조성하여 도와주는 일이 되어야 할 것이라고 제안하고 있다. 교사가 기본적으로 학생들을 도와 줄 수 있는 길은 언어적인 것과 비언어적인 것 등 두 가지가 있다. 그간의 연구 결과를 보면 정상적인 화자들이 능력이 다소 떨어지는 화자들에게 자기의 말을 언어적으로 보다 더 잘 이해시키려고 노력하는 경우가 많음을 알 수 있다. Hatch(1979)는 이해를 촉진시키려고 행하는 것 같이 보이는 단순화된 입력의 언어학적 측면을 요약하고 있는데, 그 특성을 정리하면 다음과 같다:

(1) 보다 느린 말의 속도 및 매우 분명한 발음, 이는 습득자가 단어의 경계선을 보다 쉽게 파악하고, 듣고 이해하는 과정에 걸리는 시간을 더 많이 요하는 것을 돕게 된다.
(2) 보다 사용빈도가 높은 어휘를 자주 사용하고, 슬랭이나 사용빈도가 낮은 어휘 사용을 피한다.
(3) 통사적 단순화 및 가급적 단문의 사용.

이상과 같은 특성 및 기타는 보모의 말(caretaker speech), 외국인 상대말(foreigner-talk), 교사의 말(teacher-talk)(Krashen, 1980 참조) 등등과 같이 간단한 부호나 언어에도 거의 대동소이하게 나타나는 것 같고, 이런 특성들이 입력되는 언어를 잘 이해하는데 도움을 준다. 이상과 같은 간단한 부호나 언어들은 원어민-원어민 언어보다 상당히 단순하고 간소해진 것이라는 실증적 증거들이 있으며, 앞의 제2장에서 언급한 바와 같이 습득자의 언어적 수준이나 단계와 입력 언어의 복잡한 정도간에는 상당한 상관관계가 존재한다는 증거가 있다. 즉 습득자가 해당 언어의 습득 정도가 발달하여 수준이 높아지면 질수록 그 만큼 더 복잡한 입력을 얻게 된다.

이것은 교사들이 학생들에게 말을 할 때 자신의 스피치를 의식적으로 단순화시키려고 노력해야 한다는 뜻인가? 교사들은 아주 평이한 어휘, 그리고 통사적으로 복잡하지 않고 중문이나 복문구조가 아닌 비교적 짧은 문장 등을 사용하여 말을 천천히 해야 함을 염두에 두어야만 하는가? 의도적으로 이렇게 하는 것이 때로는 학생들의 언어 습득에 도움이 되기도 하지만, 이런 것들은 우리가 학생들의 이해력에 초점을 맞추다 보면 자동적으로 이해 정도에 맞도록 조절할 수 있는 문제인 것 같다. 모국어 습득의 경우 보모의 말(caretaker speech)에 관한 연구에 대하여 언급한 Roger Brown도 이와 유사한 결론에 도달했다. 그는 자녀들에게 최소의 시간을 들여서 언어를 가르치는 방법을 묻는 부모들에게 다음과 같이 조언하고 있다:

> 댁의 자녀가 말하는 수준 이상의 단계까지도 이해할 수 있음을 믿으시기 바라며, 아이들은 무엇보다도 상호 의사소통에 능합니다... 아이들은 부모가 무의식적으로 알고 있는 것에까지도 접근할 수 있는데, 이런 아이들에게 어떻게 말을 해야 할 것인지에 대해서는 아무런 규칙이나 원칙이 없습니다. 부모가 의사소통에 치중한다면, 다른 것들은 모두 부수적인 것일 뿐입니다.(Brown, 1977, p.26)

내가 수 차례에 걸쳐서 주장한 바와 같이(Krashen, 1980, 1981), 언어 교사들에게도 이와 똑같은 상황이 나타날 것이다. 만약 우리가 이해 및 의사소통에 초점을 맞춘다면, 우리는 최적 입력을 위한 통사적 요구조건을 만나게 될 것이다.

만약 교사가 생산하는 자신의 말에 대한 문법적 통제를 의식적으로 가하는 책임감을 감면해 준다면, 교사는 자신의 말의 문법적인 요소가 아니라 이 보다 더욱 중요한 다른 것들에 대하여 더욱 신경을 쓸 수 있게 되리라. 그중 하나가 이해 가능한 입력인지 여부이다. 이해 가능성을 기준으로 할 때 목록 상에 문학의 중요성을 강조하는 그런 항목은 끼여들 수 없을 것이다. 이해 가능성을 체크한다는 것은 간단하게 "이해합니까?"라고 물을 수 있는 범위로 족하다. 때로는 이와 같은 질문에 대한 학생들의 언어적 및 비언어적(verbal and non-verbal) 반응을 모니터링 해 볼 수 있는 것이다.

교사의 또 다른 주요 임무는 학생들의 이해력을 촉진시킬 수 있는 비언어적 수단을 제공하는 일이다. 내 견해론 초급반의 경우 실물교재(realia) 및 그림 등으로 언어외적 교보재를 제공하는 것은 장식물이 아니라 교사가 학생들의 언어습득을 조장, 촉진시키는데 없어서는 안될 매우 중요한 도구인 것이다. 초기의 외국어 교육에서 목적물과 그림의 사용은 모국어 습득에서 보모(caretaker)가 "여기서 지금 당장"이란 방식을 택하는 것과 상응하며, 그런 가운데 목적물과 그림 등이 습득자가 이해의 범위를 약간 벗어난 문장구조를 내포하고 있다해도 거기에 담긴 메시지를 이해하는데 도움을 줄 것이다.

좋은 교사란 학생들에게 잘 알려지고 친숙한 주제를 논하여 이들의 이해를 도울 수 있는 내용 즉 학생들이 갖고 있는 세상 지식을 이용할 줄 아는 교사이다. 분명히 전적으로 모르는 주제에 대한 논의나 독서는 담고 있는 메시지의 이해를 더욱 어렵게 만든다. 그러나 입력을 너무 과도하게 "친숙한 것"으로 택하는 경우엔 위험성도 존재한다. 주제가 담고 있는 메시지가 너무 완벽하게 노출된 것인 경우, 학생들은 흥미를 잃게 되고, 주의 집중이 전혀 되지 않을 것이다. 우리는 학생들이 메시지에 초점을 맞추기를 바라며, 그 속엔 학생들이 진정으로 듣고 싶어하고 읽고 싶어하는 뭔가 메시지가 있어야한다. 이와 같은 필요조건은 아마도 충족시키기가 가장 어려울 것이고, 이 문제에 관해서는 특성 II에서 볼 수 있는데, 이에 관해서는 앞으로 더 많은 논의가 있을 것이다.[5]

바로 앞에서 언급한 바와 같이 이해가 언어습득에 필요조건이지만 충분조건은 못된다. 입력된 언어를 이해하는 것은 가능하지만, 이해했다고 모두 습득된 것은 아니다. 이와 같은 현상은 다음과 같은 몇 가지 방식으로 나타날 수 있다: 첫째, 입력된 언어가 학생의 현 수준을 약간 상회하는 구조인 $i + 1$ 단계를 갖고 있지 않을 가능성이 존재한다. 둘째, 수많은 사례의 경우, 우리가 이해에 통사론을 활용하지 못한다 - 우리는 종종 어휘의 결합, 혹은 어휘적 정보 프러스 언어외적 정보 등으로 메시지를 파악할 수 있다. 끝으로 "정의적 여과"가 있는데, 이는 습득자가 투입을 심지어는 $i + 1$ 단계에 속하는 입력까지도 이해한 결과인데, 우리가 이를 학생의 한 단계 높은 언어습득에 활용하지 못하고 있는 실정이다.

2) 최적 입력은 흥미와 관심을 유발한다

최적 입력은 언어 형태가 아니라 메시지에 초점을 맞춘다. 앞으로 한 발자국 전진하기 위해서 최선의 입력은 너무나 흥미롭고 재미있어서 습득자는 해당 외국어 속에 메시지가 부호화 상태로 내포되어 있다는 사실조차도 "잊게" 된다.

이와 같은 특성에 부합하는 교재를 창조, 입력을 제공하는 것은 아주 쉽고 분명한 과제인 것처럼 보이지만, 내가 보기에 실은 이와 같은 조건이 그렇게 쉬운 것도 아니며, 때로는 교사들마저도 이 점을 분명하게 이해하지 못하고 있는 것 같다. 목표, 관심, 배경 등이 각기 다른 교사와 학생이 한 교실 내에 공존하는데 이들 모두가 흥미를 끌 수 있는 주제를 제시하고 논의한다는 자체는 매우 어려운 일이다. 그 동안 수많은 교재들이 이와 같은 필요조건을 충족시키는데 실패했기 때문에, 유관성과 흥미가 입력의 필수조건이란 사실에 관하여 폭 넓게 인식되지 못했음을 나도 인정한다!

이해가 가능한 경우 보편적으로 별 관심이 없고, 별로 관계도 없는 입력의 예를 생각하기는 그리 어렵지 않다. 이와 같은 사례중 대표적인 것이 문형연습(pattern drills)과 대부분의 대화형 회화연습(dialogue type exercises) 등이다. 실험적 증거들을 보면 문형연습의 경우 학생들이 처음에 한 두 번 문형연습을 하고 나면 의미에는 별로 관심이 없거나 시들해지고(Lee, McCune, and Patton, 1970), 회화연습도 기계적으로 암기를 할 뿐 결과는 문형연습과 대동소이하다. 문법연습도 동일한 맥락에서 습득을 위한 입력으로선 실패작일 뿐이다. 이와 같은 연습의 목표는 "습득"이 아님은 당연하고, 우리는 이와 같은 입력 유형들이 제2외국어 교육 프로그램상 기타 다른 필요성을 채워주고 있는 것은 아닌지 한 번쯤 검토해 볼 필요가 있다. 그럼에도 불구하고 제2외국어 교육 프로그램들은 우울하게도 이와 같은 요구조건마저도 충족시키지 못하고 있다.

습득을 위한 최적 입력으로서 자격을 구비하기 위해서 "의미 있는 연습"이 실패했다고 보기엔 다소 명확하지 못한 부분도 있다. "의미 있는 연습"은 "기계적 연습"과 구분되어야 할 것이다. "의미 있는 연습"은 진정한 의미가 내포되어 있어야한다(Paulston, 1972). 그러나 "의미 있는 연습"이 특정의 문법구조를 연습시킬 목적으로 설계되었기 때문에 다음 예문에서와 같이 진정한 연관성이나 흥미 있는 정보의 교환체제를 구비하기란 대단히 어렵다:

What time does he get up in the morning?
What time do they get up in the morning?

이와 같은 정보들은 기껏해야 언어 수업을 받고 있는 학생들의 온건한 흥미를 자아낼 수밖에 없을 것이다. 나는 교사가 매일같이 실시하는 의미 있는 문형연습으로 진정한 의미에서의 흥미 또는 유관 정보를 제공한다는 것은 불가능하다고 본다!

진정한 의미에서 유관성을 보이는 상당히 폭 넓게 보급된 입력 유형은 초급과정에 있는 대부분의 외국어를 공부하는 학생들에게 숙제로 독서(reading)를 부과하는 방법이 있다. 일반적으로 이와 같은 독서를 부과하는 숙제는 모국어의 경우와 별로 닮은 구석이 없다.

독자(reader) 자신이 매우 비판적이고 불공평하다고 느끼기에 앞서서 내 생각으론 흥미 유발 필요조건은 미국의 고교나 대학에서 특히 필수과목으로 제공하는 미국 표준 외국어 교과과정 내에선 거의 충족될 수 없는 내용이라고 말하고 싶다. 이와 같은 조건은 오히려 언어의 필요성을 감지하고 있는 ESL 교육과정이 더욱 쉽게 충족시킬 수 있다고 본다. 예를 들면 주로 이민자들로 구성된 학급에서 "외부로 내던져진" 학생들의 생존을 위하여 매우 유익한 정보를 내포하고 있는 것이 바로 전형적인 입력인 것이다. 외국 학생을 위한 미국 대학내의 ESL 교육과정은 대체로 학습기술(study skills), 수학 목적의 영어 공부, 대학생활 안내 및 기타 유익한 공부법[6] 등이 포함되어 있다. ESL 교사들은 종종 학생들에게 공식적으로 혹은 비공식적으로 친구이자 상담자 역할을 하기 때문에, 진정으로 관련성이 높은 입력을 제공하고 있는 것이다.[7, 8]

3) 최적 입력은 반드시 문법적일 필요는 없다

습득-지향적인 교재에서 우리가 의식적으로 $i+1$단계를 포함하고 있는지 여부에 지대한 관심을 표명할 필요는 없다. 입력 가설(3)은 입력이 이해 가능할 때, 의미가 성공적으로 타협될 때, 대부분의 경우 $i+1$이 자동적으로 제시될 것이라고 주장한다.[9]

이와 같은 조건은 다소 약한 형태로 언급될 수 있을 것이다. 상기 3)의 소제목은 다음과 같이 약하게 재론할 수 있을 것이다: 즉 $i+1$은 자연스럽게 발생할 수 있기 때문에 반드시 $i+1$단계가 내포될 필요는 없다. 강하게 말하면 $i+1$단계를 내포하도록 시도하지 않는 편이 오히려 좋다! 가 될 것이다. 문법적으로 어떤 연관성을 갖도록 하자는 것에 대한 반대 논리는 앞의 제2장에서 간략하게 검토한 바 있고, 여기선 이 문제에 대하여 좀더 자세히 다루고자 한다.

1. 만약 우리가 각각의 학습 단원이나 학습 단원 전체를 하나의 구조에만 초점을 맞춘다면, 이는 수업중인 모든 학생들이 외국어 습득단계

가 동일하여 똑같은 $i+1$단계에 해당한다고 가정하는 것이 된다. 습득 속도에는 개인차가 있기 때문에(학생 각자가 갖고 있는 정의적 여과의 정도 및 이해 가능한 입력의 양이 다르기 때문) 학급에서 접하는 해당 외국어는 같더라도 수용하고 받아들이는 과정에선 개인적으로 차이가 날 수밖에 없기 때문에, 어떤 수업에 임하는 모든 학생이 동일한 단계에 속한다고 보기는 매우 어렵다. 순차적인 것은 아니지만 자연스런 입력은 상당히 다양한 문장구조를 내포하고 있을 것이다 - 만약 그것이 이해 가능한 것이라면, 입력이 충분한 경우 모든 학생에게 $i+1$단계가 될 수 있다(아래에서 우리는 입력의 양에 대한 설명으로 되돌아 갈 것이다).

  2. 우리가 "잘 조율된" 인과적 연쇄를 제시하려고 한다면, 일반적으로 한 번에 각각의 문장구조나 규칙을 제시해야 할 것이다. (해당 단원의 "복습"(review), 그리고 다시 재생해 보려는 시도가 있겠지만, 복습을 함에 있어서 과거에 배운 모든 것일 필요는 없다 - 이 경우의 목표는 단지 "환기"시키고 이미 "내면화"[10] 되었을 것으로 보이는 규칙을 추가적으로 연습시키는 것이면 족하다). 처음에 언어규칙을 까먹은 학생에겐 어떤 일이 벌어지나? 배운 것을 생각나게 하는 것을 의미하는 전통적 개념의 복습(review)이 때로는 아무런 도움이 되지 못한다. 미국에서 행해진 바와 같은 전통적인 외국어 학습에서 이런 학생은 또 다시 동일한 언어규칙이 제시되고 배우게 될 다음 학년도까지 기다려야 그것을 다시 배울 수 있을 것이다! 인과적 연쇄가 아닌 의사소통적 입력은 내장된 복습(built-in-review)장치를 내포하고 있다. 이런 경우 오늘 우리가 진행형 시제를 까먹었다고 해도 우리는 걱정할 필요가 없다. 왜냐하면 그런 것이 입력의 일부분으로 몇 번이고 다시 제시될 것이기 때문이다! 그러므로 이해 가능한 입력은 위에서 언급한 바와 같이 자연스런 복습(review)과 재생을 보장해 준다.

일부 독자들은 내가 가공인물을 내세워 공격하고 있다고 생각할지도 모른다. 밀집대형으로 좁혀 가는 구조 지향적임에도 불구하고 일부 문법 위주의 교육과정은 i +1단계에서 입력을 제공한다고 주장할 수도 있다. "오늘의 문장구조"란 것이 학습 목표로 존재할 수도 있지만, 모든 발화가 다 목표어의 구조를 포함하고 있는 것은 아니다. 예를 들면 "오늘의 문장구조"의 초점이 진행형 표시라면 그 밖의 다른 시제들은 학급 입력과 독해 둘 다의 경우에 모두 사용될 수 있다. 이것은 격(case)의 경우도 마찬가지이지만, 그럼에도 불구하고 이와 같은 접근 방법엔 문제가 있다. 문법적 관점에서 볼 때, 의사소통은 항상 희생되는데, 항상 흥미 없는 입력만 있을 뿐이다. 교사의 마음과 교재 저자의 마음은 의사소통에 필요한 아이디어가 아니라 "문맥상황적" 특정 구조에 치중하게 된다.

나의 동료 Steven Sternfield가 내게 지적한 바와 같이 여기서 제안한 것은 근본적으로 "문맥상황"과는 다르다. "문맥상황"이란 문법 규칙이나 어휘 항목의 제시를 위한 사실적인 상황을 창조하는 것을 포함한다. 교사의 마음속에 있는 목표는 언어 규칙이나 단어를 학습하거나 습득하는 것이다. 여기서 제안하는 것은, 교사나 학생 모두의 마음속에 목표란 곧 메시지라는 생각이다.

이에 대한 반대 논리는 다음과 같이 요약할 수 있다:

3. 문법 위주의 교수요목(syllabus)이 지향하는 것은 이해 가능한 입력의 질을 떨어뜨리고, 의사소통적 초점에 모순이 된다. 교사들은 어떻게 말을 할 것인가에 지대한 관심을 갖게 되고, 독해용 책이나 글 선정은 특정 어휘 샘플과 함께 문장구조 y에 대한 x개의 샘플을 포함하게 되는 것을 목표로 하고 있다. 이는 정말로 지루하고 목석 같은 언어가 될 수밖에 없다.

4. 문법적 연쇄로 습득순서를 예측하려고 하는 것이 여전히 또 다른 문제인 것이다. 몇 년 전 나는 자연스런 습득순서가설의 적용은 자연스

러운 습득순서를 따르는 "자연스러운 교수요목(natural syllabi)"에 있다고 주장한 바 있다(Krashen et al., 1975). 그러나 내 입장은 그 동안 변화했다. Fathman(1979)이 지적한 바와 같이, 자연스런 습득순서가설의 현장 적용은 언어습득의 내면에 깔려있는 절차와 과정에 대하여 그 동안 우리에게 무엇을 가르쳐왔는가에 달려 있다고 본다. 이제 와서 보니 우리가 제2장 <도표 2>에 명시된 것과 유사한 순서에 따라 가르치려고 해서는 안될 것 같다 (또는 기타 다른 어떤 문법적 순서나 연쇄에 따라 가르쳐서도 안될 것 같다).

이해 가능한 입력은 지금까지 $i+1$단계라고 알려진 하나의 자연스러운 습득순서를 자동적으로 따르게 될 것이라고 주장하게 된다.

이제 우리는 여기서 문법적 교수요목(비타민 치료법에 해당)보다 훨씬 우수한 자연스런 입력(균형 잡힌 식이요법에 해당)의 장점을 요약하게 된다.[11]

(가) 문법적 교수요목에 반대한 사례

문법적 교수요목 ($i+1$을 제공하기 위한 신중한 시도)	의사소통적 입력 ($i+1$을 자연스럽게 포함한 충분한 입력)
1. 모든 학생의 습득단계가 동일하지 않을 수 있다. 금일의 공부 단원이 모든 학생들에게 $i+1$단계가 아닐 수 있다.	1. $i+1$단계가 모든 학생들에게 제공된다.
2. 각각의 문장구조는 단 한 번만 제시된다. (이 책의 "복습"부분 참조할 것)	2. 자연스럽고 포괄적인 복습(review) 제공
3. 문법적 초점이 실제적이고 자연스런 의사소통을 방해할 가능성이 있다.	3. 학생, 교사 모두 의사소통에 치중
4. 우리가 습득순서를 안다고 가정	4. 그런 가정을 하지 않음

4) 최적 입력은 양적으로 충분해야한다

연구자료가 없기 때문에 현재로선 어떤 주어진 유창성 단계에 도달하는데 이해 가능한 입력/낮은 여과 수준의 입력이 정확히 양적으로 얼마가 필요하다고 말하기는 어렵다. 그러나 학생을 가르치는 분야에서 제2외국어 습득에 적당한 수준 또는 심지어 "중급단계"의 수준에 필요한 적정 입력 량에 대하여 그 동안 너무 소홀히 다루어 왔던 것만은 틀림없는 사실임을 분명히 말할 수 있다.

적정량에 관한 이론적 주장은 즉각적인 논란을 야기 시킨다. 나는 다음과 같은 두 가지 조건이 충족되면 자연스런 의사소통적 입력은 $i+1$ 단계를 지원, 공급할 수 있을 것이라고 가설을 설정한 바 있다:

(1) 입력은 인공적으로 억제되지 않는다.
(2) 입력은 충분한 양이 공급된다.

분명히 5분 스피치나 독서용 단문 한 개 등은 학생에게 $i+1$단계를 제공할 확률이 매우 낮다. 내 생각으론 학생의 욕구가 무엇인지 보다 세심한 주의를 기울이는 것, "과도한 개인지도" 등의 교육보다는 차라리 이해 가능한 입력의 양을 증가시키는 것이 훨씬 쉽다고 본다. 다시 이해 가능한 입력의 양이 충분하다면, $i+1$단계는 제공될 것이고, 그것도 계속해서 제공될 것이다!

위에서 언급한 바와 같이, 우리는 이 분야에 관한 신뢰할 만한 연구자료가 없으며, 어느 단계에 도달하는데 얼마만큼의 입력이 필요한지에 대해서도 연구자료가 없는 실정이다. 그러나 문헌에 바탕을 두고 다음과 같은 몇 가지 초도 가설은 설정해 볼 수 있다.

(가) 말을 하기 위한 최초 준비에 필요한 입력의 양

"침묵기"를 종식시키는데 필요한 입력의 양은 얼마나 될까? 제2외국어 습득자가 습득된 언어 능력을 이용하여 발화를 생산하기에 필요한 입력의 양은 얼마나 될까?

학생이 제2외국어로 주어진 명령에 복종할 것을 요하는 교수법인 전신반응교수법(Total Physical Response teaching)에 관한 Asher의 연구는 말하기 위한 최초 준비에 필요한 입력의 양에 관하여 우리에게 시사하는 바가 크고 어떤 단서를 준다. Asher에 관해서는 앞으로 제5장에서 보게 될텐데, 전신반응법의 가장 큰 장점은 집약적으로 이해 가능한 입력을 제공할 수 있는 능력에 있다고 볼 수 있다. Asher는 자신의 연구 논문에서 (제5장 참조) TPR학생들은 본 교수법으로 약 10시간의 수업을 받으면 목표어로 발화 생산을 시작할 준비가 완료된다고 주장했다.[12]

비공식 언어 습득연구(informal language acquisition research)는 우선 다른 그림처럼 보일지도 모르는 것을 제시한다. 비공식 어린이 제2외국어 습득에서 본 "침묵기"는 6개월 가량 지속될 수도 있다! 이 기간 동안 어린이는 극히 일부의 문장 패턴과 일상적인 표현을 제외하면 제2외국어 생산량이 매우 저조하다. 10시간이면 충분하다고 본 Asher의 관찰과 비교할 때 "자연스런" 침묵기의 양적 길이는 자연스런 환경 하에서 어린이가 받는 상당량의 입력이 이해 불가능한 것이란 사실 때문인 것 같다. 본 장의 처음에서 언급한 바와 같이 "공식적 교육"의 주요 장점은 습득자를 자연스러운 환경의 장점을 취하기 시작할 수 있는 지점에까지 유도하면서 초기단계에 이해 가능한 입력을 제공할 수 있는 잠재력을 갖고 있다는 점이다. 어린이의 비공식 제2외국어 습득에서 장기 침묵기는 비공식 환경이 습득의 초기단계에서 충분치 못하다는 증거가 될 것이다.[13]

(나) 높은 수준의 유창성을 위한 양적 필요조건

우리는 언어 능력의 높은 단계로 발전해 나아가는데 필수적인 저여과/이해 가능한 입력의 양이 얼마나 되어야 하는지에 대해서는 별로 아는 것이 없다. 우리는 이에 대하여 미국의 Foreign Service Institute(FSI) 챠트로부터 몇 가지 아이디어를 얻을 수 있다. 이 챠트는 외국어의 등급을 메겨서 성인 영어 화자가 FSI 2 + 를 성취하는데 필요한 수업 시간수를 추산해 놓은 것이다 (2 + 란 "최소 전문 유창성과 현지 근무 전문 유창성 사이의 중간 정도의 수준을 의미한다", Diller, 1978, p.100). FSI의 계산에 따르면(Diller, 1978에서 재생한 것임), 독어, 불어, 이태리어와 같은 유럽어는 중간 정도의 보통 수준의 학생이 2 + 단계에 도달하는데 대략 720시간의 수업이 필요하고, 상당히 이국적인 언어는(아랍어, 한국어, 중국어 등) 1950시간의 수업시간이 필요하다.[14]

그러나 이와 같은 시간 산출은 상한선을 나타낸다. 전통적인 교수법을 채택한다면 최적 입력을 수반하지 못할 수도 있을 것이므로 이와 같은 수치는 단순히 "수업 시간수"에 기초를 두고 있다. 다시 말하자면 우리가 이 보다는 더 잘 할 수 있다는 말이다!

얼마만큼의 입력이냐? 란 문제는 하나의 실험적인 문제로서 실험을 통하여 실증적으로 답을 구할 수 있는 문제인 것이다. 보다 더 정확하게 말하자면 우리가 "학생들이 제2외국어를 습득하여 충분한 언어 능력을 갖기에 필요한 저여과/이해 가능한 입력의 양이 얼마나 필요한가?, 그래서 계속해서 외국어 능력을 개선하기 위하여 비공식 환경을 활용할 수 있는가?" 등의 의문을 알아야한다. 현재 우리는 자료가 부족함에도 불구하고, 내가 보기에 분명한 것은 우리가 이해 가능한 입력을 제공하기 위하여 활용 가능한 교육시간을 충분히 활용하지 못하고 있다는 점, 그리고 우리가 입력에 보다 더 신경을 쓴다면 제2외국어 습득을 더 빨리 할 수 있도록 자극을 줄 수 있을 것이라는 점이다.

이 단락의 결론을 내리기에 앞서서, 내가 주장하는 것은 전혀 새로운 내용이 아니라는 점을 지적하고 싶다: Newmark(1971)와 함께 나는 포괄적이고-집약적인 독서 논쟁의 "포괄적인" 측면은 옳은 것이고, 의미를 찾아 독서함으로써 학생들은 Newmark가 난해한 문맥의 "부호의 은밀한 분석"이라고 부른 것으로부터 얻는 이득보다 더 많은 이득을 얻게 되고,

학생들은 청해력 연습에 비중을 두는 것으로부터 얻는 것보다 많은 대화에 참여함으로써 얻는 것이 훨씬 더 많다고 주장하고 있는 것이다.

이제 우리는 프로그램이 언어습득에 도움이 되는 것이라면 해당 교육 프로그램이 내포해야만 하는 나머지 두 자질에 눈을 돌려야 할 차례이다.

5. 언어 습득을 조장하는 기타 자질들

1) 학생들이 방어적이어서는 안 된다

"방어적"이란 용어는 Stevick의 잘 알려진 책 Memory, Meaning, and Method에서 비롯된 말이다. 이 말의 의미는 내가 보기엔 교수법과 교재가 학생의 능력이나 이전의 경험을 테스트하는 것이어서는 안되고, 단순히 취약점만 노출시켜서도 안되며 학생들이 더 많은 것을 습득하는데 도움이 되는 것이어야 한다는 뜻이다.

좀더 일반적으로 말하자면 우리가 정의적 여과를 낮게 유지하는 방법, 학생들을 입력에 개방적인 자세를 갖게 하는 방법 등에 관한 이야기인 것이다. 이런 것은 만약 우리가 입력 가설이 "참"이고, 최적 입력과 최적 입력의 결과로 나타나는 그런 종류의 입력의 기타 모든 특성을 만족시키는 그런 절차를 이용한다면, 여기서 진화되는 학급 운영 절차는 이와 같은 필요조건을 만족시키고 동시에 여과를 낮은 수준으로 유지할 수 있는 사례가 될 것이다. 나는 본 장에서 이와 같은 일을 하기 위한 몇 가지 일반적인 절차와 실제에 대한 윤곽을 그려보고자 한다.

첫째, 내가 이 문제에 관하여 너무나 많이 되풀이 한 것을 사과하면서, 만약 우리가 언어 형태가 아니라 의미에 초점을 맞추고, 이해 가능한 입력을 제공하는 것에 치중한다면, 이것은 그 자체가 저여과에 기여하게 될 것이라는 점을 말하고 싶다. 만약 지금까지 논의하고 있는 주제가 아주 재미있는 것이라면, 그리고 그것이 만약 이해 가능한 것이라면, 정상적으로 언어를 배우는 학급에 나타나는 상당량의 "심리적 압박감"은 "사라지고", 불안은 낮아질 것이며, 따라서 언어 습득이 일어나게 될 것이다. 앞에서 이미 언급한 바와 같이, 바람직한 목표는 학생들이 메시지가 사실은 또 다른 언어 속에 부호화되어 있음을 어떤 의미에선 "망각"하게 하는 것이라고 생각한다.

둘째, 우리는 학생이 아직 "준비"가 되기도 전에 시작하는 너무 빠른 시기의 생산(발화)을 주장하지 않음으로써 여과 자체를 낮은 수준으로 유지할 수 있다. 언어 교사(와 학생들)들은 제2외국어 습득과정에서의 발전을 학생이 말을 잘하는 것(예: "Do you speak French?")으로 연관지어 생각하게 되는데, 이와 같은 생각을 하게 되는 논리적 연쇄과정은 우리는 학생들이 시작부터 말을 하기를 원한다는 식으로 이어진다. 내 개인적인 견해로는 학생이 이해 가능한 입력을 통하여 충분한 언어 능력을 갖추기 전에 조기의 생산(발화)을 강요하는 것은 아마도 학생들로 하여금 언어 수업을 불안하고 심리적 부담을 갖게 하는 주범이 아닐까! 어떤 학생들은 가능한 한 빨리 말을 하고 싶어 할 것이지만, 대부분의 학생들은 자신들이 언어 능력을 더 튼튼하게 구축하기 전까지는 말을 하는 것에 대하여 자신감이 없고 안정감도 별로 없다고 느낄 것이다. 바꾸어 말하면 침묵기의 길이는 일정치 않고 학생에 따라 매우 다양하다는 말이다 (미주 12 참조); Asher가 추산한 10시간의 수업은 "평균"이지 두부 자르듯 정확한 것은 아닐 것이다. 하나의 안전한 절차는 학생에게 생산(발화)만 강요하지 말고, 언제가 발화의 출발점이 될 것인지 그 시기를 학생 스스로가 결정하도록 하는 것이 좋다.

스피킹 생산 준비에 밀접하게 관련된 문제는 오류 및 오류정정의 문제인 것이다. 제2외국어 습득에 관한 연구를 보면 오류는 불가피한 것이고, 그것도 습득 초기단계에선 상당히 많음을 분명히 밝히고 있다. 이 문제를 독자들에게 분명히 하기 위하여 우리가 Queens College에서 시행한 한 실험을 통하여, 우리는 본 대학 어학원 ESL 학생들의 반편성 시험 결과를 예로 든다. 이 때 학생들은 작문시험을 보게 했는데, 오류의 정도는 5개 단어당 1개꼴로 나타났다(Krashen et al., 1978). 좀 우수한 학생들은 단어 10개중 1개 정도였고, 가장 저조한 학생들은 단어 2개중 하나꼴로 오류를 범했다. 여과의 수준을 높일 수 있는 한 가지 확실한 방법은 오류의 교정 특히 초급단계에서 그리고 특히 구어체 언어에서 오류 교정을 시도하는 것이다. 불행하게도 교사들은 학생의 오류를 보면 교정해 주려고 하는 직업적 특성을 갖고 있는데, 내 생각으론 이것이 중대한 실수였던 것 같다. 이와 같은 오류 교정이 잘못된 실수라고 보는데는 몇 가지 이유가 있다. 우리는 여기서 오류 교정이 안고 있는 가장 심각한 단점이 무엇이며, 이와 같은 행위가 정의적 여과에 미치는 영향은 어떤 것인가에 초점을 맞춘다.

오류 교정은 학생을 수비적이고 방어적으로 만들게 되는 즉각적인 반응을 낳게 한다. 오류 교정은 학생들이 의미보다는 언어형태(form)에 신경을 더 쓰고, 실수를 피하기 위하여 어려운 문장구조를 회피하려고 하는 전략을 짜게 만든다. 이는 상호간에 의견교환이 필수인 의사소통을 붕괴시키고 만다. 바로 이와 같은 점 때문에 나는 어떻게 하면 입력 가설이 교실 수업에 적용될 수 있을까를 곰곰이 생각하게 되었던 것이다. 내가 Steven Sternfeld로부터 차용해 온 이 문제에 관한 시범교육을 할 때, 나는 청중(학생)들에게 외국어로(내 경우 대개 독일어였음) 2시간 동안 수업을 하려고 한다고 말한다. 첫째 시간에 "나는 여러분에게 독일어 수업을 진행하려고 합니다만 우선 먼저 독어에 관하여 몇 마디 말하겠습니다" 등등과 같은 말로 간단하게 수업을 시작한다. 수업은 전적으로 독어로 진행되며, 과거에 독어를 접하지 않은 대부분의 청중(학생)들에게 수업 전체가 거의 이해 불가능한 입력이 된다. 두 번째 수업은 다음

과 같은 것들이다:

    This is my shoe. (구두를 가리키면서)
    This is my hand. (손을 가리키면서)
    This is my head. (머리를 가리키면서)
    This is a head. (칠판에 그림을 그리면서)
    Here are two eyes. (손가락으로 동그라미를 만들어 눈을 그리면서)
    Here is a mouth. (입을 만지면서)
    Here is a cigarette. (담배를 집어들고)
    Do you have a cigarette for me? (학생에게 다가가 담배 피우는 흉내를 내면서)

  제2과 교육의 요점은 그것이 매우 재미없지만, 간단한 언어, 언어외적 지원 등등으로 인하여 매우 이해 가능한 것이라는 점이다. 이상하고 재미있는 머리를 그리고 담배를 달라고 질문하여 여과의 수준을 낮추려고 하는 시도도 있다. 이와 같이 간단한 수업에 이은 논의에서 나는 이런 것들을 설명하고 주장한다 – 만약 그와 같은 입력이 일정한 시간 동안 제공된다면, 스피치는 그 자체에서부터 자연발생적으로 이루어질 것이다. 여기서 우리의 흥미를 끄는 것은 청중(학생)들의 반응이다: 그것은 하나의 휴식과 안도감인 것이다. 그리고 학생들은 수업이 끝난 다음 내게 다가와서 "선생님께서 수업을 시작할 때 저는 신경이 쓰이고 긴장했습니다. 선생님께서 제게 다가와 질문하시면 뭔가를 대답해야 할텐데, 그러면 아마도 뭔가 저는 실수를 범할 것만 같았습니다"와 같은 말을 했다. 이런 말이 내게는 언어 교육은 전문 교사라 할지라도 두려움을 야기 시키고 마는데, 그 두려움이란 학생들이 조기에 말을 할 수 있기를 바란다는 그릇된 우리의 태도 때문에 나타나는 것으로 보인다. 우리에게마저도 유쾌하지 못한 이와 같은 절차로 학생들을 괴롭힐 이유가 뭔가?

오류교정이란 주제에 관하여 할 말이 많다; 오류 교정은 몇 가지 장점과 단점이 있으며, 이 문제에 관해서는 나중에 학급에서의 의식적 학습을 논할 때 더 자세히 다루어 보기로 한다. 여기서 거론하고 넘어갈 필요성이 있는 것은 오류 교정이 제2외국어 수행 능력을 개선하는데 기초적인 매카니즘이 아니라는 점이다; 오히려 이론에 따르면 이해 가능한 입력을 통하여 우리는 언어를 습득한다. 과도한 교정은 습득에 부정적인 영향을 주기 때문에, 그리고 오류 교정은 언어 습득에 직접적인 이득이 없기 때문에 (제2장 가설 (1)에 관한 논의 참조), 안전한 절차는 의사소통 유형의 활동에서 그저 간단히 교정을 대폭 줄이는 수밖에 없다. 이와 같은 방법은 Terrell의 자연적 접근법(Natural Approach)에서 크게 성공한 바 있다. 오류 교정 없이도 이 방법은 큰 성공을 거둘 수 있으며, 입력을 "얻기" 시작하고, 여과 수준은 보다 낮게 될 것이며, 학생들은 방어적 자세가 사라질 것이기 때문에 실력 향상은 더욱 신속하게 이루어질 것이다.

2) 학생들이 더 많은 입력을 얻는데 도움이 되는 도구의 제공

우리의 책임은 수업시간에 교실이란 한정된 공간으로 다 되는 것은 아니다.[15] 실은 앞에서 내가 이미 언급한 바와 같이 우리의 목표는 우리가 학생들에게 개입하지 않고도 계속적으로 그들이 언어습득을 개량, 발전시켜 나아가는데 필요한 도구를 제공하는데 있다. 우리는 그들이 필요로 하는 입력을 충분히 제공하면 학생들은 교실 밖의 실세상인 비공식 환경의 이점을 이용하기 시작하는데, 이 때부터 필요한 언어능력을 확보하기 시작할 것이다. 다시 말하자면 학생들이 제2외국어를 충분히 알 필요가 있다. 그러면 학생들은 교실 밖의 언어의 상당 부분을 이해할 수 있을 것이다. 그러나 이 점에 관한 한 학생들의 언어능력은 충분치 못하다.

비록 우리가 학생들을 이 단계까지 끌고 오는데 성공한다 하더라도, 학생들이 교실 밖에서 해당 언어를 사용하는데 문제가 있을 것이다. 학생들은 그들이 듣게 되는 상당량의 입력을 이해하지 못할 것이다. 심지어는 학생들이 듣게 되는 실생활 속에서의 언어를 일부 수정하거나 알아듣기 쉽게 풀어주어도 이해하지 못할 것이다. 학생들은 어휘와 단어에 쩔쩔매고 모든 단계에서 실수를 범하게 될 것이다. 만약 우리가 순수하게 "언어 능력"을 위한 입력만을 제공하는데 치중한다면, 학생들은 원어민들이 자기에게 하는 말을 이해하지 못하면 어떻게 하나라는 두려움 때문에 원어민과 접촉을 회피하는 그런 학생들이 나오게 된다. 뿐만 아니라 학생들이 대화에 참여할 때 이해하지 못하는 부분으로 인하여 학생들은 단어를 찾고, 혼란에 빠지고 난처해하게 되는 고통스런 침묵 등을 포함하여 실제적인 문제에 봉착하게 될 것이다.

　이것이 내 생각으론 실제로 미국내의 외국어 교육 현장에서 볼 수 있는 전형적인 상황인 것이다. 2년 간의 교육을 받고도 이 학생들 중 실제로 배운 언어를 가지고 대화에 참여하고 싶어하는 숫자가 별로 많지 않다! 이에 대한 해결책은 학생들에게 의사소통 능력을 키워줄 수 있고, 그래서 이와 같은 어려움을 그들 스스로 극복할 수 있는 도구를 제공하는 일이다. 대화를 원만하게 처리할 수 있는 수단을 이들에게 제공하게 되면, 적절한 대화가 아니더라도 꺼리지 않고 학생들이 직접 대화에 참여할 수 있게 됨으로서 우리는 학생들이 언어 능력을 계속해서 보강, 발전시킬 수 있게 도와주게 된다. 그렇게 되면 우리는 학생들에게 자신들이 적절한 단어를 찾아낼 능력이 아직 부족하다는 사실, 학생이 모든 것을 다 이해할 수 없다는 사실 등을 스스로 인식하고 자신이 스스로 이에 대한 준비를 하게 하고, 또한 우리는 학생들이 계속해서 이해 가능한 입력을 얻게 되리라는 점에 대하여 보험을 드는 기분으로 공부할 수 있도록 할 수 있다.

학생들이 대화를 이끌어 나아가는데 필요한 도구는 무엇이며 그렇게 해서 교실 밖의 입력을 계속 얻어낼 수 있는 도구는 무엇인가? 다시 말하면 학생들이 완벽한 언어 능력엔 아직 미치지 못한다 할지라도 대화를 하는데 우리가 어떻게 하면 도움을 줄 수 있겠는가?

Scarcella는 (앞으로 소개될 것임) ①입력의 양을 통제하는 것을 도와주는 장치, ②입력의 질적인 문제를 통제하는 것을 도와주는 장치 등 2가지 방법으로 학생들이 보다 많은 이해 가능한 입력을 얻어내는데 도움을 줄 수 있다고 주장했다. 전자는 학생들이 더 많은 입력을 얻는데 도움이 될 것이고, 후자는 입력된 정보를 이해 가능하게 만드는데 도움을 줄 것이다. 양적 범주에 속하는 대화 능력의 구성요소들은 대화 시작의 방법(인사 등), 대화를 계속 유지시키는 방법(공손한 자세 등) 등이 될 것이다.

Scarcella의 연구 대상이었던 제2외국어로 영어를 말하는 21세의 Miguel은 "언어"능력이 중간 정도 됨에도 불구하고, 아래에 예문으로 소개한 것과 같이 늘 이런 대화 능력의 도구들을 채택했다:

      Miguel : Hi! How are ya?
      NS   : Okay.
      Miguel : What's new?
      NS   : Not much. Had a test today.
      Miguel : Oh that's too bad. What test?

미구엘은 이와 같이 일상적인 표현을 잘 선택하여 대화를 이끌어 내고, 계속 유지할 수 있는 능력을 갖추고 있다. 그러나 미구엘과 같은 제2외국어 수행자들은 연구 결과가 보여주는 바와 같이 항상 원만한 대화를 이끌어 낼 수 있는 것이 아니고 대화 능력에 관한 한 놀라거나 당혹해 하거나 상대방과의 심한 격차를 경험하게 되기 일수다.

　입력의 질을 통제하기 위해서, 입력을 더 많이 이해 가능한 입력으로 만드는데 사용되는 기법은 다양하다. 아마도 이중 가장 분명한 기법은 원어민에게 "대화 중 이해가 어려운 부분을 말로 설명"해 달라고 부탁하는 것일 것이다(Scarcella, p.5). 이와 같은 장치는 다음과 같은 반복법을 사용하여 이해 곤란한 문제의 단어에 초점을 맞추는 것부터 시작된다:

NS : Salvador Dali also put out a cookbook because he is a great expert on cuisine.
Miguel (혼란스럽다는 표정으로 쳐다보면서) : Cookbook?
NS (요리책을 손에 집어 들고) : Recipes from Maxime's, places like that.
(Scarcella, p.5)

　이 경우 위의 예문과 같이 "What?" 또는 "I don't understand"라고 이해를 못한 부분에 대해서 분명히 의사표시를 한다.

　Scarcella도 입력의 질은 "back channel cues"사용에 의하여 개선될 수 있음을 지적했다. 여기서 말하는 "back channel cues"란 대화의 파트너가 진지하게 대화를 따라 가고 있다는 증거와 함께 원어민 화자에게 제공되는 단서를 말한다. 여기엔 "아하(Uhuh)", "예(Yeah)" 등과 같은 음성언어적 단서도 있고, 적절한 시기에 맞춰서 머리를 끄덕여 수긍하는 일, 눈으로 상대를 응시하는 일 등 행위 언어적 단서도 있다.

　끝으로 현재의 대화보다 이해하기가 좀 더 쉬운 주제로 또는 습득자에게 좀더 익숙하고 친밀한 방향으로 화제를 바꾸는 것을 포함하여 이해하기 어려운 입력을 피하는 대화 전략이 있다. Scarcella의 연구대상이었던 Miguel은 다음 예문과 같이 이 점에 있어서는 아주 훌륭하다:

NS   : ⋯ I like classical music too - Beethoven, Schubert - you know that kinds stuff.
Miguel : You play the piano?
Joe   : Yeah.
Miguel : Me too.

6. 대화 능력을 "가르치는 일"

 대화 능력의 구성요소에 관한 지식과 학생들 사이에 대화 능력을 개발하는 일은 별개이다. 여기서 제기할 필요가 있는 의문은 대화능력은 학습되는 것이냐 아니면 습득되는 것이냐 하는 문제이다.
 내 생각으론 모든 대화능력이 학습되는 것이라는 가설을 반대하는 좋은 논리적 주장들이 많이 있다고 본다. 우선 첫째로, 이 문제는 너무나 복잡한데, Scarcella의 말을 다음과 같이 인용한다:

"모든 담화 규칙과 전략은 어휘, 발음, 시적 자질, 비언어적 의사소통의 자질, 그리고 이보다 다소 덜하긴 하지만, 통사적 자질 등등으로 특성화되는 매우 복잡한 것이다. 뿐만 아니라 이들 모든 자질들은 사회적 상황에 따라 다양할 수도 있다. 예를 들면 일부 몇몇 인사법이 어떤 상황에선 적절할 수 있지만, 또 어떤 경우엔 적절치 못할 수도 있다. 인사법이라도 때로는 고함을 치듯 외쳐대고, 또 어떤 때는 속삭이듯 조용조용하기도 한다. 어떤 주어진 상황 하에서 어떤 것이 적절한 인사법이냐는 다양한 요인에 달린 문제이다. 이들 요인으로는 인사를 받는 사람이 누구냐, 하루 중 어느 시점이냐, 처한 상황과 상호작용이 어떠냐, 다른 사람들이 주변에 있느냐, 어떤 상호작용이 예상되느냐 (기쁨, 꾸지람 등등)" 등등이 있을 수 있다(p.10).

둘째, 비록 학생이 몇 가지 대화능력에 관한 규칙을 잘 활용한다 할지라도 그 규칙들이 필요할 때(Monitor-free situation) 항상 활용이 가능한 것은 아니다.

가장 가능성이 높은 것은 대화능력의 비언어적 측면과 현상들이 습득되어야 한다는 사실이다. 최초의 한 가지 가설은 이런 것들이 이해 가능한 입력, 본 장에서 제시한 필요조건이 대화능력의 습득을 위한 조건들을 충족시킬 뿐만 아니라 제한된 학급 수업 동안 습득시켜야 하는 매우 어려운 과업과 담화 기회의 억제 등등을 통한 이해 가능한 입력을 거쳐서 이루어지는 문법과 동일한 방법으로 습득된다는 것이다.

그러나 단문의 대화운영 도구 세트는 하나의 규칙으로 또는 하나의 암기된 일상어(routines)로서 직접 가르쳐질 수 있다. 물론 여기엔 배우기 쉽다는 조건이 있다. 이런 방식엔 대화 시작의 일상어, 몇 가지 중간 휴지 여과(pause filters), 도움을 청하는 표현 등이 포함된다(Scarcella, p.11). 또한 최근에 와서 수업의 주인(host) 및 교실 밖의 활동 등이 대화능력을 조장하기 위하여 소개된 바 있다.

여기서 나의 요점은 대화능력은 학생들이 대화를 하는데 필요한 도구를 제공하기 때문에 이런 것들이 교육의 필수적 요소가 되어야 한다는 것이다. 왜냐하면 그것은 언어습득이 교실 밖에서 일어날 것이고, 또한 교육 프로그램이 끝난 다음에 일어날 것이라는 점을 올바르게 인식해야 할 문제이기 때문이다. 우리의 (교육)책임은 학기가 끝나는 것과 함께 종료되는 것이 아니다. 내가 보기에 진정한 언어 교육의 목적은 학생들에게 그들이 필요한 것이 무엇인가를 제공하여 학생들로 하여금 우리가 없어도 스스로 발전해 나아갈 수 있도록 하는 일이다.

미주

[1] 제2장에서 상술한 바와 같이, 스피치는 3가지 각기 다른 출처 중 어느 하나로

부터 생산된다. 첫째, 제2장의 발화생산의 감시모델(Monitor model)에 관한 그림 설명에서 본 바와 같이 우리는 이미 습득된 능력을 이용할 수 있다. 입력가설에 따르면 이와 같은 종류의 생산은 발달하는데 다소 시간이 걸린다. 또 다른 방법은 암기된 문장 유형과 일상어를(Krashen and Scarcella, 1978 참조) 경유하는 것이다. 셋째, 제2장에서 설명한 바와 같이 모국어 구조의 확대 적용을 들 수 있다. 발화 생산의 둘째, 셋째 방법은 "언어 능력 없는 단순 언어 수행" (R. Clark가 사용했던 전문 용어에서 차용한 말임) 방식인 것이다. 제2외국어 언어 수행자는 이와 같은 방법으로 "말을 빨리 배울 수" 있으며, 몇 가지 테크닉에 의하여 이와 같은 행위가 공공연하게 장려된다. 그러나 이런 방식은 심각한 한계에 봉착한다(제2장에서 논한 Krashen and Scarcella, 1978; Krashen, 1981 참조).

[2] 이것은 대화에의 참여가 진정한 의미에서 성공적인 제2외국어 습득에 실제적으로 필요한 것이냐 여부에 관한 매우 흥미로운 질문을 야기시킨다. 아마도 필요한 것 같다. 이해 가능한 입력을 확보하는 가장 효과적인 수단이라는 점뿐만 아니라, 대화는 본 장에서 이미 본 바와 같이 점점 더 명확해지는 몇 가지 장점도 갖고 있다. Scarcella는 관찰과 입력 자체에 (본 장의 후반부를 참조할 것) 의하여 습득될 수 없는 "의사소통적 능력"의 많은 현상과 측면이 있음을 지적한다. Scarcella는 또한 진정한 대화는 "상당한 수준의 개인적 개입 (personal involvement)"을 수반한다. Stevick(1976)은 이를 두고 "깊이"(depth)와 낮아진 정의적 여과란 용어로 표현한다.

[3] 과학소설 비평에서 Hatch(1976)는 라디오 방송을 들음으로써 인간의 언어를 습득할 수 있다고 보는 소설 작가들의 구도에 몇 가지 좋은 사례가 있음을 지적하고 있다. 그러나 이해가 가지 않는 입력을 청취하여 습득한 언어는 아무나 이해되는 것이 아니고 어떤 외계인에 의하여, 그리고 "언어습득장치"가 매우 뛰어난 사람만이 이해할 수 있는 것인데, 심지어 이들 작가들은 이런 것마저도 이해하는 것 같다.

[4] 텔레비전을 통하여 제2외국어를 선택했던 일화와 같은 사례들도 있다. 예를 들면 Larsen-Freeman(1979)은 텔레비전을 통하여 네덜란드어를 습득한 한 독일인의 사례를 들고 있다. 이렇게 상호 밀접한 관계를 가진 언어(네덜란드어)

가 화자에게 이해 가능한 입력으로 작용한다면 이와 같은 사례가 전혀 사실 무근이거나 황당무계한 경우가 아니고 충분히 있을 수 있는 일이다. 텔레비전을 통하여 언어를 습득하는 것도 전혀 불가능한 것은 아니다. 내가 주장하는 바는 언어 습득에는 이해 가능한 입력이 반드시 필요하며, 텔레비전이 외국어 초급자에게 이해 가능한 입력을 제공하는 데는 적합지 않은 것이 일반적인 경우라는 점이다. 오히려 중급 수준의 학생에게는 라디오나 텔레비전이 훨씬 도움을 많이 주게 될 것이다.

5 교사가 학생들의 수준을 벗어나는 내용이 내포된 메시지를 학생들이 이해할 수 있도록 도와주는 또 다른 방법은 어휘를 강조하는 것이다. Evelyn Hatch 와 나는 최근에 어휘 교육을 강조한 바 있고(hatch, 1978a; Krashen, 1981) 우리 둘이 주장하는 내용이 서로 유사하다고 본다. 어휘에 관한 지식이 외국어에 담긴 모든 메시지를 이해하는데 충분한 것은 아니라고 하지만, 어휘 교육의 확대는 습득자가 듣고, 읽은 내용을 더 많이 이해할 수 있도록 도와준다는 점에 관해서는 의심의 여지가 없다(강독 이해에서 차지하는 어휘의 역할에 관하여 논한 Ulijn and Kempen, 1976; Macha, 1979 등 참조). 그러므로 더 많은 어휘 교육은 그 만큼 더 많은 이해 가능한 입력과 더 많은 문법의 습득을 의미한다. 이와 같은 "새로운 견해"는 종전의 입장과 상당히 다른 것이다. 그 동안 언어 교사들은 통사론에 치중하기 위해서 새로운 어휘의 도입은 가급적 제한해야 한다고 해왔다. 이제 우리는 어휘 학습이 통사론 습득에 실제적으로 기여하게 될 것이라고 주장한다.

그러나 이와 같은 입장이 갖는 실용적인 암시가 내게는 명확치 않다. 그렇다면 이해 가능한 입력의 양을 증대시키기 위한 노력의 일환으로 우리는 별도로 어휘만 가르쳐야 할 것인가? 유감스럽게도 어휘를 습득하는 최선의 방법을 직접 거론한 연구가 별로 없다. 단순한 어휘 목록의 암기보다는 문맥상황 속에서 어휘를 가르쳐야 한다는 점에 관해서 교사들 간에는 어느 정도 견해의 일치를 보고 있지만(Celce-Murcia and Rosenzweig, 1979), 이는 어휘만 직접 가르쳐서는 안 된다는 경우일 것이다! 우리가 만일 이해 가능한 입력을 충분히 제공한다면, 어휘 습득은 사실상 저절로 이루어질 것이다.

이 문제에 관해서는 비공식 실험의 형태로 다음과 같이 재론해 볼 수 있다:

학생들에게 10분간 (예: 버스를 기다리는 시간 등) 주고, 어떤 활동이 어휘의 장기 기억에 더 유익한가?
　　(1) flash card(교사가 학생들의 빠른 반응을 얻기 위하여 사용하는 수업 자료용 카드)나 몇 가지 이와 유사한 방법을 활용한 어휘 목록의 기계적 학습방법.
　　(2) "새로운 단어"가 내포된 이야기(동화, 소설 등)에 대한 복습방법.
　　(3) 단지 메시지의 이해만을 생각하고, 새로 나온 단어는 학생들이 의미의 이해에 필수적이라고 생각될 경우 또는 학생들이 의미를 잘 모르고 의아해 할 경우만 그 의미를 찾아보게 하면서 즐거움을 찾기 위한 독해방법.

상기 방법(3)은 충분한 반복에 의하여 새로운 어휘를 공급하기 위한 이해 가능한 입력에 의존하여, 습득자가 의미를 결정하는데 도움을 준다. 방법(3)에서 보면 어휘에 의식적 초점을 맞추지 않고 의미에만 치중하고 있음을 알 수 있다. 진정으로 중요한 단어는 자연스럽게 본문에 다시 나타나기 때문에, 그 의미는 문맥상황 속에서 점점 더 분명해질 것이라고 예측(희망?)해 볼 수 있다. 학생들이 때로는 사전을 훑어보거나 교사들이 이따금씩 내려 주는 단어의 정의에 의하여 도움을 받을 가능성 또한 배제할 수 없다.

[6] 예를 들면 USC 어학원(American Language Institute, ALI)은 외국 학생을 위한 영어 수업 교과과정에 일환으로 타자 수업도 들어 있다.

[7] 대학 수준에서 외국어 습득자를 위한 최적의 입력을 제공할 더 많은 기회가 있을 수 있는데, 이 문제에 관해서는 제5장에서 상술하기로 한다.

[8] 습득자들이 자기들 언어 수행에 도움이 된다고 믿기 때문에 명시적 문법 정보에 일부 Monitor 활용자 및 언어학자들은 이 문제에 관하여 이상하리 만큼 흥미와 관심을 갖게 된다. 이 경우 매체는 메시지이다. 만약 목표어의 구조에 관한 수업이 목표어로 진행된다면, 그리고 학생들의 성향이 "분석적" 이라면, 본 교육과정은 성공적일 것이다!(Krashen, 1980 및 이 책의 제5장 참조).

[9] $i + 1$ 단계가 나타나지 않는 이해 가능한 입력이 나타나는 예외적인 경우도 있다. 이와 같은 경우는 대개의 수업과 같이 담화가 제한된 경우, 담화 변이 가능성이 제한된 장소, 친밀도가 높고 일상적인 언어로 의사소통이 이루어지

는 그야말로 언어의 도구적 사용이 심한 경우 등이 있을 것이다 (예: 주유소 주유원이나 상점 점원과의 대화).

[10] 내 해석으로는 "내면화(internalization)"란 맨 처음 배운 언어규칙의 습득을 뜻하는 것 같다. 여기서 구분해야 할 것은 학습인데, 학습이란 초기 습득에 이어지는 또 다른 습득의 요인이 되는 것으로 볼 수 있다. 제2장에서 제시한 제2외국어 습득이론에 따르면 이와 같은 현상은 발생하지 않는다. 이 문제에 관해서 나는 기회 있을 때마다 거론했는데(Krashen, 1977), 이 책에서도 후반부에서 재론할 예정이다.

[11] 마음속에 떠오르는 또 다른 유추는 "샷건" 대 한 알의 총알 관계이다. 목표 표적을 정통으로 맞출 확률은 전자가 후자보다 훨씬 더 높다.

[12] Varvel(1979)은 상당히 오랜 기간 동안 지속되는 공식 교육에서의 침묵기를 (침묵식 교수법) 설명하고 있다. 그런데 침묵기엔 학급에서 성인의 경우 개인차가 상당히 클 수 있음을 다음과 같이 지적하고 있다:

"수업시간에 의도적으로 말을 전혀 하지 않고 수 주일을 보낸 대만 출신의 여자 학생이 한 명 있었다. 이 여자는 말을 한 마디도 하지 않았고, 시킬 때면 기어들어 가는 목소리로 필요한 요구사항을 겨우 말할 뿐이었다. 그러나 이 여학생은 학급에서 가장 수업 태도가 좋았고, 가르친 내용을 명확하게 이해했던 것은 틀림없고 수업도 상당히 좋아하는 것 같았다. 이 학생은 무엇을 배우고 있으며 어떻게 배워야 하는지에 대하여 아주 긍정적인 태도를 보였다. 수업 참여에 강제로 끌고 갈 여유가 전혀 보이지 않는 아주 훌륭한 태도를 보이는 학생이었다.

수업이 시작한지 9주 째가 되던 어느 날 그녀는 맨 앞줄에 앉아서 시간 내내 수업에 적극적으로 참여했다. 이 때부터 그녀는 수업에 매우 적극적으로 참여했고, 때로는 다른 동료 학생들을 도와 주기도 했고, 또 다른 학생들로부터 도움을 받기 시작했다 …"(p.491)

이 학생이 침묵을 지켰던 다른 이유도 있었겠지만, 이 사례는 침묵기는 존중되어야 한다는 사실, 발화의 시발점엔 개인차가 있다는 사실 등을 인정해야 함을 의미한다.

[13] 동일한 양의 이해 가능한 입력이 주어졌을 때, 제2외국어 습득시 침묵기가 일반 성인보다 어린이가 더 긴 것으로 판명되었다. 여기서 내가 주장하는 바는 어린이 제2외국어 습득시 침묵기는 어린이가 듣는 더 많은 입력이 이해 가능한 것이라면 그렇게 길지 않을 것이라고 본다는 점이다.

[14] 만약 우리가 자연스런 환경 하에서 습득자가 이해 가능한 입력을 1일 2시간씩 받게 된다면, 교육시간이 720시간이라면 해외에 약 "1년" 정도 체류한 것과 같은 것으로 해석이 될 것이다. 이는 수업시간 = 이해 가능한 입력이라 본 것인데, 이는 FSI 챠트의 근거로 삼고 있는 전통적인 교수방법으로 볼 때는 사실이 아니다. 그러나 이는 해외에서 1년 체류가 유럽어의 경우 상당히 유창한 수준까지 도달한다는 비공식적으로 인정된 사실과 잘 맞는 것이다.

[15] 본 장에 내포된 내용들은 내가 Steven Sternfeld, Robin Scarcella, Batyia Elbaum 등과 학술 토론을 하면서 알게 된 나의 이해를 간단하게 요약한 것이다. 나는 이 분들에게 정보 및 지적 자극뿐만 아니라 끝까지 내 생각과 주장을 경청해 주신데 대해서도 심심한 사의를 표한다.

제4장 | 문법의 역할과 올바른 위치

이 책에서 나의 입장은 제2외국어 교육은 습득을 조장하는 일, 모든 정상적인 사람들이 갖고 있는 언어습득 능력에 관한 잠재의식을 자극하는 입력을 제공하는 일 등에 치중해야만 한다는 것이다. 그러나 이것이 의식적 학습이 들어갈 틈이 전혀 없다는 말은 아니다. 의식적 학습도 그 나름대로 맡은 역할이 있지만, 외국어 습득이란 각본상 의식적 학습이 주연급은 아니라는 것이다. 본 장의 목적은 학습의 역할이 무엇이며, 제2외국어 교육 프로그램에서 의식적 학습이나 "문법"의 올바른 위치가 어디인지 어떻게 규명할 것인가 등에 관하여 논의해 보자는 것이다.

1. 학습이 곧 습득은 아니다

앞의 제2장에서 우리는 제2외국어 언어 수행에 관한 이론적 모델을 통하여 학습이 무엇이며, 학습에서 가능하지 않은 것이 무엇인지에 대하여 분명히 밝힌 바 있다. 언어 수행에 관한 감시모델(Monitor model)에 따르면, 의식적 학습은 오류를 "교정"하는 하나의 감시자(Monitor)로서, 그리고 편집자로서의 역할을, 또는 경우에 따라서는 습득된 체계의 결과(output)내에서 언어 수행자가 어떤 것이 오류인지 감지하는 역할을 한다. 이와 같은 일은 문장이 말해지거나, 쓰여지기 전에 혹은 그 이후에 발생한다. 그러므로 언어규칙에 관한 의식적인 지식은 우리의 언어 유창성과는 관계가 없고, 발화를 일으키지도 않는다.

여기서 언급할 필요가 있는 상당히 중요한 요점은 학습이 습득으로 "전환"되지 않는다는 사실이다. 우리가 맨 처음부터 새로운 언어규칙을 배우게 되며, 실제로 실습(practice)을 통하여 새로운 언어규칙을 습득하게 되는 것이란 생각이 널리 확산, 보급되어 있으며, 일부 사람들에겐 이런 생각이 육감적으로 맞아떨어지는 분명한 것으로 인식하는 것 같다. 이와 같은 모델의 습득 절차는 내가 TESL 과정 학생일 때 처음 접하게 되었는데, 당시엔 이 문제가 매우 민감한 문제였던 것 같다. 나는 독학으로 언어를 배우는 길이 정확히 이런 것이라고 생각했다. 나는 언어 학습이 당시 새로운 관점이었던 "인지-부호"학파(cognitive-code school)의 사고로부터 영향을 받아서 어떻게 진행되고 있느냐란 Carroll의 특성분석을 예리한 분석적 사고로 받아들였다:

> "일단 학생이 한 언어의 구조에 관한 인지적 통제 능력을 어느 정도 갖게 되면, 능란한 솜씨는 의미 있는 상황 하에서 해당 언어의 사용을 통하여 자동적으로 개발될 것이다"(Carroll, 1966, p.102).

앞장의 미주 10번에서 언급한 바와 같이, 학습된 언어규칙을 습득된 언어규칙으로 전환하는 이와 같은 절차를 소위 "내면화"(internalization)라고 불렀다.

내면화가 발생한다는 우리의 느낌에도 불구하고, 이론은 경미한 경우를 제외하고는 그런 경우가 발생하지 않을 것이라고 예측한다. 제2장에 제시한 이론에 따르면 언어 습득은 다음과 같은 한 가지 방법으로 발생한다: 즉 습득자가 자신의 $i + 1$ 단계를 습득하게 되는 하나의 구조를 내포하고 있는 입력을 이해하고 있을 경우만 습득이 가능하다.

사전에 알고 있던 규칙에 관한 지식이 필요한 것은 아니다 (만약 언어 수행자가 하나의 감시자(Monitor)로서 언어규칙을 사용한다면, 그리고 그 규칙을 자신의 발화 생산에 계속해서 이용한다고 가정한다면 그것은 하나의 의식적인 규칙이 언어 습득에 도움을 줄지도 모른다는 시시한 생각이 될 것이다. 우리는 우리 자신의 발화 생산 결과를 이해하기 때문에 언어 수행자의 이해 가능한 입력 중 그 부분은 발화 구조도 내포하게 된다. 언어 수행자가 이미 학습된 언어 규칙을 습득할 "준비"가 될 경우라면 그의 언어 수행 자체는 이미 $i + 1$ 단계에서 이해 가능한 입력으로서 확실한 자격을 갖춘 것이 될 것이다. 다시 말하면 이는 곧 자체-자극(self-stimulation)이란 말이 된다!).

학습이 습득에 선행할 필요가 있을 것이라고 이론이 직접적인 예측을 하지 않는다는 사실뿐만 아니라, 제2외국어 언어 수행자 관찰연구로부터 나온 이와 같은 입장을 고수하는 이유는 다음과 같다.

첫째, 우리는 학습이 전혀 일어나지 않는 경우의 습득 사례를 종종 보게 된다. 해당 언어의 규칙을 과거에 전혀 알지도 못했고, 현재도 의식적으로 그 규칙을 알지 못하고 있으면서도 그 언어의 복잡한 구조를 사용할 줄 아는 그런 언어 수행자들이 상당히 많이 있다. 외국어 습득을 연구한 문헌을 보면 이와 같은 현상을 예시하는 역사적인 사례가 꽤 있으며, 나는 이런 것이 보통 있는 일이라고 생각한다.

Evelyn Hatch가 연구한 학생들인 Cindy Stafford와 Ginger Covitt는 그와 같은 제2외국어 수행자들을 - 영어에 상당한 능력을 갖춘 UCLA 어학원 학생이었던 "V" - 면접(interview)했지만, 이들은 면접 대상이 극소수의 언어규칙을 의도적으로 통제했음을 인정했다. 다음은 학생 "V"와 면접한 내용의 일부인데, 학생의 작문 오류를 수정하는 과정에서 나온 대화 내용이다(Stafford and Covitt, 1978; Krashen, 1978):

면접자 : (학생이 작문을 할 때) … 문법규칙을 생각하는가? 여기서 "현재시제를 사용할 것인가 아니면 현재진행형이 더 나을 것인가

　　　　　또는 ...." 등에 관하여 생각해 보는가?
　V　　: 뭐 책이나 그런 따위는 참고하지 않아요. 그저 내 판단에 따르고 ... 내가 옳게 쓰는 것인지 아니면 잘못 쓰는 것인지 뭐 그런 감(感)을 갖게 되지요 ... 왜냐하면 나는 문법규칙이란 것이 무엇이며, 어디에 쓰며, 정확히 어떻게 쓰는 것인지 정말 모르기 때문이지요.
<나중에 면접에서 또 다른 조사자가 이렇게 되묻는다>
　　　　: 문법규칙이 유익하다고 생각하나?
　V　　: 유익하냐구요? 네에. 글을 쓰고 싶다면 그런 건 매우 유익하지요.
면접자 : 허지만 네가 글을 쓸 땐 문법규칙을 사용하지 않는다.
　V　　: 네, 알아요. 난 사용하지 않아요 ... 난 문법을 어떻게 쓰는지 몰라요.

<의도적으로 문법규칙을 잘 사용하지 않는 좋은 사례가 Cohen and Robbins(1976)에 의해 연구된 Hung의 경우일 것이다. 그는 다음과 같이 말한다>:

"나는 문법이라곤 가르친 적이 없다. 나는 그런 문법규칙 따위는 제대로 배운 적이 없다고 생각한다. 나는 내가 말할 땐 언제든지 정확하다고 알고 있기 때문에 문법을 생각해 본적이 없다. 나는 내가 하고 싶으면 언제든지 무엇이나 글로 쓴다. 뭐든 내가 글로 쓸 땐 우선 생각을 멈춘다. 난 어떤 문법규칙을 글쓰기에 적용할까를 모른다"(p.59).

　Hung의 말에서 외부로 노출되는 것뿐만 아니라 그가 말하는 방법도 마찬가지이다. 위의 예문엔 분명 오류가 있지만, 그러나 또한 상당히 복잡한 통사구조에 대한 통제능력도 있고, 자기표현 능력도 있다. (물론 문법규칙의 과소 사용자 모두가 성공하는 것은 아니다. Schumann(1978a)에 나오는 Alberto에 관한 서술을 참고할 것). 의도적 언어규칙이 맨 처음에 나오는 것이라면 위에 예로든 V나 Hung과 같은 경우를 어떻게 설명해야 할 것인가? (기타 다른 역사적 사례들은 Krashen, 1978; Stafford and Covitt, 1978; Kounin and Krashen, 1978 등 참조). 이상에 예로든 모든 사례들이 만약 모국어 혹은 일상적 상투어(routines) 및 문형(patterns) 등의 사용 예를 보이지 않는다면, 이와 같이 존재하는 사례들은 과거의 의도적 학습이 언어 습득에 필요치 않음을 보여주는 것일 것이다.

둘째, 우리도 학습은 절대로 습득이 될 수 없는 것으로 보고 있다. 상당히 잘 된 많은 ESL 교육을 받은 언어 수행자들도 상당 수준의 영어를 습득하는 동안 영어의 많은 의식적 규칙들을 알게 된다. 그럼에도 불구하고 언어학적으로 매우 분명한 언어규칙에 대하여 그들이 "부주의한" 오류라고 생각하는 오류를 범하고 있다. 이는 언어 수행자들이 언어규칙을 학습했을 때 발생하는 것이지 습득했을 때 발생하는 것은 아니다. 이와 같은 현상은 전형적으로 영어의 3인칭 현재 단수일 경우 규칙동사 어미를 붙이는(예: "He goes to work every day.") 것과 같은 비교적 늦게 습득되는 문법 항목에서 발생한다. 여기서 특히 재미있는 것은 이들 언어 수행자들이 문법규칙을 알고 있으며 수년간 이와 같은 문법현상을 연습했다는 점이다. 수 천 번 올바른 문장연습을 했음에도 불구하고, 그리고 그와 같은 언어규칙을 철저히 이해했음에도 불구하고, 이들 언어 수행자들은 어떤 문법 항목에선 여전히 "부주의한" 오류를 범하고 있는 것이다. 이와 같은 경우에 습득 "되는 것"으로부터 학습을 방해하는 것은 학습된 언어규칙은 여전히 습득자의 $i + 1$ 단계를 벗어나는 것이다.

이와 같은 상황을 잘 설명하고 있는 한 가지 역사적 사례는 "P"의 경우이다(Krashen and Pon, 1975). P는 우수한 성적으로 언어학 학사학위를 받았으며, 그의 작문 실력은 거의 원어민 수준에 육박하는 자로서 아주 뛰어난 감시(Monitor) 활용자(제2장에서 말한 이해 가능한 입력의 최적 사용자)이었다. 그러나 부담 없는 대화에서 P는 거의 20년 동안 의식적으로 알고 있던 "쉬운" 문법규칙에서 때로는 "부주의한" 오류를 범했던 것이다.

P의 문제점에 관한 한 설명은 평범한 대화에서 그녀가 실수하는 문법 항목은 비교적 습득순위가 늦은 것으로, 그녀의 습득 정도가 많이 향상 되는 동안 그녀의 습득은 통사론과 형태론에서 마지막 몇 단계만 남겨 둔 정도의 높은 수준인데 이와 같은 실수를 범한다는 것이었다. 그러나 그녀는 문법규칙을 잘 배웠으며, 그녀가 모니터 할 수 있는 여건 하에선 아무런 문제가 없었다.

습득이 이전에 배운 학습을 요한다는 점을 의심하는 세 번째 이유는 최선의 학습자라 할지라도 아주 작은 언어규칙의 세트만 마스터한다는 사실에 있다. 앞에서 이미 논의한 바와 같이(제2장 가설 3에서), 전문 언어학자라 할지라도 가장 최고로 연구했던 언어의 지식이라도 의식적 지식으론 불완전하고, 새로운 언어규칙의 발견이 언어이론에 관한 학술지 매호에 발표되고 있다는 사실을 인정하고 있다. 언어학자들은 수년간의 분석을 통하여 수많은 제2외국어 언어 수행자들이 이미 습득한 것이 무엇인지 기술하는데 성공했던 경우가 종종 있다.

이와 같은 현상에 관한 나의 설명은 학습이 때로는 습득을 선행할지도 모르나 사실은 그럴 필요가 없으며, 직접적인 도움도 되지 않는다는 지론을 갖고 있다. 오히려 우리는 예측이 가능한 매우 자연스런 습득순서에 따라 언어를 습득하고, 습득은 우리가 이해 가능한 입력을 받을 때 발생한다. 때로는 우리가 습득하기 이전에 어떤 규칙을 학습하는데, 이 때문에 학습이 사실상 습득의 원인이 되는 것이란 착각에 빠지는 것이다.

언어의 구조에 매료된, 그리고 의식적 언어규칙의 사용과 마스터로부터 기쁨을 얻는 전문 언어교사들 마저도 선행된 의식적 학습 없이 습득이 가능하다는 사실을 깨닫지 못하는 수가 있다. 그러나 이것은 검증되지 않은 나의 추정일 뿐이다. 이미 앞에서 설명한 절차는 맞는 것 같고, 내가 보기엔 상당히 합당한 것 같다: 즉 일반적인 의미에서 언어 학습은 학생이 우선 의식적으로 언어규칙을 파악하고 난 다음 그것을 "자동화"될 때까지 반복 연습을 할 때 나타나는 것이다. (이는 실제로 연역적 학습이다; 그리고 또 다른 방법으론 귀납적 학습의 가능성도 있다; 이하 설명을 참조할 것). 언어학의 지대한 공헌은 언어의 규칙을 발견하고 기술하는 데 있다. 그러면 이를 다시 "응용언어학자들이" 언어 교사들에게 전파하고, 그 다음 교사들은 학생들에게 이 언어규칙을 설명하고 가르치게 된다.

나의 생각에 변화를 가져오게 한 것은, 내가 Queens College에서 "고급반" 성인 학생들에게 제2외국어로서 영어를 가르쳤을 때 실시한 실험이었다. 한 팀의 구성원으로서 나는 "구조"에 책임을 지고 있었다. 동시에 나는 Queens College 어학원 원장이었기 때문에, 내가 대상 학생들을 통제할 수 있음을 나타낼 수 있는 매우 인상 깊은 교육을 제시해야 한다는 책임감을 느꼈다. 그래서 나는 동사체계에 치중하기로 하고 모든 시제에 관하여 완벽한 조사를 실시했다.

학기의 첫 수업은 진행형 시제에 치중했다. 교육 목표는 진행형에 다음과 같은 3가지 의미가 있음을 학생들에게 가르치는 일이었다: (1) 아직 완료되지 않았지만 곧 완성될 현재 진행중인 행동, (2) 과거 어느 시점에서 시작되고, 현재 이 순간엔 발생할 수도 있고 그렇지 않을 수도 있는 것으로 미래의 어느 시점에서 끝나게 될 행동(조치), (3) 미래 시제. 이를 그림으로 표시하면 다음과 같다:

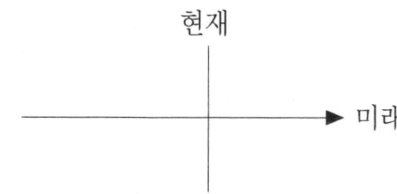

위 그림을 참작해 보면, 다음 문장과 같은 것들은 시제가 (1), (2), (3) 등과 같이 매우 애매함을 알 수 있다:

    John is playing the violin.
    (1) 저 방은 왜 이렇게 시끄러운가요?
        (John is playing the violin.)
    (2) 이번 여름에 존은 무엇을 할 예정인가요?
        (His is playing the violin for the local symphony.)
    (3) 존은 내일 무엇을 할 예정인가요?
        (He's playing the violin in the talent show.)

    내가 가르치던 ESL 고급반 학생 중 이런 규칙을 의식적으로 알고 있던 학생은 아무도 없었다. 사실 이런 것을 아는 사람들이 그다지 흔치 않다. 나는 이와 같은 사례를 ESL교사 연수에서도 여러 차례 소개한 바 있으며, 진행형에 이와 같이 3가지 의미를 지닌다는 규칙을 아는 선생님은 손을 들어보라고 했다. 손을 든 선생님은 별로 많지 않았고, 안다고 주장하는 선생님들도 사실은 교실에서 가르치고 끝나는 경우가 태반이었다.
    대단히 흥미로운 것은 상당수의 학생들이 "과연 그렇군"하는 경험을 하게 되었다는 점이다. 내가 언어규칙을 설명한 다음 학생들은 "맞습니다 ... 진행형은 3가지로 해석되는 애매한 것입니다 ... 맞지요!", 또는 비슷하게 맞추었나요? 등의 반응을 보였다. 이에 대한 나의 해석은 이들 학생들이 이미 거의 무의식적으로 진행형과 3가지 의미를 습득했으며, 자기들의 이와 같이 습득된 지식이 정확한지 확인하고 있다고 보았다. 다시 말하면, 나는 습득이 이미 나타난 곳에 학습을 제공하는데 성공했다는 말이다.
    나는 이 점에 관하여 몇 가지 지적하고 싶다. 첫째, 나의 학생들은 먼저 이것을 학습하지 않고도 이 규칙을 분명히 습득했다. (그들이 이것을 한 때 알고 있었지만, 그 후 잊어버렸고, 이번에 잠시 학습하는 것이 본 규칙을 습득하는데 필수적이었거나 적어도 유익했을 것이라고 주장할 수도 있다. 이것은 가능성이 있지만, 진행형의 3가지 가능성 모두를 배웠다고는 볼 수 없다. 확률은 낮지만 또 다른 가능성은 모국어로부터의 전이현상이다. 당시 내 학생 대부분의 모국어는 진행형 시제가 없는 언어이었다.) 둘째, 이들이 이미 습득한 것을 배운 학생들은 교실 수업에서 많은 것을 배웠다고 생각했다. 이와 같은 지식은 많은 사람들을 만족시키고 있다(나를 포함하여). 그러나 이것은 언어 교육이 아니며, 심지어는 별로 가치도 없는 일이다. (우리는 본 장의 후반부에서 이 문제를 다시 다루기로 한다.)

학습이 때로는 실제로 습득보다 선행하기도 한다: 실제로 습득되는 언어규칙은 한 때 학습만 되는 수도 있다. 다른 기회에도 계속해서 내가 주장하는 바와 같이(Krashen, 1977), 이것이 분명히 나타나지만, 그렇다고 습득을 위한 학습이 선행되어야 할 필요성이 있다는 의미는 아니다. 어떤 사건 A가 사건 B에 앞서서 일어난다는 것이 곧 A가 B의 원인이라는 의미일 수 없음과 같다. 우리는 학습 없이 일어나는 습득을 수 없이 많은 사례에서 보아왔다. 여기서 말하는 학습이란(잘 연습된 아주 좋은 학습에서마저도) 습득되지 않는 학습이며, 학습에 선행하는 규칙에 관한 습득된 지식을 말한다.

2. 문법의 위치

내가 의식적 학습과 동의어로 사용하게 될 "문법"이란 제2외국어 교육에서 2가지 역할의 가능성을 갖고 있다. 첫째, 하나의 모니터(Monitor)

로서 몇 가지 장점을 갖는 것으로 활용될 수 있다. 우리는 이 부분에 대하여 아래에서 더 자세하게 논의하기로 한다. 문법이란 용어의 두 번째 용법은 주제-문제(subject-matter) 혹은 "언어 이해"(때로는 "언어학")가 될 것이고, 우리는 문법의 이와 같은 역할에 관해서 이 책의 후반부에서 논의하게 될 것이다. 어느 역할도 필수적인 것은 아니며, 어느 것도 교육프로그램의 핵심도 아니지만, 이둘 둘은 모두 나름대로 기능을 갖고 있다.

모니터(Monitor) 사용을 위한 문법 교육과 관련해서 몇 가지 현안문제들이 논의될 것이다: 언제 그 규칙이 사용될 수 있나, 어느 규칙을 배워야만 하나, 모니터(Monitor) 사용의 효과는 무엇인가, 모니터 효율성이란 면에서 우리가 무엇을 기대할 수 있나 등 등의 현안 문제들이 논의될 것이다.

1) 모니터 사용을 위한 문법: 모니터가 이용되는 시기

앞의 제2장(가설 3)에서 언급한 바와 같이, 교육학에서의 우리 목표 중 하나는 최적의 모니터 사용을 조장하는 일이다. 우리는 학생들이 의사소통에 간섭현상을 일으키지 않는 한 문법적 정확성을 고양시키기 위하여 의식적 언어규칙을 활용할 수 있도록 해야한다. 다른 방식으로 표현하면 최적의 모니터 사용자는 언제 의식적 언어규칙을 사용해야 하는지 그 시기를 안다.

앞에서 언급한 바와 같이 성공적인 모니터 사용을 위한 필수조건은 시간(time)이다. 의식적 언어규칙을 기억하고 적용시키는데는 처리하는 시간이 필요한 것이다. 우리는 모든 학생들이 의식적인 언어규칙을 구두언어 대화과정에서 발화의 생산에 직접 적용시키는데 성공할 것으로 기대해서는 안 된다. 실제 구두언어 대화의 경우는 시기 적절하게 대처할 시간적 여유가 없다. 대화 도중에 의식적 언어규칙을 생각하고 활용

하려는 사람들은 다음과 같은 두 가지 모험을 감수해야한다. 첫째, 자기가 말할 차례가 되면 시간이 많이 걸리게 되고, 말을 해도 때로는 상대가 듣기 어려운 주저주저하는 스타일이 되기 쉽다. 그리고 이런 현상을 피하고자 하는 경우엔 과도한 모니터 사용으로 인하여 상대가 아직 말을 계속하고 있는 동안 자기의 다음 차례에 할 말에 대한 계획을 수립하게 만든다. 이럴 경우 발화 자체는 정확하지만, 상대가 하는 말에 별로 관심과 주의를 집중시키지 못하는 수가 종종 발생한다!

일부 사람들은 모니터(Monitor) 사용 면에서 다른 사람들보다 우수하며, 상당히 많은 의식적 언어규칙을 "항시(on line)" 성공적으로 사용할 수 있을 것이다. 많은 사람들은 일상적인 말에서 모니터(Monitor)하려고 할 때, 대화의 성공을 위태롭게 만드는 심각한 위험을 무릅쓰지 않으면 안 된다. (자유로운 대화에서 모니터 사용의 성공 여부는 기타 다른 요인에 달린 문제이다 - 그 하나는 우리가 아래에서 논하게 될 터인데, 바로 언어규칙의 어려움 또는 복잡성이다. 두 번째 요인은 토픽(주제)의 문제이다: 이 문제는 이미 내가 논한 바 있는데, 자기가 잘 알거나 친숙한 주제일 경우, 훨씬 더 관심을 기울이게 된다는 사실을 알게 되었다.)

모니터 사용을 위한 장소는 언어 수행자가 글을 쓰거나 준비된 스피치와 같이 시간적 여유가 있을 경우인 것이다. 이미 앞에서 언급한 바와 같이, 단순히 언어 수행자에게 시간적 여유를 제공하는 것은 제2장에 제시한 조건 2에 해당할 뿐 그들이 의식적 모니터 사용을 보장하지 못한다: 언어 수행자들은 자기 언어의 정확성이나 언어 형식에 신경을 쓸 것이다. 시간적 여유를 주거나, 언어 형식에 초점을 맞출 때, 일부 사람들은 매우 유리하게 의식적 문법을 사용할 수 있을 것이다. 제2외국어의 거의 모든 문법을 습득했지만, 아직도 여전히 몇 가지 면에서 원어민과 차이를 갖고 있는 제2외국어 언어 수행자의 경우를 보면, 의식적 문법의 사용으로 아직 습득되지 않은 문법 항목을 채울 수 있다. 이는 적어도 작문의 경우 때로는 원어민과 거의 유사한 정도의 수준까지 정확성을 유지할 수 있는 결과로 나타나는 것이다.

이와 같은 능력을 가진 사례로 나는 앞에서 언급했던 "P"를 종종 인용한다. 자유로운 스피치에서 액센트의 문제, 그리고 이따금씩 나타나는 형태론적 오류 등등에도 불구하고, P의 작문(학급에서)은 거의 흠이 보이지 않는다. 나는 이런 식으로 의식적 문법을 사용하는 많은 전문 지식인들을 알고 있는데, 원어민이 아닌 동료 언어학자들이 여기에 속하며, 이들의 말은 약간 이상하지만 글을 보면 오류가 없는 거의 완벽한 영어임을 알 수 있다. 몇몇 재미있는 사례는 이들 중엔 자유 토론시 문법 규칙을 어기는 수가 많은데, 분명히 의식적으로는 이들 문법 규칙을 잘 알고 있는 문법 전문가, 언어학자, 전문 학자가 있다는 사실이다. 실제로 내가 개인적으로 알고 있는 두 가지 사례는 문법 이론에 관한 연구 논문으로 출판까지 되었다. 그러나 이들 학자들의 모니터 되지 않는 자유로운 스피치에서는 3인칭 단수의 동사 어미가 빠지기도 하고, 소유격 표시('s)가 실수로 사라지는 등 오류가 나타난다. 이들 두 학자들은 자기들이 영어로 작성한 최근의 연구결과를 출판하고 있는데, 출판과정에서 자신들의 오류 교정을 어느 누구에게도 부탁한 적이 없고, 또한 그럴 필요도 없다.

나의 경험이 독자들에게 도움이 될지도 모른다. 이 글을 쓰는 시점에서 나의 불어 실력은 "중급" 정도의 수준에서 말을 할 수 있는 정도이다. (나의 정의에 따르면 이것은 불어밖에 모르는 불란서 원어민이 내 말에 약간의 보충과 인내심만 있다면 그 사람과 내가 편안하게 대화를 나눌 정도의 수준임을 의미한다. 나는 엿듣기(eavesdrop)를 잘 할 수준은 못되기 때문에 불란서 라디오나 영화의 이해엔 다소 문제가 있다. 내가 하는 불어 또한 상당히 유창하지만, 오류가 전혀 없는 것은 아니다.) 나를 포함하여 이 정도의 수준에 속하는 많은 사람들은 말로 설명하기는 쉽지만 습득 순서는 상당히 낮은 언어규칙과 관련해서는 실제 발화시 오류를 범하게 된다. 내가 감지한 다음과 같은 언어규칙은 간단한 축약 규칙인 것이다:

de + *le* = *du*.

USC 어학원 불어회화 중급반에서 나와 나의 동료들은 자유로운 대화 연습을 할 때 이와 같은 언어규칙을 종종 까먹곤 했다. 그러나 내가 불어로 작문을 할 경우, 이런 언어규칙을 꼬박 준수했지 실수란 없었다. (내가 불란서 문법에 대한 의식적 지식을 사용할 때 나의 정확도나 난이도 순위가 변하는 것이다. 정확히 *de* + *le* = *du* 규칙을 적용하는 것은 난이도 순위상 낮은 지위에서 거의 정상으로 끌어올리는 것이다. 이는 정확히 내가 제2장 가설 3에서 주장하고자 했던 것으로 모니터 조건에서 자연적 습득 순서상 모순이 발생함을 말한다. 나는 다른 보통 사람들과는 달라서 단편적인 문법 테스트를 요하지 않는다. 이 책의 대부분의 독자들은 아마도 이와 같을 것이다.)

이와 같은 종류의 행동은 자연스럽고 정상적인 것이다. 내 생각에 비극적인 것은 교사들이 모니터 되지 않는 언어 수행에서 간단하지만, 습득 순위가 늦은 문법 항목을 (학생들이) 완벽하게 수행해 내기를 기대한다는데 있다. 심지어는 P처럼 제2외국어에 상당한 능력을 가진 사람도 대화상에선 이와 같은 문법 항목에 실수를 범하는 것이다. 그러나 우리는 교사의 무지막지한 교정이 무서워서 "의사소통적" 회화 연습에서 주어–동사 일치 문제에 안간힘을 쓰다보면 목표어로 거의 대화를 할 수 없는 초급단계의 학생을 종종 볼 수 있다. 우선 이와 같은 일종의 고문은 언어적 간단 명료성과 습득순서간의 혼란인 것이다 – 언어적으로 문법 항목이 간단하면 할수록, 그 만큼 습득 자체가 쉽다는 말이 항상 맞는 것은 아니다. 몇 몇 "아주 쉬운" 언어규칙들은 가장 나중에 습득되는 것일 수도 있다. 둘째, 그 원인은 습득과 학습의 구분의 실패에서 찾을 수 있다. 즉 한 문법 항목에 대한 의식적 지식이 모니터 되지 않는 스피치에서 언어 수행자가 그것을 사용할 능력과 아무런 관계가 없다는 사실을 깨닫지 못했기 때문이다. 이와 같은 능력은 습득에서 오고, 습득은 오류 교정이 아니라 이해 가능한 입력에서 오는 것이다. 오류 교정과 같은 처치의 결과는 기껏해야 모니터의 남용에 지나지 않는다. 최악의 경우는 습득이 불가능하게 되는 강한 정의적 여과를 고착화시키는 결과를 가져온다.

2) 무엇이 모니터 되는가?

모니터 사용의 조건 3(제2장 가설 3)은 이 점을 논의하는데 관련이 있다. 언어 수행자가 모니터를 성공적으로 이용하기 위해서는 모니터를 적용하는 규칙을 알아야한다. 제2장에서 설정한 요점을 확대시키기 위하여 이와 같은 조건들이 모니터 사용을 얼마나 극적으로 제한 받고 있는지를 그림으로 설명하고자한다. 아래 그림의 원은 영어와 같이 잘 기술된 언어의 모든 언어규칙을 표시한다:

(a) 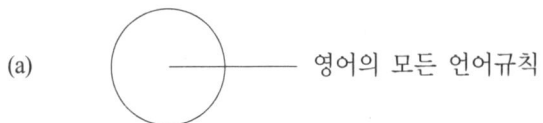 영어의 모든 언어규칙

최고의 언어학자들이 "알고 있거나" 기술하는데 성공한 영어의 모든 규칙을 한번 생각해 보자. Jespersen은 얼마나 많은 규칙을 알고 있었으며, 촘스키같은 언어학자들은 영어를 얼마나 잘 기술하고 있을까? 촘스키가 종종 자기들이 영어의 "단편적인" 것들만 기술했다고 말하지만,

우리는 형식론적 언어학자들을 의심하게 되며, 그들의 업적이라야 아래 그림의 내부 원에 속하는 정도라고 본다:

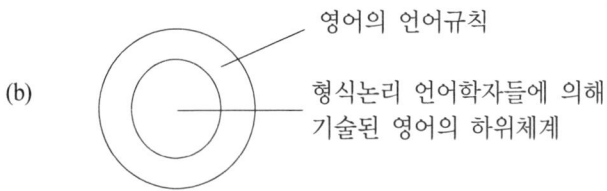

이제 "응용언어학자들"이 알고 있는 언어규칙들을 한 번 들여다보자. 여기서 말하는 응용언어학자란 형식 및 이론 언어학자를 말하며, 이들 학자들의 이론은 현장의 언어교사들을 통하여 그리고 때로는 언어를 배우는 학생들에게 전파된다. 그러면 다음 그림을 통하여 응용언어학자들이 알고 있는 분야를 한번 고찰해 보자. 응용언어학자는 이 과정을 설명하는데 많은 시간을 할애하고 있는데, 전적으로 이론에 몰두하는 학자들은 새로운 규칙을 찾아내는데 매달리기 때문에 이는 형식 논리 위주의 언어학자들이 알고 있는 것의 적절한 하위체계가 될 것이다:

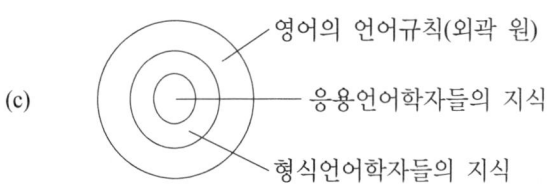

다음 그림의 원은 가장 지식이 많은 언어교사들이 알고 있는 모든 언어규칙들을 나타낸다. 이는 최외곽에 소개된 원의 적절한 하위체계가 될 것이다. 결국 교사들은 응용언어학 연구의 업적 외에도 상당히 많은 일을 하게 된다.

(d)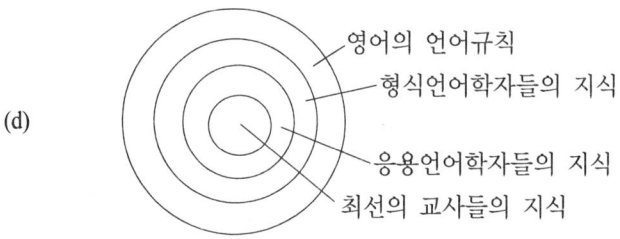

또 다른 원은 최선의 교사들이 실제로 가르치는 문법규칙의 수를 나타낸다. 이것은 교사들이 학생들에게 교사 자신만이 알고 있는 부분이라고 의심 없이 제시하는 것이기 때문에 교사들이 알고 있는 원의 적절한 하위체계인 것이다.

(e)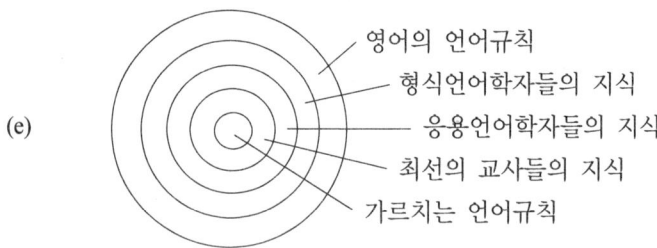

다음 또 다른 원을 하나 더 추가해야 할 것 같은데, 이것은 최선의 학생들이 실제로 학습에 성공하는 모든 언어규칙들을 나타낸다. 마지막 원은 학생들이 지적 용기(그릇)로서 자신들의 머릿속에서 직접 끌어내어, 실제 언어 수행에서 활용하게 되는 모든 언어규칙들을 나타낸다:

(f)

지금까지 우리는 그림상의 원을 하나하나 거론하면서 가운데 위치한 작은 원으로 계속 내려갔다. 우리 학생들도 의식적 모니터(Monitor)로서 언어의 문법과 규칙을 작은 부분이나마 배워서 활용할 수 있다.

우리는 일부 사람들을 위하여 하나의 작은 원을 그려 볼 수 있다. 우리가 앞의 제2장 개인 변이에 관한 논의를 통하여 본 바와 같이, 일부 언어 수행자들은 의식적인 언어규칙을 이용할 생각이 비교적 적거나 이용할 능력이 덜어지기도 한다. 전문 언어학자나 언어 교사들과 정반대의 위치에서 보면(Yorio, 1978 참조), 우리는 모니터(Monitor) 과소 사용자 즉 의식적 문법의 통제력이 전혀 없는 "육감"으로 모든 것을 자기 교정하는 자들이 있음을 알게 된다. 아마도 더 극단적인 예로는 능력이 없는 모니터(Monitor) 사용자가 있을 수 있는데, 이들은 자기 자신이 언어 규칙을 안다고 생각하지만, 실은 잘못된 규칙을 알고 있는 언어 수행자들인 것이다. 이것은 단순히 전문 용어의 문제(예: 직접 목적어 대신에 "죽은 목적어"(dead objects)를 계속 언급했던 Stafford and Covitt의 실험 대상들)이겠지만, 아마도 상당히 중요한 문제일 것이다. 우리는 혼란이 존재한다는 사실을 깨달아야 할 것이다. 심지어는 우리가 보기에 매우 간단해 보이는 언어규칙마저도 혼란이 있을 수 있으며, 이미 언어 수행자들이 습득하여 모니터가 되지 않는(unmonitored) 상황에서 활용할 수 있는 언어규칙에도 혼란이 있을 수 있다. 이와 같은 경우들은 습득과 학습간의 대조를 극명하게 나타낸다.

(가) 능력 없는 모니터(Monitor) 사용

Seliger(1979)는 능력 없는 모니터(Monitor) 사용자의 존재를 확인할 수 있는 매우 간단하면서도 흥미로운 실험결과를 발표했다. 그 연구는 다음과 같이 실시되었다: 실험 대상들에게 그림을 보여주고 무엇에 관한 그림인지를 영어로 말하라고 했다(예: It's a pen). Seliger는 실험 대상들이 "a/an" 등 관사규칙 적용 여부, 모음으로 시작되는 명사 앞에서 관사 an을 정확히 사용하는지 여부 등을 주목했다. 그 다음 학생들이 언제 a를, 언제 an을 사용하려는 생각이 나는지 물었다. 만약 학생들이 그 사용법을 안다고 말하면, 그 구분 기준이 무엇이냐고 다시 묻는다. (모든 경우에, a 또는 an이 요구된다. 관사가 필요 없는 경우는 없다.) Seliger의 실험 대상들은 당시 뉴욕 소재 Queens College 어학원 학생들로 3세-10.8세의 영어만 아는 학생 29명, 4-10세의 "이중"언어 학생 11명, 15명의 성인 학생 등 총 55명이었다.

  나의 해석으론 이 연구가 습득과 학습의 비교연구라고 본다.[1] *Seliger 실험에서 그림 제시의 목적은 학생들에게 어휘를 늘려 주자는 것이었다. 이 학생들에게 문법적 정확성이 관심거리라고 미리 말해주지 않았으며, 미리 관사 a/an의 규칙을 가르치거나 설명하지도 않았다. 그러므로 이 실험의 목적은 학생들이 이미 습득한 체계를 최대한 활용하라는 것이다; 이 실험은 비교적 "모니터" 되지 않은 상태로 실시되었다. 이 해석은 의식적 문법 활용의 극대화를 위하여 실시하는 단편적 문법 테스트와 같은 그런 종류의 테스트에 모든 실험 대상 학생들이 관심을 갖고 있다고 결론 내린 제2장에서 검토한 내용과 일맥상통한다. 물론 이 연구는 하나의 실험이기 때문에 대상 학생 중 일부는 평상시 보다 더 신중을 기했을 가능성도 있다. 그러나 관사 a/an에 관한 직접 질문의 결과는 학생들이 보여준 그림의 식별에 많은 의식적 지식을 동원했을 가능성은 별로 없다.

  Seliger는 학생들의 그림 식별 행위와 학생들이 언어규칙을 말할 수 있는지 여부간엔 아무런 "관계"가 없다고 말한다! 많은 학생들이 "do what they say they do"하지 못했다. 만약 실험이 끝난 다음 질문에 의식적 학습을 나타낸다면, 그 결과는 학습이 일부 학생들에겐 얼마나 제한적이고 한계가 있는 것인지를 확인시켜주는 것이다. 그 결과를 한 번 점검해 보자.

우리가 제2장의 「연령」에 관한 논의에서 예상했던 바와 같이, 이중언어 사용 학생들은 아무도 관사 a/an에 관한 정확한 의식적 언어규칙을 생산하지 못했다. 이는 어린이들은 문법에 관한 광범위한 변환 자각이 없는 형식 이전 작동(pre-formal operation) 상태라는 주장과 일맥상통한다. 확대 모니터(Monitor) 사용을 위한 잠재력은 사춘기 정도에 공식 작동으로 탄생되는 것이라고 가정해 볼 수 있다.

성인 중 언어규칙을 "알았던" (테스트 후에 입으로 말할 수 있는 경우) 사람 4명중 3명은 언어규칙이 어떻게 쓰였는지를 그들이 이해했음을 보여주기 위한 그림 테스트에 관한 예를 생산하지 못했다(p.364). 다시 말하면 이들 실험 대상들은 관사 a/an 구분법을 배웠지만, 습득하지는 못했다는 말이다. 더구나 성공적인 모니터(Monitor) 사용을 위한 필수조건들이 충족되지 못했기 때문에 (언어규칙을 알아야 한다는 조건 3은 충족되었지만, 시간을 말하는 조건 1, 언어형태를 말하는 조건 2 등은 충족되지 못했음), 이들은 이와 같은 의식적 지식을 그림 알아 맞추기 공부에 적용할 수가 없었다. 이번 사례는 위에서 이미 언급한 바 있는 de + le = du에 매우 유사하다. 이들 3명의 학생들은 각기 다른 조건 하에서 이 문제에 대하여 잘 해 낼 것이다.

*본 장의 끝에 미주로 처리함.

즉 만일 다음과 같은 문법 항목을 내포하고 있는 언어 형태에 치중한 단편적인 문법 테스트라면 말이다:

That's | a | pen
       | an |

끝으로 그리고 여기서 가장 재미있는 일은 그림 식별 테스트에서 어린이 2명과 성인 1명이 아주 잘해냈지만, 부정확한 언어규칙을 생산했다(예: "You use an for something that's alive"). 실험 대상 어린이들은 책에 나오는 다른 사례들을 회상하고, 간단하게 정확한 의식적인 언어규칙을 유도하거나 배우기 위하여 어린이의 무능력을 반영하는 것일 것이다. (예: 제2외국어로 불어를 습득하는 것에 관한 한 어린이를 대상으로 한 한 연구는 이 아이가 명사의 성이 여성인 것은 "모두 아름답고 좋은 것"이라고 결정해 버린다는 사실을 발견했다. Hatch, 1978b에서 인용했던 Kenyeres and Kenyeres의 경우). 시험을 완벽하게 치른 이 성인은 "능력이 없는" 모니터(Monitor) 사용자로 분류될 수 있을 것이다. 이 실험 대상은 관사 a/an의 언어규칙은 습득했지만, 정확하게 학습하지는 못했다. 그가 언어 수행에 자신의 의식적인 언어규칙을 적용하지 못했다는 사실은 그의 장점으로 작용했다! 그와 같은 실험 대상은 언어 형태에 치중한 테스트에선 성적이 나쁘게 나올 것이라고 예측해 볼 수 있다 (나는 나머지 다른 학습자들은 모두 올바르게 사용하는데, 일부 학습자들만이 모든 언어규칙을 그릇되게 사용할 것으로 추정하고 싶지는 않다. 분명히 많은 다수의 학습자들이 일부 어떤 언어규칙들은 정확하게, 그리고 일부 언어규칙들은 부정확하게 배우게 될 것이다.)

여기서 주목할 만한 사실은 이 실험 대상은 대부분의 교사들이 매우 쉽고 재미있는 언어규칙이라고 생각하는 것을, 분명히 습득했음에도 불구하고, 학습하는데 실패했다는 사실이다. 이 말은 습득과 학습이 상호 독립변수이지 종속변수가 아니라는 사실을 시사하고 있는 것으로서 어느 정도 제한된 학습이 일부 언어 수행자들에게 존재할 수 있음을 나타낸다.[2]

(나) 언어규칙 학습 가능성

우리는 의식적 모니터(Monitor) 사용 능력에 개인차가 상당히 많음을 알게 된다. 개인차와 그 범위를 보면 상당히 복잡한 수많은 언어규칙을 의식적으로 학습할 수 있으며 그 많은 규칙들을 제2외국어 언어 수행시 아무런 문제없이 잘 적용시킬 수 있는 전문 언어학자에서부터 모니터 (Monitor)과소 이용자 및 무능하고 그릇된 규칙 사용자에 이르기까지 상당히 다양하다. 이와 같이 편차가 큼에도 불구하고, 우리는 심지어 수퍼 모니터(Monitor) 사용자라 할지라도 한 언어의 언어규칙이 수 없이 많다는 점을 고려한다면 인간이 알고 있는 언어규칙이란 것은 전체 언어규칙이란 범주 속에선 아주 미미한 숫자에 지나지 않는다는 사실을 인정하면서 성인이 배울 수 있는 언어규칙의 특성을 논하고자 한다.

전공 서적들은 내가 생각하는 것이 가장 합리적인 가설임을 지지하고 있다: 즉 "학습 가능성"은 형식적, 기능적 측면 모두 언어적 간결성과 관련이 있다. 하나의 모니터(Monitor)로서 우리가 학습하여 머릿속에 담고 다닐 수 있는 언어규칙들은 맨 처음에 습득한 것도 아니며, 의사소통에 그렇게 중요한 것도 아니다. 머릿속에 담고 다닐 수 있는 언어규칙들은 오히려 가장 기술하기 쉽고 기억하기 쉬운 그런 간단한 규칙들이다. 나는 간결성에 관하여 언젠가 다른 논문을 통하여 두 가지로 정의를 내린 바 있는데(Krashen et al., 1978에서 처음 거론), 두 가지 정의가 모두 이 책과 관련성이 높다. 첫째, 하나의 언어규칙은 형식상 간결하다. 비교적 간결한 언어규칙의 예로는 우리의 옛 친구를 들 수 있는데, 그는 영어에서 3인칭 단수 어미를 규칙동사의 끝에 붙이고 있는데 이는 불어의 de + le = du와 같다. 이런 언어규칙은 간단히 bound morpheme(하나의 굴절 어미) 또는 축약형 어미만 필요로 한다. 이 경우 의식적 모니터 (Monitor) 사용자에겐 간단한 생략이나 축약이 그렇게 어렵지 않을 것이다.

기타 통사적 작동은 모니터(Monitor)에겐 다소 어려워 보인다. 한 문장에서 이곳에서 저곳으로 구성 요소의 자리 이동과 치환(permutation) 작업을 대화의 중간에 또는 글을 써 내려가는 동중에 "머릿속에서" 하기란 상당히 어려운 문제이다. 이는 아마도 상당량의 이동이나 어순 변경을 요하는 언어규칙들이 대부분의 사람들에 의하여 요구되거나 잘 이루어진 바가 없는 경우일 것이다. 이것은 영어의 wh-의문문 형성과 같은 언어규칙에 적용된다. 이와 같은 경우 다음과 같은 4가지 각기 분리된 작업이 수반되어야 할 것이다: (1) 우선 먼저 wh-의문사를 가져온다; (2) 조동사가 없다면 주어-동사의 어순 도치를 행한다; (3) "do-지원"을 실시한다; (4) 시제와 수에 따라 do의 굴절어미를 정확히 붙인다. 이것은 학습자들이 기타 다른 문법 사항을 기억하고(발음과 통사 등) 원어민과 대화를 시도할 때 특히 기억해 두어야 할 사항이다.

독자들은 이와 같이 4단계 작업이 순식간에 이루어져야하며, 이 과정에서 약간의 연습과 훈련 및 상대방이 좋은 교사가 된다는 사실에 동의할 것이다. 이것이 여러분의 마음속에서 일어나고 있는 현상이라면 여러분은 아마도 모니터(Monitor)의 수퍼 사용자일 것이다. 이와 같은 종류의 흥미와 능력은 우선 여러분에게 언어라는 과학을 가져다주는 것이며, 이와 같은 내용이 들어 있는 책에 여러분은 흥미를 갖게 된다. 여러분은 전형적인 타입은 아니다. 기타 다른 독자들은 자동적으로 의문형을 만드는 것과 같은 언어규칙을 만드는 방법은 자동화 될 때까지 학습하고 연습하는 것이다. 이것은 본 장의 처음부터 고찰했던 "학습은 습득이 된다"는 주장인 것이다. 나는 이런 것이 작동하는 것 같은 경우엔 다음 두 가지 중 어느 한 가지가 발생하는 것으로 본다: (1) 습득은 분리된 개별적인 상태로 발생하며, 학생들의 학습 수준에 따라간다; 습득에 선행되는 학습은 습득 발달을 도와 줄 수 있는 직접적인 역할이 아무 것도 없다. (2) 성공적인 학습자는 수퍼 모니터(Monitor) 사용자이며 대단히 비전형적(특이한)이다.

간결성도 의미면에서 정의될 필요가 있다. 형식상 간단한 언어규칙이라도 그 의미가 정교하고 설명하기 어려우면 습득하기 쉽지 않을 것이다. 3인칭 단수 어미와 *de* + *le* = *du* 등 이들 두 개의 형식과 의미는 간단하다. 한편 영어의 부정관사와 정관사의 언어 형태는 매우 간단하지만, a 와 the의 수많은 용법은 상당히 복잡하다. 우리가 분명히 ESL 학생들이 영어 관사에 관한 총정리라고 할 수 있는 Hawkins(1978)의 책과 같은 문법책에 수록된 내용을 이해하고, 기억했다가 의식적으로 상황에 맞도록 적용하기를 기대할 수는 없다. 우리는 구두점에서도 사례를 찾아 볼 수 있다. 모든 문장의 첫 글자를 대문자로 쓴다는 것과 같은 규칙들은 형식상, 기능상 쉬운 것이다. 그러나 쉼표(,)와 쎄미 콜론(;)의 용법 중 일부는 설명하기 어렵고, 아마도 효과적인 사용을 위하여 습득될 필요가 있을 것이다.

(다) 몇 가지 증거

내가 알기로는 어떤 구조가 각기 다른 모집단의 학생들에게 학습될 수 있는 것이며 어떤 구조가 학습될 수 없는 것인지를 직접 입증한 연구는 이제껏 없었다. 그러나 몇 몇 논문들은 대부분의 사람들이 아주 "쉬운" 언어규칙들만 학습할 수 있다는 주장과 일맥상통하는 증거들을 제시하고 있다.

그 증거 중 하나는 연구 및 사례에 의하여 입증되고 있으며, 그 사례는 제2외국어를 공부하는 학생들이 저지르는 일종의 "부주의"에 의한 오류이며, 그 오류에는 학생들이 형식적으로 공부했던 것으로 언어 형식에 초점을 맞추고 시간적 여유를 주면 스스로 교정할 수 있는 언어규칙들이 내포된 그런 오류들이다. 우리 식으로 말하면 이런 것들은 학습된 규칙이지, 습득된 규칙이 아니다. 모든 경우에 이들은 주로 bound morphology(구속 형태론)가 내포된 형태상 간단한 언어규칙이지만 습득 순위가 낮은 것들이다. 우리가 앞에서 사례로 들었던 최적 모니터(Monitor) 사용자라고 볼 수 있는 P는 오류 중 규칙동사의 3인칭 단수 어미, many와 much 의 용법, 불규칙 동사의 과거 등등 비교적 쉬운 문법 범주에 관한 오류가 많이 나타났다. Cohen and Robbins(1976)가 기술한 최적 모니터(Monitor) 사용자에 관한 2가지 사례도 이들이 명명한 "부주의"에 의한 오류를 범하고 있는데, 이들 오류의 범주도 위와 매우 유사했다.

    UCLA 어학원에 다니는 중국인 학생들인 Ue-Lin과 Eva도 습득순위가 낮은 3인칭 단수 어미 /s/에 문제가 있었다. Ue-Lin은 자기가 3인칭 단수 어미 /s/를 배웠다고 보고한 이래 "부주의에 의한 오류"로 자꾸만 생략하게 된다고 설명했다(Cohen and Robbins, 1976, p.55). 마찬가지로 Eva에게 /s/가 빠진 문장을 보여주었을 때, 그녀는 어디가 잘못되었는지 금방 알아차리고 즉시 누락된 /s/를 삽입했다. 그래서 왜 /s/를 빼먹었느냐고 물어보면 "아마도 단순히 부주의" 탓인 모양이라고 대답했다(p.58). Eva의 규칙동사의 과거형 어미 /ed/ 누락에 대한 설명도 유사한 것이었다. 습득순위가 낮은 것으로 알려진 (제2장의 가설 3) 언어 형태에 관한 오류가 보일 때, 그녀는 정확한 언어 형태를 다시 제시할 능력이 있었다. 한 문장의 오류를 교정하고 난 다음, "Eva는 보통 말하는 대로 문장을 써 내려갔다: 우선 나는 말하는 그대로 문장을 쓴다. 우리는 다소 부주의한 방식으로 글을 쓸 때가 있다. 그러나 내가 시간적 여유를 갖고 다시 훑어보면 오류가 많이 줄어들고 올바른 문장을 쓰기가 그 만큼 쉬워진다 ..."(p.58)라고 말했다. 이에 대한 나의 해석은 시간적 여유만 주어지면 Eva는 영어에 관한 그녀의 의식적 지식이나 모니터(Monitor) 혹은 이와 같이 간단한 언어규칙이지만 습득순위는 낮은 절차 등에 접근할 수 있다는 것이다.

    Eva는 영어에 노출된 정도가 상당량에 달했고, Cohen과 Robbins가 가르쳐서 영어 실력이 상당히 진보했던 것으로 볼 수 있다. 그녀는 과거에 호주에서 2 년 반정도 살았으며, 5학년 때부터 영어를 공부했다(Cohen과 Robbins가 그녀를 대상으로 실험연구를 실시했던 때는 그녀가 대학

3학년이었다). 그녀는 자신이 "훌륭한 언어 학습자"라고 생각했다. 그 정도인 Eva마저도 언어 교사들이 간단한 언어규칙이라고 생각하는 것들에 문제가 있었다. 그녀의 오류를 보면 ("I had *talk* to Sylvia already"), 역시 언어규칙에 대하여 분명하게 알지 못하는 점이 있음을 알 수 있다. 그녀는 "예, 내가 그런 걸 배웠지요. 근데 내가 그런 것엔 뭔가 좋은 실력이 아닌 것 같애요. 내 생각에 근본적인 나의 문제는 내가 늘 학교에 다녔지만 실은 그런 것은 한 1, 2년 정도 배웠을 뿐 ... 그런 언어규칙에 대해서는 충분히 연습한 적이 없거든요"라고 말했다(Cohen and Robbins, p.58). 이것은 이미 앞에서 언급한 내용의 요점을 재확인 시켜주며, 모니터(Monitor) 사용이 습득되지 않은 간단한 언어규칙엔 제한적일 수밖에 없는데, 심지어 "훌륭한" 학습자라도 우리가 제시한 언어규칙-우리가 보기엔 자명한 것[3]처럼 보일지라도 - 중 아주 작은 부분만 기억해 내고 사용할 수 있음을 보여준다.

Duškova(1969)의 연구는 많은 사람들의 경우 의식적 모니터(Monitor)의 통사적 영역은 비교적 간단하지만 습득순서가 늦은 문법 범주로 구성되어 있다. Duškova는 영어를 공부하고 있는 체코 내 50개 대학 학생들의 작문 오류를 조사한 바 있다. Duškova는 "... 수많은 반복되는 오류들은 ... 이들의 지식상의 진정한 결함을 반영하는 것이 아니다. 왜냐하면 대부분의 학습자들이 영구 불변의 언어규칙을 알고 있으며, 그 언어규칙을 적용할 수 있지만, 규칙의 기계적인 조작은 자동적으로 작동하는 것이 아니기 때문이다"(p.16). 이것의 일반화는 형태상의 오류엔 적용되지 않는다라고 Duškova는 지적하고 있다. 예를 들면 명사의 복수형의 생략(문법적 형태소 중 비교적 일찍이 습득되는 항목임). Duškova는 복수의 경우 "... 학습자는 자기에게 복수의 문제를 지적하면 금방 알아차릴 수 있고, 스스로 오류 교정이 가능하다(p.20)"고 지적하고 있다. 또 다른 예로는 주어-동사의 일치를 들 수 있다. 또 다시 이 오류를 보면,

"학습자의 관심이 자기가 오류를 저질렀다는 점에 맞춰지게 되면, 자기가 스스로 그 오류를 교정할 수 있다"(p.20)는 점을 들 수 있다. 이와 같은 종류의 오류중 기타의 예로는 과거분사와 부정사의 혼동, 불규칙 동사의 오류, 형용사-명사의 수의 일치(예: this workers)에의 오류 등을 들 수 있다. 우리 용어로는 이들 오류들이 의식적 언어규칙 적용의 실패, 효과적인 모니터(Monitor) 적용의 실패 등을 반영하는 것으로 규정할 수 있다. Duškova은 이들 학생들이 "이와 같은 오류 유형을 위한 언어규칙의 형성"을 할 수 있다고 말한다.

제2장에서 언급한 형태소 연구들도 이 점에서부터 출발한다. 제2장을 되돌아보면, "자연스런 습득순서"의 변화 또는 혼란은 의식적 문법의 강제 개입으로 해석된다. 습득순서가 어떻게 영향을 받는가에 주목하는 것은 매우 흥미로운 일이다. Larsen-Freeman의 연구(Larsen-Freeman, 1975)를 보면 형태소 순서(morpheme order)는 모니터 된 조건과 모니터 되지 않은 조건하에서 제시되었다(단편적인 문법 테스트와 이중언어통사 측정 등). 모니터(Monitor)로부터 자유로운 조건 하에서 Larsen-Freeman은 매우 "자연스런" 다음과 같은 습득순위를 확보해냈다(<도표 4.1>):

<도표 4.1>

모니터로부터 자유로운 조건 하에서의 형태소 습득순서 (Larsen-Freeman, 1975)	ing(진행형) copula(연계사) 관사 보조동사(auxiliary) 짧은 단어의 복수형 규칙동사의 과거 3인칭 단수 어미 불규칙 동사의 과거형 긴 단어의 복수형 소유격

모니터 되는 조건 하에서(<도표 4.2>) 발견되는 자연스럽지 않은 습득 순서와 이를 비교해 보라. (우리는 하나의 사례로 작문의 경우를 들고 있는데, Larsen-Freeman의 "독해" 과제의 경우도 이와 유사한 결과를 가져왔다.)

<도표 4.2>

모니터 되는 조건 하에서의 형태소 습득 순서 (Larsen-Freeman, 1975; 작문의 경우)	copula(연계사) 보조동사(auxiliary) 3인칭 단수 어미 ing 규칙동사의 과거 불규칙 동사의 과거 관사 긴 명사의 복수형 짧은 명사의 복수형 소유격

이들 순서는 2개의 형태소, 규칙동사의 과거형 및 3인칭 단수 표시 어미(이들 둘 다 습득순서가 낮거나 모니터로부터 자유로운 자연스런 습득 순서상 상대 정확도 순위가 낮음) 등은 상대순위가 크게 증가하기 때문에 달라진다. 이와 같은 해석은 언어 수행자들이 아직 습득되지는 않았지만 해당 문법의 일부분을 학습했기 때문에 사용상의 정확도를 높이기 위하여 언어형태에 치중하려고 한다[4]는 주장과 일맥상통한다.

우리의 작문 연구(Krashen, Butler, Birnbaum, and Robertson, 1978)에서도 더 많은 증거를 얼마든지 찾아낼 수 있다. 우리는 USC ESL 학생들에게 "자유"(5분 이내에 가능한 한 많은 작문을 써 보라) 작문과 "편집"(작문시 문법, 철자 등을 철저히 신경 써서 시간적 여유를 갖고 할 것)작문 등 2가지 조건으로 작문을 하도록 주문해 봤다. 이상의 두 가지 조건 모두 문법적 형태소의 자연스런 습득순서란 결과를 낳았는데, 우리는 이를 의식적 모니터(Monitor)의 개입이 별로 없었던 것으로 해석한다. 이는 교사들이 두 가지 경우 각기 다른 주문을 했음에도 불구하고 실험 대상 학생들은 두 조건의 경우 모두 의사소통에 치중했을 것이라는 우리의 가설이 맞는다고 본다.

<도표 4.3> 문법형태소의 "자유"조건과 "편집"조건 간의 정확성 차이

형태소(morpheme)	자유조건 I	편집조건 I	자유조건 II	편집조건 II
ing	0.87	0.85	0.88	0.82
연계사	0.79	0.95	0.86	0.85
복수	0.82	0.82	0.77	0.78
관사	0.86	0.85	0.76	0.83
보조동사	0.82	0.79	0.77	0.76
불규칙 동사 과거	0.69	0.81	0.82	0.77
명사의 3인칭 단수	0.54	0.61	0.32	0.65

자유조건 : 5분 이내에 능력껏 많은 작문을 하라.
편집조건 : 시간을 갖고 문법, 철자 등에 주의를 기울여 작문하라.
    I   : 양 조건에서 실험을 실시한 대상(n = 58).
    II : 각 조건에 따라 다른 실험 대상.
각각의 형태소는 최소한 100개 이상의 사례에 의하여 제시되었음.

그러나 우리의 자료(data)를 보다 면밀히 분석하면 "편집"조건 하에서 몇몇 3인칭 단수의 부활이 일고 있음을 알 수 있다 (강제적인 경우가 별로 없기 때문에 규칙동사의 과거형은 분석하지 않았다). 이와 같은 부활은 자연스런 습득순서를 교란시키기엔 충분하지 않지만, 일부 모니터(Monitor) 사용을 제안하기엔 충분하다. 다시 우리는 습득순위가 낮으면서 동시에 쉬운 문법 범주면에서 차이점을 살펴보게 된다. (보다 이론적인 측면을 주입하기 위해서, 형태소의 자연스런 습득순서와 부자연스런 습득순서의 정확한 해석은 Larsen-Freeman(1975)이 중모니터 사용(heavy

Monitor use)임을 반영한 것과 같이 부자연스러운 습득순서인 것이다. 우리 작문 연구에서 본 바와 같이 서열의 변화 없이 어떤 특정 범주에서의 증가는 경모니터 사용(light Monitor use)을 반영하게 될 것이다). 아래 <도표 4.3>은 "편집"조건[5, 6] 하에서의 3인칭 단수 형태소의 약간의 개선, 발전이 있었음을 보여준다:

4) "어려운" 언어규칙을 가르치는 순서

 Felix(1980)는 학생들에게 너무나 어려운 언어규칙을, 배우기 어려울 뿐만 아니라 아직 배우지 않은 언어규칙을 배우라고 할 때 어떤 일이 발생하는지를 우리에게 보여준다. 이들 학생들에겐 어려운 언어규칙을 배우라고 했을 뿐만 아니라 모니터(Monitor) 되지 않는 상황 하에서 그 언어규칙들을 사용해 보라고 했다. Felix는 10세에서 11세 정도의 연령층으로 구성된 독일의 EFL 수업을 관찰했다. 그의 수많은 흥미로운 관찰 중 이런 것도 있었다: 교사가 학생들에게 생략구문(예: Is it a dog? Yes, it is.)을 가르치고 예문을 들어주었다. 이와 같은 질문-대답식 대화가 매일같이 연습시키고 훈련시켰다는 사실에도 불구하고(p.8), 그 후로도 거의 3개월 이상 이런 종류의 문장을 정확하게 반복해서 수업에 도입했다고 Felix는 기술하고 있다(예: Is it a dog? Yes, it isn't)!
 이런 결과는 다음과 같은 예측이 가능해진다: 이 결과는 간단히 말해서 너무 어려워서 배우기 힘들고 습득되지 않았던 것이다. Felix는 연구 문헌에 따르면 생략 문장은 "비교적 늦게까지 나타나지 않는다"(p.9)라고 언급한다. 이러한 종류의 입력이 내포된 문장(제3장 참조)을 보더라도 그와 같은 문장 구조는 이들 학생들의 $i + 1$ 단계를 훨씬 넘어서는 것이다.
 Felix도 말하길 교사들은 별로 성공하지도 못하면서 do-동사 지원 및 영어 부정문을 용감하게 가르친다고 했다. 이런 것들도 상당히 어려운

것이다. Felix는 학생들이 교실에서 다음과 같은 문장을 생산한다는 사실을 발견했다:

(1) It's no my cow.
(2) Doesn't she eat apples.

위 예문 1, 2 모두는 의식적 문법의 기여 없이 어떤 것이 습득되었는지를 보여주는 것이라는 해석이 가능하다. 이들 오류의 의미를 완전하게 이해하기 위해서 우리는 우선 첫째로 비공식 언어습득(제2장 참조)에서 부정문 습득에 대하여 알려진 것이 무엇인지 간단히 검토해 볼 필요성이 있다. 다음과 같은 단계들은 어린이 L1, L2 및 성인 L2 습득에서 발견된다(다음에 이어지는 것은 간소화이다; 상세한 내용은 Dulay, Burt, and Krashen 참조):

1단계 : 부정어 표시가 문장 밖으로 나간다.
  예) no wipe finger
       wear mitten no(Klima and Bellugi, 1966에서 인용한 예문)

2단계 : 부정어 표시가 주어와 동사 사이에 온다.
  예) He no bite you
       He not little, he big

3단계 : 보조동사 뒤에 오는 부정어가 습득된다; 이제 부정어 표시어가 보조동사 뒤에 나타난다.
  예) That was not me.
       I didn't caught it.

Felix의 예문(1)은 과도기형으로 2단계 유형에서 나타난다. 이 "오류"는 거의 모든 습득자들이 정확한 언어형태를 완전히 습득하기 전에 통과해야만 하는 전형적인 중간단계인 것이다. 그러므로 이와 같은 유형의 오류의 발생은 이들 어린이들이, 비록 어린이들이 교실에 있다 할지라도, 적어도 어느 정도 범위까지는 정상적인 언어 습득을 경험하고 있으며, 교실 스피치를 통하여 습득된 언어에 의존하고 있다는 가정과 일맥상통한다 (독어의 경우 부정어가 항상 동사 및 보조동사 다음에 옴을 상기하라).

Felix에 의하면 문장 (2)는 yes/no 의문문이 아니다! Felix는 오히려 이것을 하나의 부정적인 서술문("She doesn't eat apples")이라고 본다. 그러므로 문장 (1)의 경우와 같이 Felix는 이 오류를 잠정적인 형태라고 해석하며, 이것은 하나의 단형태소적 부정어 표시로서 doesn't가 작용하는 1단계의 한 예인 것이다. (이는 자연스런 모국어, 제2외국어 습득의 경우인 2단계에서 don't가 수행하는 기능과 공통점을 갖는다. 예를 들면 "I don't can explain"과 같은 문장은 don't가 부정어 표시 역할을 하는데, 더 많은 예문을 보려면 Cancino, Rosansky and Schumann, 1974를 참고할 것). 어린이의 doesn't (no 대신에) 선택은 doesn't가 나타나는 빈도가 매우 높은 문법 연습이 제공되는 교실 수업이라는 특수한 입력 때문인 것이다.

이와 같은 해석은 무의식적 습득의 실체 및 힘을 지적하는 것일 뿐만 아니라 의식적 학습이 상당히 제한적이고, 특정 조건을 제외하고는 습득이 대부분의 제2외국어 언어 수행에 책임이 있다는 말이 된다.

3. 학습의 효과: 자기-교정의 정확도

본 장의 바로 앞에선 언제, 어떤 언어규칙이 모니터링에 사용 가능한가에 대하여 논의한 바 있다. 이제 의식적 문법에 의지하면, 제2외국어 언어 수행자가 정확도를 얼마만큼 개선해 볼 수 있는가? 란 효과적인 모니터링에 관하여 논의해 보기로 하자.

우리는 언어 수행자가 자기들의 언어 생산의 자기-교정이 어떻게 이루어지는지 살펴봄으로써 의식적 문법의 효율성을 어느 정도 짐작해 볼 수 있다. Noel Houck는 자기-교정은 ("타인-교정"의 반대 개념으로서 혹은 시험에서 오류 추적 행위가 내포된 것으로서 타인의 발화 결과를 교정해 주는 행위를 말함) 이 행위 자체가 사람의 모니터(Monitor) 행위 자체가 실제 언어 수행에서 일어나는 것을 말하기 때문에, 모니터의 힘을 조사 연구할 때 연구의 가장 효과가 높은 대상이 되는 것이다.

효과적인 자기-교정이 어떤 방법으로 이루어지는가를 연구한 논문은 일부 있지만, 우리는 자료를 수집하고 결론을 내리기에 앞서서 자기-교정의 정확성엔 어떤 요인들이 있는지 간단하게 일단 살펴볼 필요가 있다.

1) 자기-교정의 정확도에 영향을 미치는 요인

우리가 제2장의 논의로부터 추론이 가능한 것으로서 첫째, 자기-교정의 효율성에는 개인적인 차이가 있다. 자기-교정이 의식적 모니터를 내포하고 있는 한, 모니터 사용의 정도 및 능력 면에서 개인적인 차이가 존재한다면, 이것이 자기-교정의 효율성에 그대로 반영되어 나타날 것이다. 우리는 전문 언어학자들의 언어 수행이 일반인들 보다 훨씬 더 나을 것으로 예측해 볼 수 있다. 즉 언어학자들은 모니터의 최적 사용자들이라고 보는 것이다(예: Krashen and Pon, 1975에 나오는 "P"의 경우).

둘째, 우리는 개인차가 언어 수행자가 교정을 시도하는 발화 생산의 어떤 측면에 주로 의존할 것이라고 기대해 볼 수 있을 것이다. 위에서 우리가 언급한 바와 같이, 모니터(Monitor)는 간단한 형태론(morphology)에서 가장 잘 작동하고, 복잡한 통사론에선 그 효율성이 다소 덜하고, 기타 나머지 문법 부분에선 (불행하게도 문법의 상당 부분의 학습 가능성을 들여다 볼 자료는 충분치 못하다; 대화 능력의 측면에서의 학습 가능성을 간단하게 논한 부분을 보려면 제3장을 참고할 것) 더 많은 문제점이 있을 수 있다.

자기-교정의 효율성도 자기-교정이란 행위가 일어나고 있는 조건에 따라 여러 가지로 다양할 수 있다. Houck, Robertson and Krashen(1978b)은 조건을 다음과 같이 구분하고 있다: 첫째, "자유-스피치" 또는 자연스런 대화가 있다. (어떤 의미에선 "자유 작문"이 이 범주에 속하고, 또 어떤 의미에선 그렇지 않다). "자유 스피치"에서 자기-교정은 언어 수행자에게 달린 문제로서 언어 형태엔 치중하지 않는다. 오히려 대부분의 경우 치중하고 초점을 맞추는 것은 의사소통인 것이다. 이와 같은 조건 하에서 문법 구조상의 오류를 들여다보면 자연스런 난이도 순서가 있음을 알 수 있다.

언어 형태로 방향을 바꾸어 보면 두 번째 조건은 "주의 깊은" 말하기나 작문으로 용어를 정할 수 있을 것이다. 이 용어는 대체로 Krashen et al.(1978)에서 말하는 편집 조건과 비슷한 것이다. 이에 대해선 이미 앞에서 기술했으며, 스피커나 라이터가 정확하게 말(speak)하거나 글을 쓰려고(write) 할 때 발생한다. (우리는 이 조건을 하나는 주의 깊은 스피킹(speaking), 또 하나는 작문을 위한 더 많은 자기 교정을 예측할 수 있는 주의 깊은 쓰기(writing) 등 두 가지로 세분해 볼 수 있다).

조건 (1)과 (2)는 실제로 비공식 의사소통의 대부분을 차지하고 있다. 그러나 아직도 언어 수행자들이 언어 형태(form)에 초점을 맞추는 상황 속에서 언어 교육을 실시해야 할 때 전형적으로 채택하고 있는 기타 다른 여건들을 모두 구체적으로 들여다 볼 필요가 있다. 조건 (3)에서 그 학생에게 한 가지 오류가 존재한다고 알려 주지만, 어느 위치에 오류가 존재하는지 또는 어떤 언어규칙을 위반했는지 (그 학생은) 모른다. 이는 학생이 제출한 작문 검사를 하면서 오류가 있으니 정정하라고 막연하게

(구체적으로 지적하지 않고) 지적한 경우와 별로 다를 것이 없다:

학생에게 오류가 존재한다는 지적과 함께 오류의 위치도 지적해 주는 것도 여전히 언어 형태(form)에 초점을 맞추는 조건에 속한다고 할 수 있다. 조건 (4)는 교사가 오류 부분에 밑줄을 그어주는 정도의 작문 교정을 말한다. Houck et al에 따르면 조건 (5)도 여전히 언어 형태(form)에 치중하고 있는 방법인데, 오류의 위치 및 어떤 언어규칙을 어기고 있는지 다음과 같이 알려주어, 학생으로 하여금 재검토할 수 있는 기회를 준다:

우리가 조건 (5)를 향하여 더 나아가면 갈수록, 의식적 모니터의 효과가 더욱 커질 수 있음을 알 수 있고, 오류에 대한 "자연스럽지 못한" 순서가 될 가능성은 그 만큼 더 커진다. 우리는 제2장에서 요약하고, 본 장에서 다시 거론한 바 있는 연구에 따르면, 조건 (1) (자유 스피치, BSM, 자유작문), 조건 (2) (편집 작문) 등의 자연스런 순서를 보게 되지만, 조건 (2)의 모니터의 몇 가지 효과를 볼 수 있을지도 모른다 (즉 Krashen et al., 1978에 나타난 3인칭 단수 어미의 정확도의 증가). Larsen-Freeman의 부자연스러운 순서는 조건 (4)와 매우 유사한 조건 하에서 발생되었다.

아래 <도표 4.4>는 5가지 조건을 요약하고 있다:

<도표 4.4> 제2외국어 언어 수행상 자기-교정 조건

교사 활동:	(1)없음	(2)고쳐 써줌	(3)오류 교정	(4)해당 오류만 교정	(5)특정 언어규칙을 사용하여 해당오류만 교정
오류 명시:					
존재 유무	x	x	o	o	o
위치 명시	x	x	x	o	o
어긴 규칙	x	x	x	x	o

(1) 자유 스피치 또는 작문
(2) 주의 깊은 스피치 또는 작문
출처 : Houck, Robertson and Krashen(1978b).

위에서 기술한 몇몇 조건상에서 자기-교정의 효율성에 관하여 우리에게 아이디어를 제공해 줄 만한 연구 결과가 다소 존재하며, 이들 연구 결과는 언어 수행자의 오류 중 실제로 몇 퍼센트가 이와 같은 자기 교정 과정을 통하여 교정되고 있는지 보여주고 있다.

그러므로 이들은 언어 수행자의 자기-교정이 생산 결과의 정확성을 얼마만큼 개선되는지를 보여주기 때문에, 우리에게 모니터(Monitor) 효율성에 대하여 뭔가 중요한 내용을 말하고 있다. 그러나 어떤 의미에선 이들이 모니터의 효율성을 사실적으로 보여주지 않을 지도 모른다. 이들은 은밀히 숨어 있는 자기-교정, 발화가 말로 발설되거나 글로 쓰여지기 이전에 계속된 교정 (제2장 <그림 1>을 다시 보면, 모니터로부터 습득된 결과로 이어지는 화살표가 2개 있는데, 하나는 생산되기 이전의 결과에 영향을 미치는 것이고, 또 하나는 생산 이후의 결과에 영향을 미치는 것이다) 등을 가리키는 것이 아니기 때문에 이들은 모니터(Monitor) 사용을 과소 평가한다. 한편 성공적인 자기-교정의 백분율을 제시한 연구들은 자기-교정을 습득된 체계만 가지고 "감(感)"으로 하기 때문에, 실제 모니터(Monitor) 사용을 과대평가하고 있다. 이것이 바로 모국어 교정시 혀가 말을 듣지 않아 실수를 범하게 되는 사례와 같은 것이다.

이와 같은 연구들의 또 다른 해석의 문제점은 연구 대상들이 성공적인 자기-교정에 필요한 언어규칙들을 배울 기회가 있었는지 유무에 대하여 우리는 전혀 알지 못한다는 점이다. 우리가 학습의 효율성을 연구하고 있는가? 그리고 또는 언어 수행자들이 의식적으로 알고 있는 것을 적용할 수 있는 능력에 대하여 연구하고 있는가?

그러므로 자기-교정에 관한 연구들은 우리에게 정확한 그림을 제시하지 못하지만, 그 결과가 자기-교정에 전반적인 효율성에 관심이 많은 교사들에겐 매우 유익할 것이고, 이런 것들이 우리에겐 아마도 의식적인 학습과 모니터링의 효율성에 관한 하나의 근사치를 제공할 것이다.

2) 자료(데이터)

아래 <도표 4.5> 및 <그림 4.1>은 자기-교정에 관련된 문헌들을 정리한 것이다. 두 가지 예외만 제외하면, 모두 우리가 볼 때 어느 정도 공식적인 영문법 수업을 받았을 것으로 예상되는 대학의 ESL 학생들을 대상으로 연구한 것들이다. 한 연구의 실험대상은 언어학자였던 우리의 옛 친구 "P"이다. Fathman의 연구대상들은(Fathman, 1980) 미국에서 주로 비공식 세팅 하에서 제2외국어로서 영어를 학습하는 성인 20명과 주로 멕시코에서 공식적인 세팅 하에서 영어를 학습하는 성인 20명 등 40명에 대한 관찰을 기록하고 있다(저자의 원고, p.3).

<도표 4.5> 제2외국어로서의 영어에서 성인 언어 수행상 자기-교정의 정확도

연구학자	조 건[1]	분석된 오류 유형	결과(오류교정 %)
1. Schlue(1977)	Stream of speech(1)	모든 통사론, 형태론	7.2%(99/1101)
2. Fathman(1980)	SLOPE test, oral interview 그림묘사(1)	형태론[2]	a. "비공식"성인 =20%(13/65) b. "공식"성인 =32%(46/144)
3. Schlue(1977)	자기말 녹음청취(2)	모든 통사론, 형태론	31%
4. Houck et.al.(1978a)	자기말 대본조사[3](2)	9개의 통사	17.5%(36.5/236)
5. White(1977)	BSM4 응답 대본조사[4](4)	a. 형태론 b. 통사론 c. "생략" d. 어휘	a. 52%(53/102) b. 27%(6/22) c. 53%(23/43) d. 9%(1/11) 47%(83/178)
6. Krashen & Pon(1975)	대본 조사[5](4)	형태론, 통사론	95%(76/80)

[1] 숫자는 <도표 4.4>의 조건을 의미함
[2] 거의 모든 부정확한 오류는 동사와 관계됨: 연계사의 생략 또는 굴절어미의 생략이나 부정확한 사용
[3] 녹음 테이프 자체에 대한 기술
[4] E는 녹음 테이프를 재생했음
[5] E는 주어가 녹음 테이프를 재생

분석된 언어 영역에 관해서 보면, 한 연구는(Houck et al., 1978a) 단지 9개의 문법적 형태소에만 초점을 맞추고 있지만, 기타 다른 연구들은 일반적인 형태론 및 통사론에 치중하고 있다.

어떤 연구가 실제로 조건 (1)에 부합하는지 여부를 말하기는 어렵다.

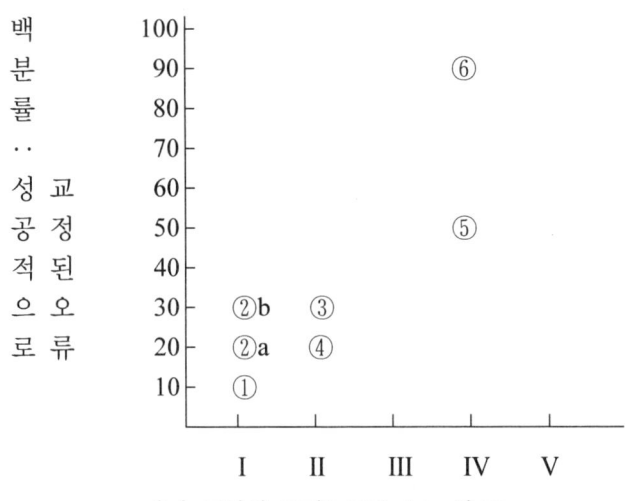

<그림 4.1> 자기-교정의 정확도

1	: Schlue(1977)
2a, 2b	: Fathman(1980)
3	: Schlue(1977)
4	: Houck et al.(1978a)
5	: White(1977)
6	: Krashen and Pon(1975)

(<도표 5.4> 참조)

왜냐하면 모든 경우에 연구대상들은 자기들이 테스트 받고 있음을 알고 있으며, 조사연구의 초점도 이들의 스피치의 질적인 면과 정확도에 맞춰지고 있기 때문이다. 그러므로, Fathman(1980)과 Schlue(1977)는 "자유 스피치"에서 자아-의사소통의 정확도를 과대 평가할 수도 있고, 이는 실제로 조건 (2)에 속하는 것일지도 모른다.

<그림 4.1>은 실험 대상들에게 주어진 조건과 차이점 등이 자기-교정의 정확도에 어떻게 영향을 미치는가를 보여 주려고 한 하나의 시도이

며, 적어도 통사론과 형태론의 영역에서 우리가 기대했던 바를 하나의 그림으로 보여줄 수 있는 좋은 발상이다. 이 그림은 우선 첫째로, 교육 훈련과 학생 유형의 차이가 차이를 낳는다고 주장한다: Fathman연구의 "공식적인" 학생들은 자기-교정 성공률이 그녀 연구의 "비공식적" 학생들보다 그리고 누구보다 나은 것으로 나온 우리 연구의 대상 "P"보다 높게 나왔다. 이는 우리가 언어 형태에 치중할 때 정확도가 높게 나타날 것이라고 가정했던 것과도 맥이 통한다. 뿐만 아니라 연구들은 위 그림 상의 빈 공간의 어딘가를 채우려고 쉽게 단행될 수 있을 것이다; 자기-교정 정확도와 오류를 범한 수 사이엔 어떤 관계가 있을 것이기 때문에 연구자들은 유창성 단계를 통제하고 싶은 생각이 들 것이다. 그리고 개인의 특성과 회피행위 간에 관찰된 관계(Kleinman, 1977) 때문에 실험대상의 모국어와 개성의 몇 가지 현상들을 통제하는 것도 바람직 할 것이다.

이들 연구의 결과 중 가장 중요한 것일 가능성이 있는 것은 자기-교정이 결코 완전할 수 없다는 점, 그리고 교사들이 그만하면 잘 한 것이라고 평가할 만큼의 수준에 결코 도달할 수 없다는 점 등일 것이다. 사실은 많은 교사들이 자기-교정이 100%에 도달할 수 있다고 간주하며, 학생들은 자기들이 배운 것을 모두 적용할 수 있어야 한다고 믿고 있다.[7]

만약 제2외국어 언어 수행자들이 언어형태에 자기-교정의 초점을 맞추지 않는다면, 그들이 무엇을 할까? 모든 대상을 조건 (2)로 분류하면서 몇몇 연구들은 단순히 언어 형태에 치중하지 않고 의사소통의 효율성을 목표로 하고 있음을 볼 수 있다. Hassan(Hatch, 1979에서 인용)은 'ESL 학생들이 작문에서 2차, 3차 교정과정에서 무엇을 바꾸는지 주목했다. Hassan은 이들 학생들이 주로 어휘선택에 주의를 집중했고, 몇몇 사소한 것들을 첨가시켰을 뿐 문법적인 면에서의 교정은 별로 없었다 (Hatch, 1979, p.136)'고 결과를 보고했다. Schlue(1977)도 '자기의 연구 대상들은 자기 스피치에 세심한 주의를 기울이고 신경 쓰는 것 같았지, 문법적 정확성을 위한 교정은 별로 찾아볼 수 없었다'라고 결론을 내렸다. 이들의 스피치 자각 정도는 '메시지 전달에 성공이냐 실패냐를 가늠하는 가장 중요한 부분으로 인식했다. 그러므로 이들은 어휘 선택의 적절성 ... 심지어는 자기-분석 활동에서마저도 매우 신경을 쓰고 있었으며, 따라서 이들 연구 대상 학생들이 어휘와 발음 보다 언어형태에 더 신경을 쓰기는 어려웠다'(p.343). Houck, Robertson and Krashen(1978a)도 연구 대상들에 의한 많은 교정은 '문법적 언어형태 보다는 오히려 이해 가능한 명료성(intelligibility) 개선에 더 신경을 쓰고 있음이 분명했다'(p.337)라고 언급했다.

지금까지의 내용을 요약하자면 다음과 같다: 우리가 모니터(Monitor) 할 때, 모니터 될 수 있는 것, 모니터링의 언어학적 효과 등등은 모두 유사한 결론에 도달한다. 의식적 문법의 사용은 제약을 받게 된다. 누구나 다 모니터를 할 수 있는 것은 아니다. 그렇게 하는 사람들도 항상 할 수 있는 것이 아니고 주어진 시간대에서 오직 일부 시간대에만 모니터 할 수 있으며, 문법 전체가 아니라 일부분에 국한된다. 우리가 지금까지 본 바와 같이 자기-교정이 정확도에 미치는 영향은 보잘것없는 것이다. 제2외국어 언어 수행자들은 자신의 오류중 성공적으로 자기-교정되는 부분은 전체의 불과 몇 퍼센트도 되지 않는 것인데, 심지어는 언어형태에 초점을 맞추는 경우(조건 2-4까지)도 그렇고, 문법의 가장 쉬운 부분을 보더라도 그렇다.

4. 의식적 언어규칙의 기타 효과

의식적 문법의 사용이란 고작 학습이 용이한 것, 뒤늦게 습득되는 언어규칙, 화자나 글을 쓰는 자의 메시지를 의사소통용으로 전달하는데 별로 큰 기여를 하지 못하는 간단한 형태론(morphological additions)적 추가 등등에만 제한적으로 적용되는 것이란 입장을 우리는 계속 유지해 왔다. 많은 사람들이 오직 "현지(local)" 언어규칙을 학습하여 사용할 수 있을 뿐이다(Burt and Kiparsky, 1972). 분명히 영어 화자들은 시제 표시나 화용적 지식 등을 갖고 있기 때문에 3인칭 단수 어미 표시(marker)의 누락, 규칙동사의 과거형 어미 탈락 등이 상당히 많이 나타난 문장이라도 이해하는데 별 지장이 없다.

그럼에도 불구하고, 여기엔 시간적 제약을 받을 때, 언어규칙 사용이 의사소통에 간섭현상을 일으키지 않을 때, 이와 같은 언어규칙들을 적용할 수 있다는 몇 가지 장점을 안고 있다. 비록 이들이 의사소통에 약간의 기여를 한다 할지라도, 이들 현지(local) 문법범주의 제공은 작문이나 스피치를 매우 매끄럽고 부드럽게 만들어 주기 때문에, 문장을 화장(cosmetics)하는 효과가 있으므로 제2외국어를 공부하는 학생들에겐 대단히 중요한 요소일 수도 있다.

사실 이와 같은 화장품의 제공은 제2외국어 고급반의 주요 개설 목적이 될 수 도 있으며, 이에 대해서 많은 학생들도 인정하고 또한 기대를 갖는다. 제2외국어 "고급 단계"에 해당하는 사람들은, 특히 목표어 해당 국에 몇 년 동안 거주한 고급단계 학생들은 그 동안 배운 것은 많고 의사소통에 필요한 많은 부분을 알고 있지만 아직도 원어민 수준에는 도달하지 못한 학생들이다. 이런 학생들이 절실히 필요로 하는 것은 그들이 습득한 언어 능력을 보완하고, 모국어 정도의 수준으로 목표어 실력을 향상시켜서 자신을 식자층으로 끌어올릴 수 있는 수단으로서 의식적 언어규칙을 활용하는 것이다.

나는 이런 종류의 문법 교육을 반대하지 않는다. 문제는 제2외국어의 가장 간단한 메시지마저도 이해할 수 없는 학생들로 구성된 초급반에서 의사소통에 필수요소도 아니고, 습득순위도 낮은 문법 항목의 정확도를 강조한다는데 있다.

5. 언어규칙의 제시

 문법규칙을 어떻게 (학생들 앞에) 제시할 것인가에 관하여 쓴 글은 그 분량이 상당히 많은 편이다. 한 가지 문제는 문법규칙이 학생들에게 "직접"(연역적 방법) 제시할 것인지 여부, 또는 학생들이 직접 문법규칙을 말하도록 질문(귀납적 방법)할 것인지 여부이다. 또 다른 문제는 어떤 문법규칙을 먼저 제시할 것인지, 그리고 어떤 문법규칙을 더 많이 강조할 것인지 등등에 있다. 이하에서는 이러한 문제로 주제를 좁혀 논의하기로 한다.

 1) 연역적-귀납적 문제
 이 문제는 그 동안 수많은 세월을 통하여 제2외국어 습득에 관한 교육 문헌에서 주요 관심사중의 하나였다. 수많은 학자들과 교사들은 - 무엇 때문에 학생들이 알지도 못하는 언어규칙을 추측하도록 해야하는가?(그럴 필요가 없다) - 연역적 교수법이 훨씬 더 합리적이라고 보았다. 따라서 교사가 명확하게 문법 설명을 해주고, 가르친 언어규칙을 학생들이 "내면화"시킬 수 있을 때까지 충분하게 연습을 시키는 것이다. 이와 같은 "규칙-우선"의 연역적 방법을 채택하는 교수법의 예로는 문법-번역식 교수법, 인지-부호 교수법(cognitive-code teaching) 등이 있다. 귀납적 교수법의 옹호자들은 학습을 확실히 보장하는 최선의 방법은 학생들로 하여금 스스로 언어규칙을 알아내도록 하는 것이라고 주장했다. 귀납적 교수법은 언어학의 언어규칙 쓰기와 매우 유사하다. 학습자에겐 하나의 언어규칙의 윤곽만 주어지면, 학생들이 스스로 어떤 규칙성을 발견해야만 한다.
 이 문제를 더 연구하기에 앞서서, 귀납적, 연역적 학습 모두 학습이라는 사실을 분명히 할 필요가 있다. 이들 두 가지 모두 무의식적 언어습득과는 아무런 상관이 없다. 귀납적 학습법은 습득과 외관상 닮은 점이 많고, 문헌상에서도 때로는 습득과 혼선을 빚고 있다. 아래 <도표 4.6>에 나타난 바와 같이, 귀납적 학습과 습득은 둘 다 우선 데이터나 입력의 자질을 공유하고 있고, "규칙"은 나중에 나온다.

<도표 4.6> 습득과 귀납적 학습 : 유사점과 차이점

습 득	귀납적 학습
선 자료, 후 규칙	선 자료, 후 규칙
규칙은 무의식적	규칙은 의식적
의미에 초점	언어형태에 초점
서서히 진행	빨리 진행될 수 있음
상당량의 자료 필요	적은 양의 자료에 노출된 후 발생 가능

그러나 여기엔 깊고 근본적인 차이점이 있다. 목표가 귀납적 학습일 경우, 목표의 초점은 언어형태에 맞춰지게 되고, 학습자들은 제시된 데이터의 형식적 측면을 분석하고자 한다. 그런데 목표가 습득일 경우라면, 습득자들은 입력에 내포된 메시지를 이해하려고 할 것이다. 따라서 이들 두 과정에서 발전돼 나오는 "규칙"도 달라지게 된다. 귀납적으로 학습된 언어규칙은 언어학적 일반화의 의식적이며, 지적 표시(representation)인 것이다 – 습득된 언어규칙은 의식적인 것이 아니지만 (그러나 우리는 분명히 나중에 우리가 습득한 것을 학습할 수 있다), 교정해야 한다는 어떤 "감(感)"에 의하여 구체화된다. 또한 귀납적 학습은 의식적 문제 해결이기 때문에, 매우 빠른 순발력을 보인다 – 숙달된 학생은 단 몇 개의 예만 들어주어도 그 속에서 "규칙성"을 찾을 수 있다. 그러나 습득은 늘 시간이 걸리고, 매우 많은 양의 입력 데이터를 필요로 한다. 앞의 제2장에서 논의한 바와 같이, 하나의 언어규칙을 습득하기 위해선 한두 개의 문장(paragraph)과 연습문제 풀이만으론 어림도 없는 소리다.

그러므로 제2외국어 습득론의 관점으로부터 연역법-귀납법간의 충돌과 모순의 문제는 어떤 학습 스타일이 최선이냐에만 초점을 맞추고 있기 때문에, 제2외국어 교육의 핵심 사안은 아닌 것이다. 그러나 이 문제가 몇 가지 중요한 의미를 지니며, 이와 같은 모순과 관련해서 그 동안 몇 가지 눈에 띄는 주장과 실험 결과를 제시한 바 있다.

"어떤 것은 귀납적 방법으로 잘 습득되지만, 또 어떤 구조는 연역적 방법으로 가장 잘 다스릴 수 있다"(p.17)라고 주장한 경우도 있다(Hammerly, 1975). Seliger(1975)는 시간이 지나도록 보유하는 것이 연역적 접근법일 경우가 더 낫다고 주장할 만한 데이터를 제시한 바 있다. Hartnett의 데이터는 연역적 방법을 채택하는 외국어 수업에 성공하는 학생들은 귀납적 방법의 교실 학생들, 좌뇌를 더 많이 사용하는 연역적인 학생들, 분석적 사고를 하는 학생들과는 다른 신경정신과적 매카니즘을 채택할 것이라는 가설을 지지한다(Hartnett, 1974; Krashen, Seliger and Hartnett, 1974).

만약 언어규칙 제시에 개인적 선호도가 각기 다른 차이를 보인다면, 그리고 일부 사람은 선 언어규칙을 선호하고, 어떤 사람은 사물에 관한 연상 우선을 선호한다면, 이는 언어 교육 프로그램의 문법 부분에 관한 "그릇된" 접근 방법이란 주장이 될 것이고, 결국 불안감을 야기 시켜서 정의적 여과를 강화시키는 결과를 낳게 될 것이다.[8]

제2장에서 제시한 제2외국어 습득이론은 이 문제에 대하여 단지 간접적인 기여밖에 할 수가 없다. 가장 중요한 기여도는 연역적 접근법이나 귀납적 접근법 모두 학습-지향적이란 주장일 것이다. 언어규칙의 적용(연역법) 또는 언어규칙 모색(귀납법) 등의 "실제 적용"은 학생들이 언어의 메시지 자체보다 주로 언어형태에 치중할 것이기 때문에 습득을 위한 최적의 입력이 되지는 못할 것이다.

2) 연속성과 학습

제3장에서 나는 목표가 습득일 때, 문법적 연속성은 바람직하지 못하다고 주장했다. 그러나 목표가 의식적 학습일 경우는 한 번에 하나씩 순

서와 차례를 정하여 언어규칙을 제시해야한다는 것은 합리적인 것 같다 (Krashen and Seliger, 1975 중 "규칙 고립현상(rule isolation)"). 그 동안 이러한 연속성에 관한 논리적 근거가 몇 가지 제시된 바 있다. 우리는 (Krashen, Madden and Bailey, 1975) 지금은 내가 더 이상 생각하지 않는 것인데, 자연스런 순서 자체가 습득이나 학습을 위한 연속성의 정확한 근거라고 한 때 주장한 바 있다. 그밖에 발생빈도, 문법적 간결성, "유용성"(예: Larsen, 1975 참조) 등도 제안한 바 있다. (그러나 이와 같이 제안된 몇 가지 대안에도 불구하고, 그리고 전문 서적에서 이들에 관하여 폭넓게 논의하고 있음에도 불구하고, 이들 교재의 주요 내용은 형식상 약간 덜 복잡한 구조부터 매우 복잡한 구조에 이르기까지 언어적 간결성만을 거론하고 있을 뿐이라는 것이 나의 느낌과 소감인 것이다.)

여기서 제시한 바와 같이 아직 제2외국어 습득론은 학습순서처럼 그렇게 정확한 순서를 예측하지 못하고 있고 단지 학습할 수 있는 언어규칙의 세트에 관하여 뭔가 중요한 것을 예측하고 있는 것이다. 그 중요한 무엇이란 첫째, 만약 문법교육의 목표가 본 장의 첫머리에서 논의한 바와 같이 하나의 모니터(Monitor)를 학생들에게 제공하는 것이라면, 간결성은 커다란 역할을 할 것이다. 우리는 배울 수 있는 것만 가르칠 수 있고, 학생들의 머릿속 근방까지 가져다 줄 수 있는 것만 운반이 가능하다. (이들 두 가지 필요조건은 구분될 필요성이 있다 – 비록 조건이 모니터(Monitor) 사용에 유리한 경우라 할지라도, 하나의 언어규칙을 배우는 일이 항상 그것을 언어 수행상 사용할 수 있음을 뜻하지는 않는다.) 위에서 본 바와 같이, 과소이용자와 능력이 없는 모니터(Monitor) 사용자의 사례를 논함에 있어서, 우리는 하나의 전문 직업인으로서 대부분의 사람들이 배울 수 있는 것, 그리고 대부분의 사람들이 언어 수행상에서 억제하는 것과 사용할 수 있는 것 등을 너무 과대평가했다. 최적 사용자마저도 "훌륭한 언어 학습자들"은 수많은 교사들의 기대에 훨씬 못 미친다.

둘째, 만약 우리의 목표가 언어 감상이 아니라면(아래 참조), 우리 학생들이 이미 습득한 언어규칙을 가르치지는 않는다. 그렇다면 어떤 문법 범주를 가르칠 것인지 우리가 어떻게 아는가? 생각되는 바로는 우리가 학습과 습득을 확인할 수 있는 테스트 결과를 비교하고, 이미 습득되었지만, 아직 학습되지 않은 문법 범주들을 결정하고, 바로 이 범주의 세트에 초점을 맞춘다. 이것은 가능하긴 하지만 아마도 불필요할 것이다. "자연스런 습득순서"에 관한 연구들은 적어도 우리가 필요로 하는 몇 가지 정보를 우리에게 제공할 수 있을 것이다. 제2외국어 습득자들 사이엔 몇 가지 개인적인 변이가 존재할 수 있지만, 우리는 구조 중 "조기"에 습득되는 것이 어떤 것이 있으며, "후기"에 습득되는 것이 어떤 것이 있는지에 관한 좋은 생각이 있다. 예를 들면 ESL의 초급 수준에선 3인칭 단수 어미 /s/ 혹은 소유격 어미 /s/ 정도는 습득하지 못할 것이다. 응용언어학의 대단히 가치 있는 목표는 우리가 현재 알고 있는 극소수의 형태소(morphemes) 및 언어 구조를 넘어 서서 전형적으로 늦게 습득되지만 학습이 가능한 언어규칙의 세트를 기술하고자 하는 데 있다고 본다.

그러므로 학습이 가능한 언어규칙은 다음과 같은 3가지 요건을 충족시켜야 할 것이다:

1. 학습 가능성
2. 간편성(portable)
3. 아직 습득되지 않은 것

그렇다면 어떤 언어규칙이 이들 3가지 요건을 모두 충족시키는 것인가를 결정해야 하는 연속선의 문제가 제일 먼저 제시되어야 할 것이다.

그러므로 이것은 여전히 하나의 미해결의 문제로 남지만, 이 문제에 우리가 기여할 수 있는 것은 연속적으로 될 수 있는 항목과 범주의 세트를 제한해 볼 수 있다는데 있다.

6. 오류 교정에 관한 메모

의식적 학습과 관련된 또 하나의 모순은 오류 교정의 문제인 것이다. Hendrickson(1978)은 다음과 같은 "5개의 근본적인 의문"을 제기하며, 이와 같은 의문점을 제시한 문헌들을 검토한다:

1. 오류는 교정되어야 하는가?
2. 그렇다면, 오류를 언제 교정해야 하는가?
3. 어떤 학습자의 오류가 교정되어야 하는가?
4. 학습자 오류는 어떤 방법으로 교정되어야 하는가?
5. 누가 학습자 오류를 교정해야 하는가?

제2외국어 습득이론은 위 의문 중 4개의 질문에 "답"을 갖고 있는데, 이들 대답 모두가 이 책의 다른 부분의 내용들이 그런 것과 마찬가지로 그 자체가 가설인 것이다. 이 경우 나는 만약 오류 교정이 아래에 기술한 원리에 따라 행해진다면, 매우 효과적일 것이라고 예측한다.

1. 오류는 교정되어야 하는가?
여기서 제시한 제2외국어 습득론에 의하면, 학습자의 오류 교정은 학습자가 의식적 언어규칙의 지적 상상력을 바꾸도록 도와줌으로서 비로소 "작동"된다. 다시 말하면 학습자에게 자신이 현재 갖고 있는 의식적 언어규칙의 내용이 잘못되었음을 알려줌으로서 이미 학습된 언어능력에 영향을 끼치게 된다. 그러므로 제2외국어 습득론은 목표가 학습일 경우, 오류는 반드시 교정되어야 한다(그러나 항상 그런 것은 아니다. 이하를 참조할 것)는 입장이다. 그러나 이와 같은 이론에서 실제론 오류 교정이 습득에 아무런 쓸모가 없다는 견해를 고수하고 있다. 입력 가설에 따르면 언어 습득은 습득자가 입력된 정보의 의미를 이해할 때 발생하는 것이지, 습득자들이 언어 형태에 초점을 맞추고 결과(발화)를 생산할 때 발생하는 것이 아니라는 것이다.

2. 오류가 언제 교정되어야 하는가?

Birckbichler(1977)에 뒤를 이어 Hendrickson은 일반적으로 오류 교정은 "조작적 문법연습"의 단계 - 즉 "의사소통적 연습"을 하는 동안 더 많은 오류가 묵인될 수도 있다고 주장한다.

Hendrickson의 제2외국어 습득론도 그 내용은 유사하다. 오류 교정의 목적이 언어 학습이라면, 오류 교정의 조건들이 학습을 효율적으로 할 수 있는 조건들과 동일해야 한다고 보는 것이 논리에 맞는다 - 즉 학생들이 시간적 여유가 있을 때, 그리고 그와 같은 것들을 학생들이 신경 쓴다 하더라도 의사소통에 방해를 받지 않을 경우에 한해서 우리가 학생들의 언어형태 및 오류교정에 초점을 맞추어야 한다는 것이다. 이 말은 자유스런 대화에선 오류 교정이 없지만, 문법연습 및 작문과정에선 오류 교정이 허용된다는 뜻이다. 이것은 정확히 말해서 Terrell의 자연적 교수법(Natural Approach)의 절차인 것이다(제5장 참조).

3. 어떤 오류가 교정되어야 하는가?

Hendrickson은 3개의 가설을 검토한 다음 이들 가설 모두를 긍정적으로 받아들였다.

(1) 우리는 의사소통에 방해가 되는 오류나 메시지의 명료성에 지장을

주는 오류 등 "세계적"오류를 교정해야 한다(Burt and Kiparsky, 1972). 이와 같은 오류들은 교정 대상에서 최우선 순위에 놓아야 한다.
(2) 교정을 할 때 가장 비난받을 만한 오류, 가장 불쾌한 반응을 자아낼 오류 등이 가장 중요한 오류들인 것이다.
(3) 가장 발생빈도가 높은 오류가 교정의 최우선 순위이다.

앞장에서 모니터(Monitor)의 언어적 영역은 이미 기술한 바 있다. 그 때 나는 다음과 같은 특성에 따라 모니터 사용 규칙을 위한 의식적 학습에 제한을 주장한 바 있다: 즉 학습되는 언어 규칙들은 (1) 학습이 가능해야 하고, (2) 간편해야 하며, (3) 아직 습득된 것이 아니어야 한다. 이와 같은 특성들은 오류 교정이 의식적 문법에만 영향을 끼치는 경우라면 어떤 오류를 교정해야 하는지도 분명히 서술해야 할 것이다. 그렇다면 아마도 의식적 모니터(Monitor)의 일부분으로 사용될 수 있는 언어 규칙을 반영하는 오류만을 교정해야 할 것이다.

이것은 어떤 오류가 교정되어야 하는가?란 문제에 하나의 작은 기여라고 볼 수 있을 것이다. 그러나 많은 교사들은 모든 오류를 지적하고 교정하려고 할 것이다. 이와 같은 주장은 교정의 범위 및 일의 양을 상당히 축소시킨다. 이미 언급한 (1), (2), (3)의 범위 내에서 우리는 결정을 내려야 할 것이고, 이 때 발생 빈도, 의사소통에 기여도 및 자극 반응성(irritability) 등등을 고려해야 할 것이다. 그러나 전반적인 작업량은 상당히 감소되는 것만은 틀림없다.

4. 오류는 어떤 방법으로 교정되어야 하는가?
Hendrickson은 가장 많이 사용되고 있는 다음과 같은 두 가지 방법을 포함하여 오류 교정의 방법들을 검토한 바 있다:

(1) 정확한 형태의 제공("직접" 교정)

(2) 오류 발견 접근법(귀납법)

그는 어떤 특정 방법의 우수성을 입증했다고 주장하는 문헌연구를 아직 보지 못했다고 주장한다. 일부 연구들은 특히 직접 교정이 효과적인 것이 아님을 보여주고 있다; 교육 프로그램에 의한 수업에서 구두언어 혹은 작문 생산 결과를 직접 교정 받은 학생들의 오류 발생률이 특별히 낮게 나타나는 것도 아니다(Hendrickson, 1976, 1977b; Cohen and Robbins, 1976). Hendrickson은 이것이 일관되고 체계적인 교정의 부재 때문일 것이라고 지적한다(Allwright, 1975; Cohen and Robbins, 1976).

제2외국어 습득론은 오류 교정이 다음과 같은 조건을 충족시킬 경우만 긍정적인 결과를 가져오게 될 수 있다고 전망한다:

(1) 교정된 오류는 학습 가능한 언어규칙과 간편한(portable) 언어규칙이란 제약을 가한다.
(2) 오류들은 모니터(Monitor) 사용이 허용되는 조건 하에서 교정된다. 이것은 학습자에게 어긴 언어규칙을 다시 한 번 더 생각해 볼 시간을 주게된다.
(3) 오류 교정의 효율성을 평가하는 조치들은 학습자들에게 자기의 의식적 지식을 참고해 볼 시간적 여유를 주기 위하여 모니터(Monitor) 사용을 허용하는 조건 하에서 진행된다.
(4) 실험은 "모니터(Monitor)-사용자"로 인식된 자를 대상으로 한다(즉 대상은 모니터의 과서 사용자가 아님).

이와 같은 조건 하에서 진행되지 않은 오류 교정은 정상적으로 "작동"된 것으로 볼 수 없다고 나는 예측한다; 나는 이상의 모든 조건이 충족된다 하더라도 오류 교정의 효율성에 대해서 별로 낙관적인 입장은 아니다. 모니터 사용을 위한 조건이 부여된 사례의 경우와 마찬가지로,

이런 경우들은 필요하긴 하지만 그렇다고 충분조건이 되는 것은 아니다 - 가장 학습 지향성이 높은 학생들에게 가장 간단한 언어규칙을 교정하는 "최선"의 조건 하에서도, 교사들의 교정이 기대에 부응하는 결과를 낳지는 못할 것이다.

7. 주관적인 문제: 문법

앞에서 이미 언급한 바와 같이(p.88), "문법"은 교육 프로그램의 한 부분을 차지하고 있으며, 이는 의식적 모니터로서의 문법 사용과 항상 분명하게 구분되지 않는 위치를 점하고 있는 것이다. 이것은 하나의 주관적인 문제인 것이다.

많은 학생들은 (아마도 우리가 생각하는 것보다는 그 숫자가 적을 것이다) 언어의 구조 자체에 대한 연구에 흥미를 갖는다. 또한 학생들은 언어 변화, 방언 등등에도 관심이 있다. 특히 일부 학생들에게 만족스러운 것은 이미 습득된 것을 학습하는 것인데, 이를 "아하 현상"이라 하며, 이에 대해서는 본 장의 앞머리에서(p.88) 기술한 바 있다. 영어의 현재 진행시제의 3가지 용법을 이미 습득했다는 사실을 안 우리 학생들은 대단히 만족했고, 자기들의 무의식적 지식에 상응하는 의식적 지식을 기꺼이 갖고자 했다. 그들은 또한 나를 자기들에게 이와 같은 종류의 성찰을 제공해 줄 뛰어난 언어교사라고 생각했다!

과거에 습득한 것에 상응하는 학습을 제공하는 일은 그 나름의 장점이 있지만, 나는 그것을 언어 교육이라고 생각하지 않는다 - 그것은 습득을 위한 입력이 아니며 (비록 교실에서 토의하는 언어일지라도), 모니터(Monitor)의 경우처럼 습득에 보충 재료로 활용할 수 있는 쓸만한 학습을 제공하지도 못한다. 그러나 한 가지 용도는 있다; 즉 언어를 공부하는 학생들에게 습득이란 허구가 아니라 실제이며 믿을 수 있는 것임을 표시할 수 있다(demonstrate). 그러므로 이미 습득된 것을 지적하는 것은 습득과정에서 더 큰 신뢰도를 자극하게 되고, 낮은 정의적 여과의 수준을 유지하게 해줄 것이다. 따라서 이는 결국 모니터의 과잉사용을 예방하는 국지적 치료제가 될 수 있을 것이다.

언어 구조, 시간의 흐름과 사회에 따라 어떤 변화가 일어나는가(역사언어학) 등에 관한 연구는 고교와 대학 수준의 언어 교육 프로그램에서 포함시키고 싶어하는 수많은 일반적 교육의 장점과 가치를 갖고 있는 것도 사실이다. 그러나 제2외국어에 관한 복잡한 사실을 가르치는 것은 언어 교육이 아니라, 오히려 "언어 감상"이나 언어학임을 분명히 밝혀야 할 것이다.

그러나 주관적인 논제로서 문법 교육이 언어 습득이란 결과가 될 수도 있다: 즉 목표어가 교수 용어로 사용될 경우가 그 좋은 예이다. 학생들이 주관적인 문제로서 "문법"에 관심을 갖고 있을 때, 학급 내에서 습득이 일어날 수 있다. 너무나 빈번히 이와 같은 일이 일어날 때, 학생과 교사 모두가 형식문법 공부는 제2외국어 습득에 필수적이고, 교사가 목표어 설명에 세련된 기술을 갖고 있기 때문에 학생들은 잘 이해하게 된다고 확신을 갖고 믿었다. 바꾸어 말하면, 이와 같은 수업의 경우 제3장에서 설명한 바와 같이 교사의 말(teacher talk)은 습득을 위한 입력의 필요조건을 따르게 된다: 즉 입력은 이해 가능한 것이고, 당면 문제에 관련성이 있는 것이어야 한다. 학생들의 의식적 노력이 대개 주관적인 문제이며, 매체가 아니라 무엇에 대한 이야기인지 주제에 관한 것으로서 설명하는 언어이기 때문에 여과의 수준은 낮게 나타난다.

이것은 매우 미묘한 문제이다. 효과적인 면에서 볼 때 교사와 학생 모두 자기 기만에 빠진 것이다. 교사나 학생 모두 문법 공부는 주관적인 문제이며, 문법 공부가 학생들의 제2외국어 실력 향상에 매우 중요한 것이라고 믿고 있지만, 실제로 학생들의 실력은 언어란 매체로부터 나오는 것이지 그 언어가 담고 있는 메시지로부터 나오는 것이 아니다. 학생들이 흥미를 갖는 어떤 주관적인 문제라도 제2외국어 습득에 관한 한 목표어의 광범위한 사용만 있으면 잘 되어 나아갈 것이다.

바로 이런 이유로 수많은 문법 위주의 교수법의 성공을 설명할 수 있는지도 모른다. 학생들은 목표어로 수업을 받았고, 이렇게 해서 학생들이 의식적 문법은 자기에게 좋다고 믿는 한 관련성이 있고 동시에 흥미도 있는 입력이 될 수 있기 때문에 습득을 위한 이해 가능한 입력을 제공하게 된다. (이와 같은 교실 수업에 관해서는 Krashen, 1980 참조).

미주

[1] 이것은 Seliger의 해석이 아님을 분명히 밝힌다. 미주 2번을 참조할 것.
[2] Seliger는 자기 연구결과를 앞의 제2장에 소개한 제2외국어 습득론과 다르게 해석하고 있다. 테스트 및 이론에 대한 그의 해석은 나의 해석과 다르다. 그는 테스트 상황은 "공식적"인 것이고, "자연스런 문맥 상황 내에서 일어나는 해당 언어의 표본이 아닌 것"(p.362)이라고 생각한다. 이와 같은 분석에는 본문에서 언급한 바와 같이 몇 가지 사실이 들어 있다고 나는 생각한다. 그러나 제2장에서 이미 언급했으며 본 장에서 반복해서 언급한 바와 같이 실험 대상들의 언어 수행은 1차적 습득을 확인했던 가설과 - 이는 데이터에 근거를 둔 것이고, 몇 가지 필요조건들이 충족될 경우에 한해서 모니터(Monitor) 사용이 발생한다는 가설과도 맥을 같이 한다 - 일치한다. Seliger의 습득-학습의 구분 및 모니터 가설에 대한 해석은 더욱 이상하다: 모니터 이론(Monitor Theory)은 "학습자들이 하고 있다고 말하는 그 자체를 행한다"는 입장이기 때문에 자기 입장은 모니터 이론과 배치된다고 Seliger는 주장하고 있지만 그의 연구 데이터를 보면 실은 그렇지도 않다. 그의 데이터를 보면 '수행자들이 항상 하고 있

다고 말하는 그 자체를 행하는 것'이 아님을 확인할 수 있지만, 모니터 이론은 결코 그런 주장을 하지 않으며, 그의 생각과도 다르다.

Seliger는 동일한 논문에서 자기 입장을 개략적으로 피력하고 있다. 그는 교육의 원칙(규칙)은 "반드시 그렇게 귀결되어야만 하는 진정한 언어 개념에 기여해야 한다는 사실에 학습자들이 치중하도록 조장하는 하나의 메카니즘으로 작용할 가능성이 가장 높은 것"이라고 주장한다(p.368). 언어규칙들은 "습득 촉진제"로 작용하고, "귀납적 가설 검증 과정을 더욱 효과적으로 만든다"(p.368). 불행하게도 Seliger는 자기 이론을 모니터 이론에 하나의 대안이라고 하면서도 이에 대하여 더 이상 구체적으로 논리 전개를 하지 못하고 있다. 그는 또한 자기 입장을 고수하는데 필수적인 실험적 데이터를 제시하지 못하고 있다. 뿐만 아니라 그의 가설은 심각한 문제를 안고 있다: 만약 언어규칙에 대한 학습이 그렇게도 빈번히 잘못된다면, 하나의 습득장치로서 어떻게 쓸모 있는 것이 될 수 있겠는가? 또한 우리가 본 장의 초기에서 본 바와 같이 습득은 의식적 학습에 의하여 발전되어 나아갈 필요가 없는 것이다. 오히려 언어 습득은 습득자가 관심을 기울일 때만 발생한다는 가설을 지원해 줄 수 있는 증거들은 언어가(입력) 담고 있는 메시지에 있는 것이지, 입력 형태에 있는 것이 아니다. 입력가설에 따르면 의식적 언어규칙이 습득을 촉진시키지 못한다. 습득은 이와 전혀 다른 경로로 나타난다. 대안이 있다면 입력가설을 지지하는 증거를 다루어야 할 것이고, 습득은 사전에 학습한 것을 필요로 하지 않는다는 주장도 다루어야 할 것이다.

[3] Eva와 Ue-lin은 단순히 더 많은 훈련과 학습을 필요로 한다고 결론을 내리기에 앞서서, 우리는 이들이 언어를 잘 배우는 비교적 언어에 소질이 있는 학생들일 가능성을 생각해 보아야 할 것이다. 모니터(Monitor)의 "과소 사용자"이었던 Cohen and Robbins의 실험대상 Hung도 전형적으로 나중에 습득되는 문법 항목이 있으며 이런 것들이 이에 해당한다는 가설과 일치하는 현상으로 3인칭 단수 어미 /s/ 및 과거 어미 /ed/ 등에서 오류를 범하고 있다. 그러나 Ue-lin, Eva 등과는 대조적으로 Hung은 언어규칙에 의하여 스스로 자기 교정을 할 수 없었다. 자기가 범한 3인칭 단수 어미 /s/ 누락에 대한 항변에서 그는 "내가 그와 같은 규칙을 그렇게 잘 배우지 못한 모양입니다. 그래서 나는 내가 편안

하다고 느끼는 대로 그냥 그렇게 쓰게 됩니다"(p.52)라고 말했다. 규칙동사의 과거형 어미 /ed/를 빼먹은 문장을 다시 검토하면서(예: He got discourage), Hung은 /ed/를 다시 붙이곤, "왜 그랬는지 몰라요"(p.53)라고 말했다. Hung은 또한 자기가 생산한 발화나 문장에서 오류를 추적하기가 대단히 어렵다고 말했다. Hung은 그가 언어형태에 별로 주의를 기울이지 않는다는 말을 할 때 자주 인용된다: "나는 문법에 신경을 쓰지 않는다(p.50) ... 난 언어규칙을 그렇게 잘 배운 적이 없다 ... 난 내가 느낀 대로 써 내려간다(p.59) ... 난 영어를 배울 때 일종의 지루함을 느낀다"(p.51). 다시 언급하건대 수업에 노출되었음에도 불구하고 수많은 사람들이 전통적으로 우리에게 바로 들어오는 어떤 언어규칙에 대한 쌈빡한 아이디어가 없는 것이다.

[4] 최근 연구에서 J. Brown(1980)은 Larsen-Freeman의 테스트와 형식이 유사한 문법-유형의 테스트 문제지를 실험연구에 활용하고 있다. 실험대상들은 아래 예문에서와 같이 한 개의 형태소만 괄호 속에 옳게 넣도록 작성되었다:

    I _____ (talk) to John yesterday.

이 실험은 Martmount Palos Verdes 대학 내 어학원 학생 66명을 대상으로 실시되었으며, 시간 제한을 두지 않았다. 실험 결과 난이도 순서가 다음과 같이 나왔다:

보조동사	정확도 96.0%
연계사	94.2%
규칙동사의 과거	92.0%
복수	91.8%
정관사(the)	88.2%
불규칙동사 과거	88.8%
부정관사(a)	86.6%
무관사(∅)	85.8%
소유격	80.2%

진행형(ing)　　　　　　 80.2%
3인칭 단수　　　　　　 77.9%

　Brown은 이 순서가 외국어의 여타 형태소 습득순위와 (rho = 0.73, Andersen, 1978과 비교된 수치임) 상당히 높은 상관관계가 있다고 주장한다. 이는 다른 연구와는 다소 다르게 분석된다. 다른 연구에선 관사의 이형태소(allomorphs)가 분리된 채로 제시된다; 그러나 그 습득순위 면에서는 매우 유사하게 나타났다.
　Brown의 습득순위는 점수 환산시 한데 뭉뚱그렸기 때문에 해석이 어렵다. 그러나 좌우간 그 습득순위가 두 가지만 (ing 순위가 이상하게 낮게 나왔고, 그런가 하면 규칙동사의 과거는 이상하리 만큼 높게 나왔다(제2장 가설 (2) 참조)) 제외하면 문헌상에 나타난 L2 습득순위와 비슷한 것으로 나타났다. 규칙동사의 과거형 어미의 습득순위가 높게 나타난 것은 나의 모니터 가설과 일치하는데, 이는 습득순위는 낮지만 학습하기엔 쉬운 형태소가 있는데, 여기서 정확도면에선 비약이 존재한다는 결과를 낳고 있다. 나는 ing면에서 비교적 순위가 낮게 나온 데 대하여 간단하게 설명을 할 수 없으며, 3인칭 단수 어미 /s/의 순위가 낮게 나온 데 대해서도 설명을 할 수 없다. Brown연구와 기타 다른 연구와의 높은 상관관계는 나의 주장과 다소 다른 부분도 있지만, 규칙동사의 과거형 어미 문제는 나의 견해와 같다.

[5] 기타 다른 모니터 없는(Monitor-free) 연구에서 3인칭 단수 활용의 정확도가 "자유"조건 하에서 실시된 작문의 경우에 발견되는 정확도와 대단히 유사한 결과를 보인다는 점은 매우 흥미로운 사실이다. BSM을 사용하고 있는 Bailey, Madden, and Krashen(1974)연구의 3인칭 단수 어미의 정확도는 0.41인데 반해, 자유 스피치를 사용했던 Krashen, Houck, Giunchi, Bode, Birnbaum and Strei (1977)의 경우는 0.36이었다. <도표 4.3>과 비교해 볼 때, 2개의 자유 조건의 정확도는 각각 0.53, 0.32인데, 이것이 편집 조건에선 각각 0.61, 0.65로 올라가고 있다. 이와 같은 유사성은 편집 조건이 가벼운 모니터 사용을 내포하고 있으며, 후순위 습득이지만 학습이 용이한 문법 범주가 가장 영향을 많이 받기 쉽다는 가설과 일맥상통하는 면이 있다.

[6] 규칙동사의 과거형 및 3인칭 단수에 초점을 맞춰보면, 내가 이런 것들이 의식적으로 모니터 될 수 있는 문법의 유일한 요점이라고 유추하고 싶은 것은 결코 아니다. 오히려 이런 것들이 모니터 될 수 있는 전형적인 타입이며, 그 동안 그렇게 자주 언급되고 분석되었기 때문에 몇몇 연구결과를 따라 가는 것이 편리하다.

[7] 기타 다른 연구들도 모니터링의 능력을 고집하고는 있지만, 자기-교정에 초점을 맞추지는 않는다. 앞에서 언급한 바와 같이, Krashen, Butler, Birnbaum and Robertson(1978)은 USC 어학원 학생들에게 영어로 "자유"작문과 "편집"작문을 작성해 보도록 요구했다(조건 (1)과 조건 (2)). 두 경우에, "편집"작문에서 3인칭 단수 어미 형태소가 약간 더 높은 경향을 띠는 자연스런 순서가 있음이 발견되었다. 6개의 형태소를 분석한 결과 "편집"조건 하에서 전반적으로 6% 정도의 증가세를 보였으며, 학생의 모국어에 따라 약간의 변이 경향이 나타났다. 즉 Farsi어 화자들이 가장 효율성이 높아서 "편집"조건 하에서 16% 정도 높게 나타났다. 실험 대상들이 완전히 새롭고, 전혀 다른 에세이를 작성했기 때문에, 이것은 교재에서 기술한 것과 전혀 다른 수단(measure)인 것이다. Tucker and Sarofin(1979)은 이집트 카이로 소재 아메리칸 대학에 다니는 모국어가 아랍어인 학생들 "중상급반" 학생 18명에게 14개의 이상한 문장을 제시했다. 학생들에게 "만약 제시된 문장에서 오류가 있거나 이상한 부분이 발견되면 해당 부분에 밑줄을 그으시오."(p.32)고 요구했다. 이는 조건 (3)에 해당한다. 그랬더니 오류 교정률의 범위가 오류에 따라 최소 33%에서 83%가 되었다.

Lightbown, Spada and Wallace(1980)도 모니터(Monitor) 효율성에 관한 우리의 지식에 기여했다. 이들은 캐나다 퀘벡 소재 EFL 학생들을 대상으로 이들 실험 대상의 영어 문법성 판단 테스트를 실시하여 6급, 8급, 10 등으로 등급을 분류했다. 실험 대상들은 주어진 문장에서 오류 부분을 찾아서 동그라미로 표시하고, 잘못된 부분을 올바른 언어형태로 고쳐 써보라고 요구받았다. 그 연구는 아래와 같은 문장구조에 초점을 맞추고 있다:

복수 /s/
소유격 /s/

3인칭 단수 어미 /s/
축약형 연계사 /s/
축약형 보조동사 /s/
연령을 표시하는 be
(예: I *am* six years old. 이런 문장이 불어 화자들에겐 문제가 있는 구조라고 사료된다.)
위치를 나타내는 전치사 (They are going *to* school.)

위 테스트는 3번 실시되었는데, 처음 2회는 단 2주간의 간격을 두고 실시되었고, 세 번째 테스트는 여름 방학이 사이에 끼어서 5개월이 지난 다음 실시되었다. 1회와 2회 테스트에서 사용된 규칙은 교실에서 검토되었다. Lightbown et al.은 테스트 1회에서 2회로 가면서 몇 가지 개선된 것이 있다 - 교실에서의 검토는 8등급과 10등급 학생들의 경우 11%의 개량효과가 있었는데 반해 검토, 복습 없이 단순히 재시험을 실시한 통제집단의 학생들은 3%밖에 성적이 나아지지 않았고, 6등급 학생들은 7%의 개선 효과가 나타났을 뿐이다 (6등급 학생들의 경우는 전혀 변인을 통제하지 않았다). 5개월 후 3차 시험을 실시해 보니 점수가 1차와 2차의 성적의 중간 수준으로 떨어졌다.

Lightbown et al.의 연구결과는 Tucker and Sarafin의 연구에서와 마찬가지로 비록 주임무가 오류교정이 아니라 학생들에게 제시된 오류 교정이긴 하지만 본 교재에 보고된 내용과 일맥상통하는 것이다. 이들 학생들은 전체 오류의 약 1/4 내지 1/3 정도만 교정할 수 있었다. 이 일은 <도표 4.4>에 있는 조건 (3)에 해당한다.

학급에서 규칙의 재점검(복습)도 약간의 효과만 있을 뿐 그나마도 여름 방학이 지난 다음 거의 다 잊고 말았다. 나는 "2차 테스트에서 나아진 것은 실험대상들의 의식 수준에서 잠시 머물러 있던 지식의 적용에 기초를 둔 것이지 완전히 습득된 것의 적용에 의한 것이 아니다"라고 보고 있는 Lightbown et al.의 견해에 동의한다. 3차 테스트의 결과는 학습된 지식이 순간적으로 머물다 사라지는 것임을 잘 보여주고 있다.

Lightbown et al.은 또한 각각의 구조에 대한 결과 분석도 제시하고 있다. 이들은 실험 대상들이 1차 테스트에서 2차 테스트로 이어지는 동안 be/have 동사의 규칙, 3인칭 단수의 규칙 등에 대단히 의미 있는 ("극적인") 개선이 (실력향상) 이루어지고 있음에 주목했다. 그들은 이것이 나의 가설을 지지하는 내용이라고 언급했다. 즉 나의 가설은 보다 쉽고 간단한 언어규칙은 상대적으로 그 설명이 용이하기 때문에 의식적으로 학습하는 것도 그 만큼 쉽다는 것이다. 그러나 애매한 규칙, 처소격 전치사의 용법, 복수형 등에 의미 있는 개선이 (실력 향상) 이루어졌다고는 하나, 이런 것들이 겉보기엔 "쉬운"것처럼 보일 뿐, 실제로 커다란 성취나 소득이 있음을 입증하지는 못했다.

형태소 /s/의 습득 난이도 순서는 제2장에 제시했던 자연스런 습득순서와 일치했다. 이와 같이 일치하는 현상은 자연스런 습득순서 자체의 신뢰도, 그리고 자연스런 습득순서를 교란시키려면 조건 (3)보다 더 큰 힘과 요인이 필요하다는 (즉 조건 (3)은 언어형태에 그다지 큰 비중을 두고 있지 않음) 주장 등에 대한 신뢰도를 확신케 했던 것이다 (형태소 습득순서에 관한 교실 입력의 효과에 대한 논의를 자세히 보려면 Lightbown의 저서를 참조할 것).

[8] 초기 논문에서(Krashen, Seliger and Hartnett, 1974), 우리는 다음과 같은 타협안을 제시한 바 있다: 언어-규칙 우선 교육을 하라. 이 방법은 연역적 방법을 좋아하는 학생들을 만족시킬 수 있다. 귀납적 방법을 좋아하는 학생들은 언어규칙의 제시는 간단히 무시할 수 있다. 즉 연역적 방법을 택하는 학생들에겐 "연습"(practice)이 규칙 적용(모니터링)에 필요할 것이고, 귀납적 방법을 택하는 학생들에겐 연습이 언어규칙-모색에 필요할 것이다. 언어규칙은 연역적인 학생들에겐 연습을 한 다음 하나의 재고(再考)나 복습의 의미를 지니는 것이고, 귀납적인 학생들에겐 자신의 가설을 확인, 점검하는데 필요한 것이다.

제5장 │ 언어 교육 방법론

앞의 제3장과 4장에서 우리는 제2외국어 습득 이론의 일반적인 내용을 다루는데 지면과 시간을 할애했다. 제3장은 다음과 같은 입력을 제공할 때 언어 습득이 가장 잘 일어난다고 가정하고, 습득을 위한 최적 입력의 특성을 기술했다:

1. 이해 가능할 것.
2. 습득자에게 이해 관계가 있거나 흥미를 유발시킬 것.
3. 문법적으로 연속성이 없을 것.
4. 양적으로 충분히 제시될 것.

뿐만 아니라 이와 같은 입력의 제시는 습득자가 "방어적"인 자세를 취하지 않는 방향으로 실시되어야한다; 즉 정의적 여과가 야기되거나 강화되지 않도록 해야한다. 그리고 습득자들이 외부세계로부터 더 많은 입력을 수용할 수 있는 도구를 제공할 필요가 있다.

앞의 4장은 "적재적소에서 학습"이 가능한 것이 무엇인가를 알아보려고 노력했다. 의식적 언어규칙들은 의사소통 자체에 방해가 되지 않을 경우만 사용되어야한다. 뿐만 아니라 단지 문법의 조그마한 부분까지도 대부분의 사람들에게 배울 수 있고 간편한 것이어야 한다. 전문 언어학자와 언어 교사들에겐 매우 투명해 보이는 언어규칙들이라도 "훌륭한 언어 학습자"에게 마저도 상당히 애매하고 잘 이해가 가지 않을 수도 있다. 우리는 학습의 효과가 통사적 정확성 면에서 보면 어느 정도 합당하지만, 의식적 규칙의 적용은 일부 언어를 공부하는 학생들에겐 상당히 중요한 하나의 화장품과 같은 효과를 제공할 수 있어야 한다고 결론을 내렸다. 앞의 제4장도 의식적 문법은 주관적인 일로 가르칠 수 있음을 논의하고 있다; 즉 만약 그와 같은 과정이 목표어로 가르쳐진다면 결과적으로 습득이 일어난다는 말이다. 그러나 이와 같은 "언어 적용" 기능은 문법을 위한 모니터(Monitor) 기능과는 구분될 필요가 있다.

본 장의 첫머리의 목표는 앞의 3장과 4장의 결론에 따라 작금의 몇 가지 언어 교육 방법론들을 분석해 보고자 함에 있다. 이와 같은 분석의 결과는 "교수법 비교연구" 분야에서 응용언어학 연구가 지금까지 연구한 결과와 비교해 보는데 활용될 것이다. 나의 해석은 이 경우 요즈음의 제2외국어 습득론과 응용언어학 연구가 내 해석으론 매우 유사한 결론에 도달할 것으로 본다.

다음절에서 다른 어떤 전통적인 교실 교수방법론보다 훨씬 더 나은 입력조건 2번을 만족시키는 장점을 갖고있는 것 같이 보이는 대안으로서 전통적인 교실 교수방법을 대체시킬 수 있는 대안을 몇 가지 검토해 보기로 한다. 그 다음 제2외국어 테스팅을 위하여 이러한 생각과 아이디어를 간단하게 재검토하게 될 것이다. 나는 우리가 실시하는 학업성적 테스트의 어떤 면이 학생과 교사의 행동에 영향을 미치는지 세심하게 생각해 볼 필요가 있다고 주장한다. 우리 테스트의 목표는 다음과 같다: 학생들이 "테스트를 위하여 공부할 때" 그들은 제2외국어 습득의 요인이 되거나 장려하는 것들을 알아야 한다. 본 장의 마지막 절에선 교보재간의 격차라고 내가 인식한 것, 그리고 여기서 거론한 나의 주장 속에 내포된 몇 가지 실용적인 문제점 등을 다루기로 한다.

1. 오늘날의 교수 방법론

앞의 제3장, 4장의 결론은 <그림 5.1>과 같이 하나의 표로 요약될 수 있다. 교실 수업에 각각 적용하기 위하여 우리는 간단하게 그 교수방법이 최적 입력의 조건을 얼마만큼 충족시킬 수 있는가, 그 교수법이 얼마만큼 적재적소에서 학습이 가능한가 등에 대하여 질문을 던질 수 있다. 우리는 문법-번역식 교수법, 청각-교수법(audio-lingualism), 인지-부호 교수법(cognitive-code teaching), 직접식 교수법(direct method) 등등의 교수법 중 가장 널리, 그리고 가장 효율적으로 사용되는 교수법이 어떤 것인지 검토하게 될 것이다. 그 다음 우리는 Asher의 전신반응 교수법(Total Physical Response method), Terrell의 자연적 교수법(Natural Approach), Lozanov의 Suggestopedia 등도 다룰 것이다. (Gattegno의 침묵식 교수법(Silent Way), Curran의 카운슬링 교수법(Counseling-Learning method) 등과 같은 몇몇 흥미로운 교수법은 여기서 다루지 않기로 한다. 여기서 다루지 않기로 한 이유는 내 자신이 이들 교수법을 잘 모른다는 점, 다른 교수법에 비하여 실험적 데이터가 미흡하다는 점, 그리고 Stevick의 훌륭한 분석(Stevick, 1980) 등등 때문이다.) 각각의 분석 초기에 제시한 간단한 기술은 해당 교수법을 완전하게 기술할 의도가 있는 것이 아니라, 해당 교수법에 대하여 내가 어떻게 이해하고 있는 지를 독자들에게 전달하고자 하는 의도가 숨어 있는 것이다. 이와 같은 분석은, 장담하건대 모든 학급에서 발생하지 않는 상황 하에서 교수법이 순수한 형태로 사용되고 있는 것임을 반드시 명심해야 할 것이다.

최적 입력을 위한 필요조건
1. 이해 가능할 것
2. 흥미롭고/관련성이 있을 것

3. 문법적으로 별로 연속성을 갖지 않을 것
4. 충분한 량이 제공될 것
5. 여과 수준("방어적" 자세를 취하지 않도록 할 것)
6. 대화 운영을 위한 도구를 제공할 것

학습은 다음과 같이 제약을 받는다:
1. 다음과 같은 특정의 규칙;
   1) 학습 가능할 것
   2) 간편할 것
   3) 아직 습득되지 않은 것일 것
2. 특정의 사람들 ("모니터 사용자들")
3. 특정의 상황
   1) 시간
   2) 언어형태에 치중

<그림 5.1> 교수방법 및 교재평가 개요

1) 문법-번역식 교수법

일부 변이가 있지만, 문법-번역식 교수법은 대체로 다음과 같은 활동으로 구성되어 있다:

1. 예문을 제시하여 문법규칙을 설명한다.
2. 이중언어 목록으로 어휘를 제시한다
3. 상기 (1)항에 제시한 규칙 및 (2)항에 제시한 어휘 등을 강조하면서 강독 교재 선정
4. 각 과(lesson)의 문법 및 어휘를 연습시킬 수 있는 연습문제의 설계. 이들 연습문제는 문장구조의 의식적 통제(Krashen and Seliger, 1975의 의미에서 "focus on"임)를 강조하고, L1에서 L2로, 그리고 L2에서 L1으로 쌍방향 번역을 강조한다.

대부분의 문법-번역식 수업은 외국어 교육용으로 설계되며, 학생의 모국어로 가르친다. 이제 우리는 <그림 5.1>과 같이 문법-번역식 교수법의 분석으로 논의의 초점을 돌리기로 한다.

(1) 최적 입력의 필요조건

(i) 이해 가능성. 문법-번역식 교수법은 이해 가능한 입력의 조각들만 제공해야 한다고 주장할 수 있다. 대표적인 표본 문장들은 항상 이해 가능한 것이지만, 관심의 초점은 의미가 아니라 전적으로 언어 형태인 것이다. 강독이 책 선정의 기본적인 기준이지만, 일단 선정된 책을 보면 대체로 어렵고, Newmark(1966)가 소위 말하는 "crytoanalytic decoding"을 필요로 하는 수가 많다. 학생들은 단어 하나 하나를 정확히 읽을 것을 강요받기 때문에, 메시지에 신경 쓰기가 어렵게 된다. 연습문제에 사용된 문장들은 아마도 이해 가능한 것이겠지만, 여기서 다시 말하지만 이런 종류의 문장들은 학생들이 언어 형태에 초점을 맞추도록 설계된 것이다.

(ii) 흥미/연관성. 강독 교재 선정은 특히 최근에 와서 흥미를 유발시킬 수 있는 주제인가에 신경을 쓰지만, 대개는 망각원리(Forgetting Principle)(제3장)에 잡히고 만다. 학생들은 모국어가 아닌 다른 언어로 작성된 것을 잊게 된다는 사실에 대하여 그들은 학생들의 주의를 끌지 못한다 - 불란서 여행 결과보고서와 같은 경우를 보면 루브르 박물관 방문이 여행에 포함되었다 할지라도, 대부분의 미국의 고교생과 대학생들이 얻고 싶어하는 정보를 제공하지 못하는 사례가 일반적인 현상이다.

(iii) 문법적으로 연속성이 없을 것. 물론 문법-번역식 교수법은 문법적으로 연속적인 순서를 보이며, 저자의 집필 목적이나 의도가 쉬운 규

칙으로부터 어렵고 복잡한 규칙으로 진행해 나아가게 된다. 각각의 레슨은 특정 언어규칙들만 도입하는데, 이들 규칙들이 해당 과(lesson)를 지배하게 된다.

(iv) 충분한 양. 위에서 언급한 바와 같이, 문법-번역식 교수법은 이해 가능한 입력의 상당량을 제공하는데 실패한다. 뿐만 아니라 모범 문장(model sentences), 강독, 연습문제 등에 이해 가능한 입력의 양이 별로 많지 않은데, 이는 목표어로 가르치는 교사의 말(teacher talk)로 보충되는 경우도 별로 없다.

(v) 정의적 여과 수준. 제3장에서 저여과를 격려, 촉진시키는 방법중 한 가지는 입력가설(Input Hypothesis)에 "맞는"것이 되는 것일 것이라고 가설을 설정했다. 문법-번역식 교수법은 입력가설의 거의 모든 구성요소를 어기고, 따라서 학생들을 "방어적" 자세를 갖게 만드는 효과를 갖게 될 것으로 예측된다. 학생들은 즉각 발화 생산을 할 수 있게 될 것으로 기대되고, 또한 모두 완벽하게 정확성을 보일 것으로 기대된다 (이는 작문의 경우에 해당되지, 스피킹의 경우에 해당하는 것은 아니다). 지금까지 지적해 온 불안 수준, 이는 Rivers, 1968에서 지적한 바와 같이 문법공부로 (과소 이용자) 그다지 기울지 않은 일부 학생들의 경우에 야기되는 것이다.

(vi) 대화 운영을 위한 도구. 문법-번역식 교수법은 원어민과 함께 학생들이 대화를 운영하는 것을 명시적으로든 암시적으로든 도와주려는 시도를 하지 않는다.

(2) 학습

문법-번역식 교수법은 문법의 의식적 통제가 목표어를 마스터하기 위하여 필요할 것이라고 은연중에 추정하고 있다. 바꾸어 말하면 학습은 습득보다 먼저 선행될 필요가 있다. 이와 같은 가정은 목표어의 모든 문장구조는 도입되고 설명될 필요성이 있다. 그러므로 학습되어야 할 언어규칙의 세트엔 4장에서 제안한 '학습 가능성, 간편성, 미습득성' 등과 같은 제한이 전혀 없는 것이다. 모니터(Monitor) 사용 면에선 개인적 변이를 설명하려고 시도하지 않을 뿐 만 아니라 언어규칙이 언제 사용되어야 하는지 그 시기도 구체적으로 명시하려 들지 않는다. 즉 모든 학생들이 모든 언어규칙을 항상 사용할 수 있어야 한다!는 식의 암시적인 가정을 하지 않는다.

(3) 요약

만약 위의 분석이 맞는다면, 문법-번역식 교수법은 결과적으로 습득된 능력의 양이 매우 낮아야만 한다; 이해 가능한 입력으로 가용한 것은 상당히 높은 정의적 여과에 직면하게 되고, 학습은 과도하게 강조된다.

2) 청각-교수법(Audio-Lingualism)

여기 청각-교수법의 공통적인 특성이 있다. 그러나 실제 교육 현장에선 근본적인 변이와 차이가 존재할 것이다. 과(lesson)는 전형적으로 다이아로그로부터 시작되는데, 다이아로그엔 해당 과(lesson)의 문장구조와 어휘가 포함되어 있다. 학생들은 다이아로그를 흉내내고, 궁극적으로는 그것을 암기할 것으로 기대된다. 종종 수업은 하나의 그룹으로 다이아로그 연습을 하고 난 다음 소그룹으로 나뉘어서 다시 다이아로그를 연습한다. 그 다음엔 다이아로그에서 도입된 문장구조에 관한 문형연습(pattern drill)을 한다. 문형연습의 목적은 문형의 "자동화"가 가능토록 하는 "습관의 강화" 훈련에 있다.

Lado(1964)는 청각언어 교수법의 문형연습은 새로운 문장구조로부터 학생들의 관심과 주의를 끌자는 데 초점을 맞추고 있다고 언급한다. 예를 들면 학생들은 다음과 같은 연습을 통하여 어휘를 배우고 있다고 생각할 것이다:

That's _____. (key, knife, pencil, etc.)
(Lado and Fries, 1958에서와 같이 그림으로 힌트를 준다)

그러나 청각-교수법 이론에 따르면 실은 이 경우 학생은 문형 자동화만을 만들어내고 있을 뿐이다.
기본 연습엔 단순 반복, 대체연습(위의 예문과 같이), 변형연습(긍정문을 부정문으로), 번역 등 4가지가 있다.
청각-교수법을 활용하는 수업에선 문형연습(pattern drill)에 이어서 이에 대한 설명을 하게 된다. 청각-교수법의 구성요소에 의하면, 설명은 그 동안 연습한 것에 대한 것이지 무엇을 말하는 것인지에 관한 규범이 아니다. 그러므로 제시된 "언어규칙"은 언어 수행 방법을 가르치는 것이라고 사료되지 않는다. 그래서 청각-교수법에서의 설명 부분은 우리 용어로 말하자면 "언어 감상"이기 때문에 선택적인 것이지 필수적인 것은 아니라고 본다.

(1) 최적 입력의 필요조건
(i) 이해가 가능할 것. 청각-교수법은 이해 가능한 입력을 제공한다고 볼 수 있다. 비록 일부 학자들은 과(lesson)의 앞부분에서 실제로 이해력은 필요치 않고, 순수 기계적인 연습이 쓸모가 있다고 말한다 할지라도 다이아로그와 문형연습은 분명히 대부분의 학생들에 의하여 이해 가능한 것이다.

(ii) 흥미/관련성. Lado(1964)가 다이아로그엔 "쓸모 있는" 언어가 내포되어야하고, 학생의 나이에 걸맞고 자연스러워야 한다고 충고하고 있는데, 대부분의 다이아로그는 실제로 진정한 의미에서의 흥미와 관련성이 있다는 징조가 별로 없다. 물론 대부분의 문형은 이와 같은 조건을 충족시키고자 시도하지 않는다.

(iii) 문법적 연계성이 없다. 청각-교수법에는 대개 언어적 간결성에 근거를 둔 분명한 연계성이 있지만 동시에 얼마나 자주 나타나는가란 빈도수 및 대조분석에 의한 난이도 예측 등에도 영향을 받는다. 문법-번역 교수법의 경우와 마찬가지로, 청각-교수법의 경우 전체 레슨이 "금일 수업 진도에 따른 문장구조"를 주로 다룬다.

(iv) 분량. 청각-교수법이 수업 전체를 구두언어와 청각언어로만 채운다면, 이 교수법은 다른 교수법과 마찬가지로 특별한 특징이 없다고 반론을 주장할 가능성이 있다 (아래 참조). 예를 들면 수업 전체를 다이아로그의 제시로만 채워질 수 있는데, 그럴 경우 학생들은 계속 반복적으로 제시되는 메시지에 학생들이 거의 시간을 할애하지 못하는 그야말로 시간 낭비가 될 수도 있다. 목표는 다이아로그의 암기이지 메시지의 이해가 아니기 때문이다. 문형연습도 이론상으론 이해가 가지만, 아마도 학생들은 한 두 번의 연습을 했다고 의미에 관심을 기울이지는 않을 것이다(Lee, McCune and Patton, 1970). 사실은 일부 현장 실험자들에 의하면, 문형연습의 이면에 깔린 아이디어는 의미를 모두 피해보자는 것이다. 다이아로그와 문형연습 모두 전체 수업시간은 실제 의사소통이 갖는 폭 넓은 다양성과 비교해 볼 때 극히 일부의 고작 몇 개의 문장이나 문형으로 채워질 수도 있다.

(v) 정의적 여과의 수준. 청각-교수법은 입력 가설의 몇 가지 현상을 어기고 있다: 즉 발화 생산이 즉각적이고도 오류가 없어야 함을 기대한다. 연습과 반복의 과도한 사용으로 외국어 학습의 초기단계에서 문자로 쓰여진 단어에 접할 수 없는 학생들을 허용하지 않는 이와 같은 절차는 학생들에게 불안을 야기 시킬 수 있다(Schumann and Schumann(1978), pp.5-6 참조)

(vi) 대화 운영을 위한 도구. 청각-교수법은 다이아로그가 입력을 받아들이고, 입력의 질을 통제하는데 사용될 수 있는 사물을 포함하고 있는 것과 같이 이와 같은 차원에선 문법-번역식 교수법보다 약간 나은 편이다. 그러나 다이아로그를 자유 대화와 실제적인 대화 운영에 적용은 매우 제한적일 수밖에 없다. 대개의 다이아로그가 실제로는 글자로 쓴 대본(script)으로 이루어져 있지, 의미를 대화 상대방과 협상하는데 사용되도록 설계된 것이 아니다.

(2) 학습
이론상으로 의식적 학습은 청각-교수법의 명시적 목표가 아니다. 오히려 학생들이 다양한 문형들을 언어 수행시 직접 사용할 수 있도록 학습시키자는 것이 목표라고 볼 수 있다. 그러나 실제론 청각-교수법이 종종 귀납적 학습이란 결과가 되고 만다. 즉 학생들이 다이아로그와 문형연습에 기초한 의식적 언어규칙을 산출해 내려고 시도한다. 이 때 설명부분이 학생들의 추측을 확신으로 또는 실망으로 작용하는 것이다. 그러므로 여기엔 학습 가능성, 간편성 및 미습득성이란 원칙에 학습을 제한하려 들지 않을 뿐만 아니라 언어 규칙을 어떤 특정의 상황에서만 사용하도록 권장하지도 않는다. 문형연습이 학생들을 언어규칙에 관심을 갖지 못하게 한다는 사실에도 불구하고 완벽한 정확성의 요구조건들은 아마도 항상 모니터(Monitor) 사용을 장려한다.

(3) 요약

일부 몇 가지 습득은 청각-교수법 사용의 결과일수 있지만, 저여과 상태로 많은 양의 이해 가능하고 흥미/관련성을 갖는 입력을 제공하는 다른 교수법과 함께 어울리면서 함께 좋은 결과를 얻을 수 있는 여지는 어디에도 없다. 다이아로그와 문형의 편식(diet)은 때로는 이해될 수 있고 i + 1 단계에 속할 수 있기 때문에, 일부 몇몇의 습득의 요인이 되기도 한다. 계획에 따라 학습이 된다면, 학생들은 대화시 학생들이 이따금씩 (빈번히가 아님) 사용하게 될 엄청난 양의 수많은 문장과 문형만 창고에 쌓다가 공부를 끝내게 될 것이다. 귀납적 학습은 암암리에 장려되는 것이지만 (제5장 참조), 어떤 규칙을 가르쳐야 하는지 또는 언제 이들 규칙을 적용해야 하는지 등에 대한 제한은 전혀 시도되지도 않는다.

3) 인지-부호 교수법

인지-부호 교수법은 문법-번역식과 유사점도 약간 있지만, 동시에 다른 점도 있다. 문법-번역식이 기본적으로 학생들이 목표어로 문학작품을 읽을 수 있도록 도와주는 교수법이라면, 인지-부호 교수법은 말하기, 듣기뿐만 아니라 읽기, 쓰기까지 언어의 4가지 기능을 모두 도와주고자 한다. 그러나 이 두 교수법의 가정을 볼 때, 인지-부호 교수법이 "언어 능력은 언어 수행에 선행한다"란 입장을 취하는 한 상호 유사성이 있다. 이 경우 "능력"은 Chomsky(1965)가 맨 처음 정의 내린 바와 같이 원어민의 관습적 지식(tacit knowledge)이 아니라 의식적 지식(conscious knowledge)이다. 앞의 3장에서 언급한 바와 같이 인지-부호 교수법은 "학생이 일단 한 언어의 구조를 적정 수준의 인지적 통제력을 갖게 되면, 의미 있는 상황 하에서 언어를 사용하므로써 언어 유창성은(facility) 자동적으로 개발될 것이다"(Carroll, 1966, p.102)라고 간주한다. 바꾸어 말하면 학습은 습득이 된다는 말이다.

문법-번역식에서와 같이, 레슨은 언어 규칙의 설명으로 시작되며, 이와 같은 수업은 외국어 상황 하에서 학생의 모국어로 진행되기 일수다. 그 다음 순서는 연습문제 풀이인데, 이는 학생들이 의식적으로 언어 규칙을 실습(practice)할 수 있도록 도와주자는 것이다. 다시 말하면 모니터 사용(Monitor use)이 적극적으로 촉진된다는 말이다. 그 다음 연습 활동에 이어서 "의사소통 능력"이라 명명된 활동이 나타난다. 이 용어는 문헌상 다음과 같이 몇 가지 방식으로 사용되어 왔다; 인지-부호 교수법 문헌상에선 이 말이 "유창성"(fluency)이란 말과 동의어로 나타난다. 이와 같은 활동은 위에 언급한 Carroll의 지론과 관련된 의미 있는 상황 하에서의 실습(practice)을 제공하며, 이와 같은 실습엔 다이아로그, 게임, 역할 학습 등등이 있다.

(1) 최적 입력을 위한 조건

(i) 이해 가능할 것. 문법-번역식 교수법의 경우와 마찬가지로, 인지-부호 교수법은 의미가 아니라 언어형태에 초점을 맞추기 때문에 설명과 연습 부분에서 이해 가능한 입력을 그다지 많이 제공하지 못한다. 인지-부호 교수법의 "의사소통 능력" 부분은 상당히 많은 양의 이해 가능한 입력의 제공을 약속하고 있지만, 만약 활동이 "오늘 수업계획상의 언어 규칙"에 맞도록 수업 계획을 짜야한다는 강박관념에 사로잡힌다면 이와 같은 잠재력은 그 만큼 더 감소될 수밖에 없다. 앞의 3장에서 주장한 바와 같이, 이와 같은 실습은 사용된 문장구조를 (학생이 필요로 하는 학생 자신의 $i + 1$을 부정하게 될 수도 있음) 제한하고, 논의될 수 있는 가능성이 있는 것도 제한하며, 자연스런 의사소통을 방해한다.

(ii) 흥미/관련성. 물론 이것은 의사소통능력을 위해서 선택한 활동에 달린 문제이다. 그러나 무엇을 선택했느냐와 관계없이, 목표는 구체적인 구조의 학습에 있으며, 이 때문에 망각원리(Forgetting Principle)를 충족시킬 가능성은 거의 없다.

 (iii) 문법적 연속성이 없을 것. 문법-번역식과 마찬가지로 인지-부호 교수법도 연속성을 갖고 이어지며, 「오늘 공부할 문장구조」가 레슨(수업)의 모든 부분을 차지한다.

 (iv) 분량. 의사소통능력 부분 때문에, 인지-부호 교수법은 문법-번역식 교수법에 비해서 이해 가능한 입력의 분량이 훨씬 더 많게 된다. 그러나 의사소통능력 부분은 단지 교육 프로그램의 한 부분으로서 여기서마저도 언어형태에 초점이 맞추어져 있기 때문에, 전적으로 이해 가능한 입력의 전부를 메시지에 초점을 맞춰야 한다는 수업의 이상적인 면을 살려내지 못하고 있다.

 (v) 정의적 여과의 수준. 모든 발화 생산에 대한 오류 교정은 거의 대부분의 인지-부호 수업의 한 부분을 차지하고 있으며, 학생들은 즉석에서 발화 생산을 할 것으로 기대되며, 즉석 발화생산마저도 정확해야 한다는 것이다. 이와 같은 기대는 결국 학생들로 하여금 정의적 여과의 수준을 높게 책정해야 한다는 부담으로 작용한다.

 (vi) 대화 운영을 위한 도구. 이것을 제공하려는 시도나 의도가 공공연하게 언급된 바는 없지만, 의사소통능력 부분에서의 몇몇 활동은 이와 같은 도구를 제공할 가능성은 상당히 농후하다.

(2) 학습

문법-번역식의 경우와 마찬가지로, 인지-부호 교수법의 가정은 의식적 학습이 모든 사람에 의하여 성취될 수 있고, 모든 언어규칙은 학습이 가능하고, 의식적 지식은 항상 가용성이 있다는 것이다. 우리는 만약 구조가 자동화됨과 동시에 모든 언어규칙이 사라지지 않는다면, 인지-부호 교수법은 모니터의 과잉 사용만을 조장할 것이라는 결론을 내릴 수 있다.

(3) 요약

인지-부호 교수법은 문법-번역식 교수법보다 훨씬 더 많은 이해 가능한 입력을 제공할 것이고, 따라서 더 많은 언어 습득이 가능하겠지만, 학급의 잠재력을 충족시키지는 못할 것이다. 문법-번역식의 경우처럼 여기서도 학습은 과도하게 강조되고 있다.

4) 직접식 교수법

"직접식 교수법"이란 용어는 그 동안 제2외국어 교육에 관한 수많은 교수법을 지칭하는 말로 사용되어 왔다. 여기서 나는 이 용어를 구체적으로 Sauzé의 교수법 및 이에 대한 현대적 개념 즉 불어를 위한 Pucciani and Hamel의 교수법(Langue et Langage 참조) 및 Barcia에 의해 개발된 스페인어 교수법 등을 지칭하는 개념으로 사용할 것이다.

내가 이해하기로는 직접식 교수법에는 다음과 같은 특성이 있다. 첫째, 모든 논의와 수업의 전체는 목표어로 진행된다. 여기엔 연습하는 언어, 수업 진행용 교사의 언어 등도 모두 포함된다. 이 교수법은 문법의 귀납적 교육에 치중한다. 교육의 목표는 학생들이 해당 언어의 규칙을 추측하여 알아내도록 돕는데 있다. 귀납적 사고를 도와주기 위하여 교사는 학생들에게 흥미를 자아내고 의미가 있을 만한 질문을 던지고, 그렇게 되면 학생들의 대답은 목표어의 모범적인 문장구조를 제공하는데 사용될 것이다. 이 방법이 잘 작동되면, 직접식 교수법은 학급에 대화수업이란 분위기를 조장하는데 커다란 도움이 될 것이다. 내가 불어를 배울 때 불어 교사중 한 분이 사용했던 직접식 교수법 중 하나로 내가 일찍이 나의 논문에서 인용했던 한 사례를 여기서 다시 인용하기로 한다(Krashen, 1980). 당시 연습의 목표는 불어 접속사 "bien que"에 대한 교육이었는데, 이 접속사의 특성은 가정법이 되기 위하여 다음과 같이 이어지는 동사를 필요로 한다:

    교사 : Fait-il beau aujour'dhui?
    학생 : Non, il ne fait pas beau aujourd'hui.
    교사 : Irez-vous cependent à la plage pendant le week-end?
    학생 : Oui, j'irai cependent à la plage pendant le week-end.
    교사 : Irez-vous à la plage bien qu'il ne fasse pas beau?
    학생 : Oui, j'irai à la plage bien qu'il ne ...

  당시 나의 선생님은 해변에 가기로 결정한 위와 같은 특수한 사례를 교육에 활용했는데, 선생님은 일반적으로 학생들의 흥미를 자아낼 수 있는 맞춤식 질문을 던지려고 노력했다.
  직접식 교수법은 정확성을 주장하며, 오류는 수업에서 교정되어야 한다고 한다. 위의 예문과 같이 교사와 학생간에 짧은 대화의 교환이 있은 다음, 교사가 학생에게 모범 답안을 충분히 제공했다고 판단할 때, 교사는 목표어로 해당 언어규칙에 대하여 학생과 논의하고 설명하게 된다.

(1) 최적 입력을 위한 필요조건
  (i) 이해 가능성. 항상 목표어를 사용하라는 주장을 하는 직접식 교수법은 상당히 많은 양의 이해 가능한 입력을 제공한다. 자연식 교수법의

경우와 마찬가지로 이 교수법도 다양한 토픽과 문장구조를 활용하여 수업의 전체를 목표어로 채운다.

(ii) 흥미/관련성. 위에서 언급한 바와 같이 교실에선 학생들의 흥미를 자아내는 언어를 사용하려는 경향이 있다. 그러나 수업의 목표는 문법교육이고, 앞에서 이미 논의한 바와 같이 문법교육이란 목적과 흥미 위주라는 현실 속에 어떤 화제를 수업에 활용해야 하는가에 대하여 무거운 짐이 되고 부담스러울 수밖에 없다. 논의는 항상 의미가 있는 것이지만, 이런 논의가 진실로 의사소통 위주가 되는 경우는 그다지 많지 않다. Pucciani and Hamel의 교본 지침에 따르면 다음 예문과 같은 문장들이 학생들의 다양한 문법 요점을 귀납적으로 유추하는데 도움이 될 것이라고 권장하고 있다:

> Est-ce que votre pantalon est vieux ou neuf? (198)
> Mangez-vous des carottes? (236)
> Qui prepare le diner dans votre famille? (237)
> Est-ce que vous rasez tous les matins? (297)

문맥상황에 의존하는 여타 다른 교수법(예: 침묵식 교수법)과 마찬가지로, 모든 논의가 문법적 요점을 내포해야 한다는 요구조건은 이와 같은 자격조건을 충족시키기 어렵게 만든다.

(iii) 문법적으로 연속성이 없을 것. 직접식 교수법은 매우 엄격하게 연계성을 유지하고 있는데, 이것은 실제적인 의사 소통적 상황과는 모순되는 일인 것이다.

(iv) 분량. 위에서 언급한 바와 같이, 직접식 교수법은 여타 다른 교수법과 마찬가지로 수업 시간 전부를 이해 가능한 입력으로 채우면서 이와 같은 요구조건을 충족시키고 있는 것이다.

(v) 정의적 여과 수준. 초기단계에서부터 문법적 정확도, 오류 교정의 사용, 교과과정상의 문법적인 면에 치중 등을 강조하는 것은 불안 요인이 될 수 있으며, 매사에 가장 높은 모니터 사용에 높은 여과 수준을 유지하게 만드는 요인이 될 수 있다.

(vi) 대화 운영을 위한 도구. 목표어로 수업에서 학생 상호간에 작용할 수 있는 도구가 주어진다 - 학생들은 얼마 지나지 않아서 교사와의 대화(discussion)에 주도권을 잡을 수 있고, 문법에 대하여 질문을 할 수 있다. 이와 같은 대화적 혹은 더 나은 "학급 능력"의 일부는 교실 밖에서 유익하겠지만, 동시에 일부는 그렇지 않을 수 있다. 그러나 보다 더 나은 언어능력을 가진 원어민과의 대화를 위한 도구를 제공한다는 명시적 목표는 없다.

(2) 학습

직접식 교수법은 의식적 통제가 언어 습득에 필요하며, 문법의 의식적 지식이 모든 학생에 의하여 항상 접촉될 수 있는 것으로 가정한다. 이는 아주 초기단계부터(예: 성, gender) 구두언어 생산에서 후기에 습득되는 구조의 완전 통제를 요하기 때문에, 문법의 과잉 사용을 촉진시킬 수 있다.

(3) 요약

직접식 교수법은 경쟁관계에 있는 여타 다른 교수법보다 훨씬 더 많은 양의 이해 가능한 입력을 제공한다. 그러나 이 교수법은 여전히 문법 위주의 교수법이기 때문에 진정으로 흥미로운 메시지 제공 능력에 한계가 있고, 모니터의 과잉 사용으로 이어진다. 비공식 보고에 의하면 직접식 교수법은 언어 공부에 천부적 소질을 갖고 태어난 학생들, 의식적 문법의 연구가 필수적이라고 믿는 사람들 사이에서 상당히 많은 인구가 그 동안 성공을 거두어 왔다는 것이다. 이들 학생들에겐 문법의 귀납적 연구 그 자체가 흥미로운 것이고, 필요한 모든 흥미를 제공한다. 바꾸어 말하면 문법은 주관적인 문제이다. SLA이론은 습득이 문법을 소개하는 데 사용되는 교사의 말(teacher talk)로부터 시작된다는 것이다. (이에 대해서는 본 서의 제4장, Krashen, 1980 등을 참조할 것.)

5) 자연식 교수법

자연식 교수법은 UC, Irvine에서 대학생 및 고교생 수준의 외국어 교육을 담당했던 Tracy Terrell에 의하여 개발되었다. 본래 이 이론은 "모니터 이론"과는 별개로 독자적인 개발을 시작했지만, 후기 개발 및 응용은 이 책에서 제시한 제2외국어 습득론에 커다란 영향을 받았다. 자연식 교수법은 다음과 같은 원리로 설명될 수 있다:

1. 교실 수업은 주로 습득을 위한 입력 제공에 할애한다.
2. 교사는 교실에서 항상 목표어로만 말한다. 학생들은 모국어나 외국어 중 어느 한 언어를 사용할 수 있다. 만약 학생들이 외국어로 응답하기로 결정한다면, 학생의 외국어가 의사 소통에 심각한 문제가 발생하지 안는 한 오류를 교정해주지 않는다.
3. 숙제는 공식적인 문법 공부도 포함한다. 오류 교정은 숙제 검사시에 실시한다.
4. 교과과정의 목표는 "의미론적"이다; 학급 활동엔 어떤 특정의 구조의 사용도 내포될 수 있지만, 수업의 목표는 학생들이 아이디어에 대하여 말을 할 수 있고, 과업을 수행할 수 있고, 문제 해결이 가능하도록 하는데 있다.

(1) 최적 입력을 위한 필요조건

(i) 이해 가능성. 자연식 교수법에서 교실 실습의 전체적인 목표는 이해 가능한 입력을 제공하자는 것이다. 자연식 교수법 교사들은 수업 첫 날부터 학생들의 스피치를 이해 가능한 것으로 만들기 위하여 실물 교재(realia), 그림 및 학생들의 사전 지식 등을 활용한다.

(ii) 흥미/관련성. 외국어 수업에서 이것은 하나의 심각한 문제이다. 자연식 교수법은 Terrell의 용어로 말하자면 "정의적 습득 활동"(Affective Acquisition Activities), Christensen으로부터 받아들인 내용으로 학생들에게 개인적 흥미를 자아내게 하는 주제에 관한 논의 장려 (예: "자신을 유명인사라고 상상해 보라, 그리고 자기에 대한 신문기사가 있다고 가정하자. 신문기사에 난 자신의 기사 내용에 관하여 최소 한 가지 이상을 말해보라 ...") 등등의 방법으로 학생들의 흥미와 관심을 묶어두려고 애쓴다. 자연식 교수법의 초기단계에서 학급에서의 토의는 자기 소개, 하나의 공통된 집단 감정을 목표로 설정하기 등등에 초점을 맞춘다. 그 다음엔 학생들이 자기 자신의 과거 역사에 관하여 토의하고, 실제로는 학생들이 장래 희망과 인생계획에 관하여 이야기할 수 있다.

(iii) 문법적으로 연속성이 없을 것. 수업의 초점은 문법의 제시에 있지 않다. 특정의 문장구조가 특정 단계에서 더 많이 사용되는 경향이 있지만, 여기에 어떤 심오한 연계성이나 연속성이 존재하는 것은 아니다.

(iv) 분량. 전체 수업 기간이 이해 가능한 입력으로 채워져 있기 때문에, 자연식 교수법은 여타 다른 외국어 교수법과 마찬가지로 이와 같은 필요조건을 모두 충족시키고 있다.

(v) 정의적 여과 수준. 자연식 교수법은 입력가설에 "참"으로 남기를 바라기 때문에, 많은 불안의 근원들은 감소되거나 사라진다. 학생들은 자기가 준비되었다는 느낌을 갖기 전까지는 제2외국어로 발화 생산을 할 의무가 없다. 언어 형태에 관한 오류 교정은 학급에서 실시되지 않는다. 또한 학생들에게 흥미로운 주제를 토론하도록 시도한다. 이 교수법은 여타 다른 어떤 교수법보다 정의적 여과의 수준이 낮을 것으로 예상된다.

(vi) 대화 운영을 위한 도구. 대화 운영을 위한 몇 가지 도구는 학생들이 예측이 가능하며 자주 등장하는 주제에 대하여 원어민과 함께 대화하는 것을 도와줄 목적으로 설계된 아주 짧은 대화의 형태 속에 제공된다. 학생들은 또한 아주 초기단계부터 자기들이 교사의 입력을 통제하는데 도움이 될 수 있는 어휘와 표현에서부터 출발하도록 유도된다(예: "I don't understand", "What does _____ mean?").

(2) 학습
자연식 교수법은 모니터 기능이라고 알려진 것과 일맥상통하는 것이 되도록 설계되었다. 교실 내에서 오류 교정을 하지 않는 것은 의식적 문법이 사용될 때, 학생들에게 심리적 압박감이 존재한다는 점을 인정한 것이다: 따라서 학생들이 시간적 여유가 있어서, 언어형태에 초점을 맞출 경우, 그리고 하나의 언어규칙을 알고 있거나 학습중일 때에 한해서, 학생들은 가정 내에서만 모니터를 활용할 수 있을 것으로 본다. 대학 수준에서 문법 숙제는 모든 학생들에게 부과되지만, 자연식 교수법은 숙제 분량의 다양성(학생마다 다른 분량일 수 있음), 또는 최적 사용자냐 과소 사용자냐에 따라 각기 다른 유형의 숙제 부과 등 등 모니터 사용상의 변화를 수용할 수 있는 것으로 상상해 볼 수 있다. 그 동안 어린이를 대상으로 한 실험연구가 별로 없었던 관계로, SLA이론은 나이 어린 어린이는 문법 숙제로부터 얻는 득이 없을 것이고, 어느 정도 나이가 먹은 어린이와 사춘기 청소년들은 제한적인 분량 정도의 문법 숙제는 능히 감당해 낼 수 있을 것이라고 예측한다. (이에 관하여 더 상세한 내용이 필요한 경우는 Terrell, 1977을 참조할 것).

(3) 요약

자연식 교수법은 학습과 습득 두 경우의 모든 필요조건을 다 충족시키려고 사려 깊은 노력을 기울여 왔다. SLA이론에 의하면 자연식 교수법은 교실 수업만을 고려한 장소적 제한을 받고 있으며, 이로 인하여 일부 학생들은 흥미롭고 관련성이 있는 의사소통용 주제를 찾아내는데 어려움을 겪게 된다는 점이 유일한 단점이자 한계로 남게 된다.

6) 전신반응 교수법

전신반응 교수법이라는 독특한 방법은 James Asher에 의하여 개발되었으며, 그의 수많은 논문과 저서에서 그 내용을 설명하고 있다(Asher, 1977a). 전신반응교수법(Total Physical Response) 혹은 약자로 TPR은 기본적으로 외관적 신체 반응에 개입된 교사에 의한 명령으로 구성된다. 예를 들면 교사가 "일어서"라고 말하면 학급의 학생들은 모두 일어선다. 이와 같은 교사의 명령은 학급의 실력 향상의 정도에 따라 점점 더 복잡한 명령으로 진행되는데, Asher는 명령문의 형식을 빌어서 그 속에 거대한 양의 통사문제를 담는 것이 가능하다고 주장한다. 학생들은 자신이 "준비"가 되었다고 느낄 때만 말을 하게 되는데, 그렇게 되기까지는 대체로 10시간의 수업이 필요하고, 이 정도면 이젠 거꾸로 학생들이 명령어를 말할 수 있게 된다. 전형적인 TPR 수업인 경우 (Asher, Kusudo, and de la Torre, 1974에서 기술한 바와 같이), 처음 몇 개월 정도는(이 경우 45시간의 교육이었음) 듣고 이해하는데 70%(명령에 복종하는 것), 말하기에 20%, 읽고 쓰는데 10% 정도로 수업을 편성한다. Asher(1977b)는 TPR 체제엔 다음과 같은 3가지 원칙이 있다고 목록을 제시한다:

(i) 구어체 언어를 이해할 때까지 자제하고 지연된 학생들의 스피치는 "폭 넓게 내면화" 되어 온 것이다(p.1041).
(ii) 교사의 명령에 의한 구어체 언어를 학생들이 "이해하게 된다"(p.1041).
(iii) "교사의 구어체 언어에 대하여 학생들이 이해하는 어느 일정 시점에서, 학생들은 말을 할 '준비'가 되었음을 시사하게 될 것으로 기대된다"(p.1041).[1]

(1) 최적 입력을 위한 필요조건

(i) 이해 가능성. TPR은 이와 같은 조건을 충족시킨다. 이 교수법은 학생들이 교사의 말을 이해하는 정도를 효과적으로 구체화할 것을 필요로 한다. 사실상 TPR은 제2외국어의 이해나 발전(성적향상)을 위하여 필요한 것이 아니라, 단순히 입력이 이해되었다는 사실만을 보여 줄뿐이라는 주장도 있을 수 있다. Asher 자신의 연구는 TPR의 사용이 필수적인 것은 아니라는 견해를 뒷받침하고 있다. 어린이와(Asher, 1966; Asher and Price, 1967) 성인을(Kunihira and Asher, 1965; Asher, 1965, 1969) 이용한 일련의 연구들은 단순히 TPR을 참관한 학생들이 TPR을 요하는 테스트에서 직접 TPR을 수행한 학생들과 비교할 때 상호 별다른 차이가 없음을 보여주고 있다. TPR 참관 집단과 TPR 수행 집단 등 두 집단은 테스트에서 상당히 우수한 것으로 입증되었다. 이는 Asher 의 두 번째 원칙이 필요치 않을 수도 있지만 그래도 학생들을 단순히 입력에 초점을 맞추게 하고, 적극적으로 그 입력에 관여케 하는 하나의 효과적인 장치가 될 수 있음을 주장케 한다.

(ii) 흥미/관련성. TPR 기법의 참신성은 아마도 수업 자체를 학생들에게 매우 흥미로운 경험이 될 수 있도록 만들어 줄 것이다. 그러나 수업 전체를(100%) 한 사람이 명령문 생산에 주도권을 갖게 된다면 학생들의 계속적인 흥미와 관심을 불러일으키기가 어려울 지도 모른다(Asher는 어디서도 이와 같은 독주를 권하고 있지 않다).

(iii) 문법적으로 연속성이 없을 것. Asher의 설명에 따르면, 각각의 과(lesson)는 TPR상에서 반드시 문법적 초점을 갖고 있다는 것이다. 바꾸어 말하면 명령은 여러 가지 다양한 문법적 요소들을 문맥상황 속에 자연스럽게 포함시키고 있다는 말이다. 이미 앞에서 논의한 바와 같이, 이것은 앞에 나온 필요조건 2번을 충족시키기 위한 노력을 방해할 수 있다. 그러나 TPR 교수법에선 선천적으로 문법적 초점을 요구하지는 않는다.

(iv) 분량. TPR은 명령의 형식을 통하여 수업 전체를 이해 가능한 입력으로 채울 수 있다. 그러므로 이 교수법은 이와 같은 필요조건을 충분히 충족시킬 수 있는 잠재력을 갖고 있다.

(v) 정의적 여과 수준. TPR은 학생들의 불안감을 낮출 수 있는 매우 중요한 장점을 한 가지 가지고 있다: 학생들은 자기 스스로 준비가 되었다고 결정할 때까지 제2외국어로 발화 생산을 할 것을 요구받지 않는다. 바꾸어 말하면 학생들에겐 침묵기가 허용되는 것이다. Asher는 학생들의 초기 발화 생산 결과에 대한 교정이 TPR에서 필요한 것인지 여부에 대해서는 명시적인 언급을 하지 않고 있다; 이에 대해서는 교사마다 해석이 다르다. 그러나 학생 발화가 있을 경우 즉석에서 신체적 반응을 보이는 것은 학생에 따라서는 불안요인으로 작용할 수도 있을 것이라는 지적은 있었다.

(vi) 대화 운영을 위한 도구. Asher의 논문에선 이 문제에 관한 명시적 언급이 없다.

(2) 학습

TPR의 가정은 문법은 귀납적으로 학습될 수 있다는 것 즉 학생들이 학급 활동을 통하여 언어규칙의 정확한 형태를 산출해 낼 수 있다는 것이다. 이 책에 제시된 이론에 의하면 이것은 귀납적 학습이란 기술적인 의미에서 상당히 많은 문법이 습득될 것이고, 또한 귀납적으로 학습될 것임을 주장하는 바와 같이 해석될 수 있다는 것이다(귀납적 학습과 습득간의 차이에 대해선 본 서의 4장 참조 바람). 듣고 이해하기 및 스피치 자체의 지연에 대한 강조는 상당히 많은 의식적 학습의 오, 남용을 막아줄 수 있다: 학생들은 적합하지 못한 환경 하에서 자기 발화 생산 결과를 모니터 할 필요가 없고, 그리고 만약 발화 생산에 대한 요구가 적다면 모니터 사용에 적합하지 않은 언어규칙을 사용하지 않게 될 것이다.

(3) 요약

SLA 이론은 TPR이 근본적인 언어습득이란 결과를 낳고, 의식적 모니터에 대한 과잉 사용을 유발해서는 안 된다는 점을 예견하고 있다. TPR의 사용은 학생들의 적극적인 참여를 보장하고, 교사에겐 언제 자기의 발화가 학생들에게 이해되는지를 알 수 있도록 도와주고, 동시에 학생들이 들은 언어를 이해하는데 도움이 되는 문맥상황을 제공하게 된다. 이는 첫째, 교실 교수법이기 때문에, 그리고 둘째, 수업 전체가 계속해서 명령조이고 문법에 치중하기 때문에 흥미 유발/관련성 등등의 면에서 완전한 만족감을 창출하는데 실패할 수도 있다. 그러나 이 교수법은 청각-교수법 및 문법-번역식 교수법보다는 훨씬 나은 방법이다.

7) Suggestopedia

내가 구할 수 있는 문헌과 논문을 통하여 읽어본 자료를 토대로 한다면, 불가리아 소피아 소재 로자노프 암시학 연구소(Lozanov Institute of Suggestology)에서 시행되었던 "고전적" 의미의 Suggestopedia 수업은 다음과 같이 구성된다. 교과과정은 한 반에 약 12명 정도의 소집단 방식으로 구성되고, 1개월 동안 1일 4시간의 집중적인 수업으로 이루어진다. Bancroft(1978)에 의하면 1일 4시간의 수업은 다음과 같이 3부로 구성된다:

1. 전통적인 대화, 게임, 놀이 등을 통하여 행해진 것을 재검토한다. 여기엔 약간의 연습 문제 및 오류교정도 포함될 수 있지만, 어학실습실의 활용이나 문형연습은 포함되지 않는다.
2. 새로운 교재(material)의 제시. 새로운 교재는 학생들에게 익숙한 상황에 근거를 둔 다이아로그 형식으로 도입된다. Bancroft는 "새로운 교재"는 필요한 문법과 번역과 병행해서 다소 전통적인 방식으로 제시된다(p.170)라고 본다. 이 경우 다이아로그는 대단히 길다. Bushman and Madsen(1976)에 의하면 다이아로그의 길이가 10쪽부터 14쪽까지 매우 길게 나타나고 있다.
3. 이 부분은 암시적 교수법(Suggestopedia)의 "진정으로 원조격인 자질"(Bancroft, p.170)이며, 다시 두 부분으로 세분된다. 첫 부분에 해당하는 적극적 강신술(降神術)이라고 볼 수 있는 다이아로그는 교사에 의하여 읽혀지고, 이 때 학생들은 교재를 펴놓고 교사가 읽는 부분을 따라가면서 리듬에 맞는 요가식 심호흡을 계속한다. 이와 같은 활동은 교사와 학생 상호간에 협조로 이루어진다: "학생들의 호흡과 보조를 맞추면서, 교사는 다음과 같이 시간을 할당하고 순서에 맞춰서 언어 학습 교재를 읽어 나간다: 불가리아어(L1) 번역(2초) → 외국어 표현구(phrase)(4초) → 중간 휴지(2초). 외국어 표현구(phrase)를 읽게 될 때, 학생들은 4초간 호흡을 멈추고, 교재의 적절한 부분을 찾아보고, 주어진 외국어 표현구나 단어 그룹이 정신적으로 반복된다. 정신집중은 호흡의 정지나 보류에 의하여 크게 촉진된다"(Bancroft, p.171).

강신술의 수동적 혹은 협주곡 부분으로 명명된 두 번째 부분은 음악이 포함된다. 여기서 중심적인 활동은 "정서적 혹은 예술적 억양을"(Bancroft, p.171) 가진 교사의 다이아로그 낭독인 것이다. 두 눈을 감고 있는 학생들은 "교과서 위에서 명상에 잠기고", 이 때 바로크 음악이 흘러나온다. 음악 선정은 "해당 언어 교재를 향한 무의식적 몰입에 필요한 편안한 휴식과 명상의 상태"(Bancroft, p.172)를 조장하는데 기여할 수 있는 것을 기준으로 한다.

소피아(불가리아의 수도) 교수법의 적응 논의에서 Bancroft는 "시스템을 효과적으로 작동시키는데 필요한 로자노프 교수법의 3요소는 (1) 매력적인 교실(부드러운 불빛 조명)과 유쾌한 교실 분위기로의 환경조성; (2) 학습할 수 있도록 학생에게 동기부여를 하고, 교재를 생산해 낼 수 있는 역동적인 인격을 갖춘 교사; (3) 학생 마음속에 편안함을 느끼게 하는 심리적 상태 ..."(p.172) 등이라고 말한다.

Suggestopedia에서 학급의 각각의 구성원에겐 "심리적 억압상태를 극복"하게 하기 위하여 새로운 이름과 역할을 부여한다(p.170). Suggestopedia의 기타 다른 기법과 태도에 관해서는 우리가 습득을 위한 입력 필요조건을 분석하면서 아래와 같이 논의를 계속하기로 한다.

(1) 최적 입력을 위한 필요조건

(i) 이해 가능성. 몇 가지 Suggestopedia의 진행 절차는 입력의 이해 가능성을 도와줄 목적으로 구체적으로 설계된다. 초기 다이아로그는 학생들에게 친숙한 상황에 기초를 두고, 제1부에서 학생들의 모국어 사용은 학생들로 하여금 교재에 제시된 목표어를 이해할 수 있도록 하고, 또한 이해했는지 여부를 확인할 목적으로 부분적으로 허용해야 한다(Racle, 1979, p.100).

(ii) 흥미/관련성. 다이아로그의 주제는 천부적인 흥미를 자아낼 뿐만 아니라 몇 가지 실제적인 가치가 있어야 하고 학생들의 필요성과 욕구에 부합하는 것으로 설계된다. 캐나다 수도 오타와 소재 공무원 연수원(Public Service Commission)에서 영어를 사용하는 공무원들에게 불어를 가르치려고 개설한 Suggestopedia 교수법인 경우, 교과목의 목적은 사무실 환경에서 수강자들의 흥미와 의사 소통적 필요성에 부합하도록 설계되었다(Public Service Commission, 1975). Racle(1979)에 의하여 인용된 (그리고 불어로 번역된) Novakov의 경우도 "Les situations présentéessont typiques, réeves, ce qui facilite leur activité"(p.99)라고 되어 있다.

(iii) 여과 수준. Suggestopedia가 이 글의 위와 아래에서 논의한 여타 목표를 충족시키려고 시도한다는 점을 볼 때, 이것이야말로 이 교수법에 주안점이자 가장 훌륭한 성공이라고 볼 수 있다. 실제적으로 Suggestopedia의 모든 자질들은 학생을 편안하게 해주고, 불안을 감소시켜주고, 정신적 장벽을 제거하고, 신뢰성을 구축해 주자는 데 있다. 여기 몇 가지 예가 있다:
교실의 디자인은 "유쾌하고 온화한 분위기"(Public Service Commission, 1975, p.29)를 창출하는 것을 뜻한다. 학생들은 "친숙한 접촉으로 자유스럽고 자연스런 의사소통을 촉진시키기"(Bushman and Madsen, 1976, p.32) 위하여 둥글게(circle) 원형 대형으로 안락한 의자에 앉힌다. 전통적인 재래식 교실은 "좌절감, 실패감 등을 느끼게 하고, 이전의 수많은 학습 노력의 인공이 가미된 느낌"(Bushman and Madsen, p.32) 등을 갖게 한다.
특수 심호흡 연습은 이들의 목표로서 경각심을 불러일으키며 긴장을 해소시켜준다. Bancroft는 미국이 Suggestopedia를 받아들인 것도 신체적 운동(4지 펴기 및 굽히기 운동) 및 "심리적 안정 운동"분야 뿐만 아니라 학생들이 편안한 가운데 경각심을 유지할 수 있도록 도와주는 요가법 분야 등이 있다.

음악도 불안 수준을 경감시키고, 제2외국어 습득에 최적이라고 생각되는 편안한 경각심의 상태를 유발시키는 수단으로 이용된다(Racle, 1980, pp.73-74).

여과 수준을 낮추고자 하는 Suggestopedia의 또 다른 아이디어는 교사의 행동이다. Suggestopedia는 교사의 "권위"가 매우 중요하다고 생각한다("이 교수법의 주요 부분이지 바람직한 교사상은 아니다"; Stevick, 1980, p.238). 교사의 행동은 제2외국어 습득을 위한 학생 자신의 잠재력 및 교수법 자체 등에 대한 학생의 자신감을 길러주는데 큰 도움이 된다; 교사는 자신감을 가져야하지만, 폭군이 되어서는 안되며, 학생이 주도권을 잡도록 장려해 주어야한다(Stevick, 1980, 제2장, 제18장 참조).

(iv) 문법적으로 연속성이 없을 것. 수업 첫 1개월 동안의 집중적인 교과과정에선 일정량의 문법을 포함시키려는 사려 깊은 시도가 있다(Racle, 1979, p.95). 그러나 확고부동한 연속성(sequence)이 이어지는 것은 그런 사례로 보이지 않는다. 내가 읽어본 Suggestopedia에 관한 모든 저자들은 서두부터 커뮤니케이션에 초점을 맞추고, 다이아로그는 문법의 구체적인 사항에 초점을 맞추는 것 같지 않음을 강조하고 있다. Bushman and Madsen에 의하면, "다이아로그들은 엉성하게 공통의 주제 주변에 모여들고, 쓸데없이 구축된 상당히 많은 영역을 망라하고 있다"(p.33). 우리의 용어로 말하자면, Suggestopedia는 성공적인 의사소통에 의하여 제공된 문법구조의 그물 망에 의존하고 있는 것 같다.

(v) 분량. Suggestopedia는 이 필요조건을 잘 충족시키고 있는 것 같다. 모국어로 몇 가지 설명을 하는 동안, 길고 다양한 다이아로그가 순수 입력으로서(제2부, 제3부), 그리고 L2의 의사 소통적 사용을 위한 기초로

서(제1부) 수업 기간의 대부분을 채운다.

(vi) 대화 운영을 위한 도구. 이것은 여기서 명시적으로 언급된 바가 없지만, 다이아로그가 사실적으로 되게 하기 위해서 노력하고 있기 때문에 대화 운영을 위한 도구가 존재할 것으로 본다. 캐나다의 Public Service Commission 교육과정에서 사용했던 교재는 기타 다른 것뿐만 아니라 공무원들이 사무실에서 분명히 대화를 허용하고 촉진시킬 수 있도록 설계되었다. 그러나 그들이 자기들 보다 대화 능력이 나은 화자들과 그들이 대화할 때 필요한 도구를 학생들에게 제공한다는 명시적 언급은 보이지 않는다.

(2) 학습

Bushman and Madsen(1976)에 의하면, "내용이 언어형태에 앞선다. 정확한 발음과 문법은 적절한 절차 속에서 나타난다"(p.32). 각각의 레슨의 제1부에는 오류 교정 및 문법 설명이 있는데, Suggestopedia에서 문법의 사용은 분명히 의사소통을 방해하지 않는다.

(3) 요약

내가 이해한 바로는, 내가 Suggestopedia체제를 나의 공식에 맞추고, 현장 실무자들이 의심해 보지도 않고 무작정 대단히 중요하다고 생각했던 Suggestopedia 철학이 언급한 몇 가지 현상을 과감히 삭제시키다 보니, Suggestopedia가 최적 입력의 필요조건과 완벽하리 만큼 잘 맞아떨어지는 것 같았다. Lozanov가 초월적(hyper-) 혹은 수퍼(super) 메모리를 불러낸다고 생각했던 요소들 또는 한계를 "역제안 하는" 것으로 생각했던 요소들이 우리 용어로 볼 때, 정의적 여과를 낮추고, 무의식적 언어습득 체계가 역량과 효과를 최대한 그리고 효율적으로 작동할 수 있도록 허용하는 조건들인 것이다. Suggestopedia도 적재적소에 문법을 가져다 놓는 것 같다.

2. 응용언어학 연구

우리는 이제 "응용언어학 연구"를 통하여 교수법에 관한 실험적 검증을 시도하려고 한다. 나는 제1장에서 응용언어학 연구를 기초가 되는 이론의 존재 유무와 상관없이 실제적인 문제 해결을 모색하는 것을 목적으로 하는 실험이라고 정의를 내린 바 있다. 응용언어학 연구의 많은 언어교수법간의 실험적 비교로 구성되어 있으며, 본 장의 목적은 다음과 같은 요점을 찾아내고자 노력했던 주요 연구의 결과를 고찰해 보자는 데 있다:

1. 문법-번역식 교수법, 인지-부호 교수법, 청각-교수법 등과 같은 낡은 교수법을 서로 비교 할 때, 효율성 면에서 차이가 적거나 별다른 차이점이 없음을 발견했다. 몇몇 연구에서 인지-부호교수법은 청각-교수법과 비교할 때, 성인 학생들의 경우는 약간 우수성이 높게 나타나고, 청소년 학생들의 경우는 별다른 차이가 없었던 것으로 나타난다.
2. 이들 교수법들을 우리가 새로운 교수법으로 볼 만한 풍부한 자료가 없지만, 앞장에서 행한 우리의 이론적 분석과 우리의 데이터의 결과가 일맥상통한다. 전신반응교수법(TPR)과 같은 보다 새로운 교수법들은 과거 낡은 교수법보다 약간 나은 결과를 낳고 있다.

우리는 낡은 교수법들은 최적 입력의 수많은 필요조건 충족에 실패했고, 의식적 학습을 너무 강조하기 때문에 이들 낡은 교수법들 간엔 별다른 차이점이 없는 것으로 결론을 내릴 수 있다. 새로운 교수법들을 보면 비교 검증 결과 최적 입력의 필요조건을 낡은 교수법보다 더 많이 더 잘 충족시키고 있으며, 경쟁관계에 있는 여타 교수법을 앞서 나아가는 면도 보이고 있다.

1) 교수법 비교연구에 관한 고찰

직접 연구로 들어가기 전에 우선 학급 연구가 "명확한" 데이터를 생산하지 못한다는 점을 지적할 필요가 있다(물론 이런 연구가 종종 값지고 흥미로운 데이터를 생산하기도 한다). 이는 거의 모든 경우에 얻어진 결과에 책임이 있는 특수한 처방이나 교수법일 것이라는 결론으로부터 우리의 접근을 가로막고 있는 수많은 "복합적인 변수들" 때문이다. 이와 같은 복합적인 변수들을 목록으로 제시하는 일은 매우 유익할지도 모른다.

만약 교수법 A를 적용 받는 학생들이 교수법 B의 적용을 받는 학생들보다 성취도 테스트에서 더 나은 결과를 보인다면, 물론 출발선상에선 양측이 동일했다고 간주할 때, 차이가 나타난 원인은 교수법 때문이라기보다는 오히려 교사라고 볼 수 있다. 비록 같은 교사가 양측(A, B)을 가르친다 하더라도, 교사가 둘 중 어느 한 방법을 더 선호하게 되거나, 학생들이 선호하는 교수법이 있을 수도 있다! 학급 A는 오전 일찍, 그리고 학급 B는 오후 늦게 시간표를 배정할 수도 있는 문제이다. 그러므로 학급 A에 속하는 학생들은 학급 B에 속한 학생들보다 더 경각심을 갖고 수업을 받는 태도가 더 좋을 수도 있는 일이다. 학급 B는 주의 집중을 방해하는 요인이 되는 운동장 근처에 위치할 수도 있다. 양측의 교재에 차이가 나타날 수도 있다. 또한 학생들의 선택 편견(selection bias)도 존재할 수 있다; 즉 일부 학생들은 그것이 "특수한" 것임을 미리 알고 심사숙고하여 학급 A에 수강신청을 했을 수도 있다. 교사가 기타 복합적인 요인의 잠재적 요소를 첨가시킬 수도 있다. (기술적인 면에 관하여 더 자세한 내용을 보려면 Campbell and Stanley, 1963을 참조할 것.)

<도표 5.1> 외국어 교수법간 비교연구(미국)

연구자	교수법	목표어	표본의 수	실험시기	S/P	L/C	R/D	R/T	선호도(태도)
Scherer & Wertheimer	GT, AL	독일어	130, 150	1학년	AL	AL	GT	GT	AL
				2학년	nd	AL	nd	GT	AL
Chastain & Woerdehoff[1]	CC, AL	스페인	51, 48	1학년	AL	nd	CC	CC	
			35, 31	2학년	AL	nd	nd	nd	
Mueller	CC, AL	불어			not given	CC	CC	CC	CC(일부탈락)

AL = audio-lingual (청각-교수법)
GT = grammar-translation (문법-번역식 교수법)
CC = cognitive-code (인지-부호 교수법)
nd = no difference (차이가 없음)
[1] includes both Chastain & Woerdehoff(1968) and Chastain(1970)

많은 방법론상의 문제점은 감소될 수 있다. 각기 다른 학교의 많은 학생들이 각기 다른 교실에서 실험이 실시된다면, 즉 만약 A가 여러 가지 측정 방법에 의하여 다양한 조건 속에서 우수한 방법이란 신뢰도가 나타난다면, 적어도 교실 실험의 결과는 고려해 볼 가치가 있다. 특히 그 결과가 예를 들면 제2외국어 습득론과 같은 다른 출처와 일맥상통한다면 그 결과는 고려해 볼 만한 가치가 있다.

(가) AL, GT, CC에 관한 미국의 연구

<도표 5.1>은 1년에서 2년간 계속적으로 적용 실험한 몇 가지 교수법을 비교 연구한 결과를 간략하게 요약하고 있다. 이들 연구들은 모두 미국의 외국어 교육과 관련이 있는 것인데, 주로 청각-교수법과 문법-번역식 교수법(GT), 청각-교수법과 인지-부호 교수법(CC)과의 관계를 비교하고 있다.

Scherer and Wertheimer(1964)는 실험 적용 1년 후 청각-교수법(AL)과 문법-번역식 교수법(GT)간에 몇 가지 차이점이 있음을 발견했다. 즉 차

이점이란 양측 교수법 모두 modality를 강조하는 면에서의 차이점이 발견되었다. 이들 차이점은 2년째에 접어들자, 점차 희석되었고, 두 방법 간의 sub-test를 위한 결합 점수는 아무런 의미 있는 차이점이 나타나지 않았다. 이는 학생들이 교수법상에서 강조하는 영역에서 모두 잘 하고 있다고 결론을 내릴 수 있다.

  Chastain and Woerdehoff(1968)와 Chastain(1970) 등은 청각-교수법과 인지-부호 교수법을 비교연구 한 다음 몇 가지 차이점이 있음을 발견했다. 즉 채택된 방법 면에서 1년 적용 후 차이가 있음이 발견되지만, 2년 후엔 아무런 차이점도 보이지 않았던 것이다. Chastain(1970)도 남학생들은 AL에서 더 나은 편이었고, 여학생들은 CC에서 나은 결과를 보였다고 연구 결과를 밝혔다. 이들 연구 결과 밝혀진 내용에 관해서는 나중에 더 상세히 논의하기로 한다.

  Mueller(1971)는 실험연구 기간을 1년으로 제한하여 교수법 AL과 CC를 비교연구 했다. 이들 검증된 기법을 비교해 보면 CC가 더 우수하고, AL 학급이 전국적인 규범(MLA, national norms)에서 점수가 좋게 나왔다. 과거 연구결과들은 우리에게 이와 같은 장점이 2년차에도 계속 유지될 것인지 여부를 묻지 않을 수 없게 한다.

  <도표 5.2>는 우리에게 어느 교수법이 어느 교수법보다 얼마만큼 우수하다는 것을 점수로 확인할 수 있겠다는 아이디어를 제공한다. 분명한 것은 두 교수법 모두 결과적으로 어느 정도 발전한다는 사실이다; 차이점이 경우에 따라서는 의미가 있는 것일 수 있지만, 차이가 있다 해도 그 정도는 그다지 크지 않다.

<도표 5.2> 교수법 비교연구에 나타난 우열의 정도(미국)

MLA 협찬 테스트	R/D1	R/T1	L/C	S/P2
AL	26	59	25	51
CC	30	64	26	49

1 : CC 선호시 의미 있는 차이
2 : AL 선호시 의미 있는 차이
출처 : Chastain and Woerdehoff(1968)
대학 수준의 스페인어 교육 실시 1년 후 테스트 실시

(나) GUME 프로젝트

첫 번째 집단은 유창성 테스트를 사용하여 교육 1년 혹은 2년 실시 후 언어 교육의 효율성을 찾아보았다. 연구의 또 다른 집단은 단기 교육 후 구체적인 문장구조에 초점을 맞추어 보았다. 이들 연구는 스웨덴에서 실시중인 외국어로서의 영어를 다루고 있는 GUME 프로젝트의 결과인 것이다. GUME 프로젝트는 아래 <도표 5.3>과 같이 요약할 수 있다.

GUME 프로젝트는 AL 유형의 교육을 "인지 교수법"과 비교하는 것을 목적으로 했는데, 여기서 말하는 후자의 "인지 교수법"은 인지-부호 교수법과 매우 유사한 것이다. 나는 이들 연구 결과를 하나하나 모두 열거하지 않고, 전반적인 결과만 간단하게 요약하고자 한다; 관심 있는 독자들은 <도표 5.3>에서 자세한 내용을 볼 수 있으며, 더 구체적인 내용은 연구 자체를 참고하기 바란다(von Elek and Oskarsson, 1975).

매우 간단하게 언급하면서 GUME 프로젝트는 그들이 소위 말하는 "암시적" 교수법과 "명시적" 교수법간에 전반적인 어떤 차이점을 발견하지 못했던 것이다(이 경우 실험대상은 사춘기 학생들이었음). 실험 대상이 성인인 경우, 명시적 교수법이 다소 나은 것으로 나타났다. 성인의 경우, 차이점은 통계적으로 유의미한 것이었지만, 그 정도가 그다지 크지는 않았다.

전반적인 면에서 그다지 큰 차이점은 없었음에도 불구하고 실험 대상을 청소년으로 볼 경우, 일부 하부 그룹에서 명시적 교수법이 더 나은 것으로 나타났다: (1) Levin의 연구에 나타난 "가속된" 학급, (2) von Elek and Oskarsson 연구에서의 여성 등. von Elek and Oskarsson의 연구에 나오는 어느 학급은 "구두 지적능력"(von Elek and Oskarsson, 1975, p.29)에서의 규범(norm)보다 낮은 것으로 기술되었는데, 이는 명시적 교수법을 적용 받은 어느 다른 학급보다 문제가 더 많은 것으로 보고되었다.

명시적 교수법과 암시적 교수법을 단순 비교하면서 von Elek and Oskarsson도 이들 교수법의 다양한 조합을 비교했다. 이들은 IMEX(<도표 5.3> 참조)가 IM자체보다 우수함을 발견했다; 바꾸어 말하면, 전적으로 문형연습에 기초를 둔 하나의 교수법에 몇 가지 문법적 설명을 첨가시키는 것은 도움이 된다(<도표 5.3>상의 주2번 참조). 그러나 EXIM은 EX보다 우수한 것은 아니다: 인지 교수법에 문형연습을 추가시키는 것은 그다지 도움이 되지 않았다.

<도표 5.3>은 GUME 연구에서 명시적 교수법이 성인 대상일 경우 좀 낫게 나타남을 독자들에게 보이려는 의도가 숨어 있다. 이전 절에서 언급한 미국 연구의 사례에서와 같이 여기서도 차이점은 그다지 크지 않다. 분명히 두 집단 모두 진전은 있었다.

2) 교수법 비교연구에 관한 몇 가지 예비 결론

전반적으로 보아서, 미국 연구와 스웨덴 연구 둘 다 각자가 연구했던 교수법간에 단지 약간의 차이만 존재함을 보여주고 있다. 어떤 교수법을 채택했느냐와 상관없이 실험 대상 학생들은 적어도 약간의 진전은 있었다. Stevick(1976)은 아래와 같이 수수께끼에 가까운 말로 암시적인 모순을 언급했다:

"언어 교육 분야에서, 교수법 A는 교수법 B와 논리적으로 모순된다: A가 어디로부터 파생된 것이라는 가정이 맞는다면, B는 제대로 작동하

<도표 5.3> 교수법간 비교연구 결과(GUME)

연구자	교수법	대상학생	교 재	결 과
Olsson, 1969	암시적[1] EX스웨덴어 EX영어	14세	1개 구조(수동)	아무런 차이가 없음
Levin, 1972	암시적 EX영어 EX스웨덴어	14-15세		전반적으로 차이가 없음; 고급반 EX스웨덴어에서 우수한 것으로 나타남
Levin, 1972	암시적 EX스웨덴어 EX영어	13세		전반적으로 차이가 없음; "능력"이 나은 학생들이 EX스웨덴어에서 잘하고 있지만, 더 나쁜 경우도 없음.
von Elek & Oskarsson, 1975	IM[2] EX	성인 n=125	10개 레슨	명시성이 훨씬 더 나음
von Elek & Oskarsson, 1975	IM EX	성인 n=91	〃	〃
von Elek & Oskarsson, 1975	IM EX	12세	〃	차이가 없음, 명시적 학급의 낮은 수행 때문.
von Elek & Oskarsson, 1975	EX, IM EXIM, IMEX[3]	성인 n=277	4개 레슨 2개 구조	EX가 IM보다 우수; IMEX가 IM보다 낫지만 유의미한 차이는 없음; EX가 EXIM 보다 우수함(예측 안됨)
von Elek & Oskarsson, 1975	EX, IM EXIM, IXEM	12세 n=335	4개 레슨 2개 구조	여성들은 성인 패턴을 닮아가고, 남성은 닮지 않는 경향을 보임

[1] IM = "암시적"(문형연습만). EX= "명시적"(문형연습과 함께 설명도 첨가). EX스웨덴어= 스웨덴어로 설명. EX영어= 영어로 설명.

[2] IM = "구조화되고, 등급화된 문형연습으로 교실 앞에 설치한 자막에 상황에 맞는 그림을 환등기로 투사 ...명시적 설명 않고, 목표어와 비교 또는 번역 연습"(von Elek and Oskarsson, 1975, p.16). EX= "학생들에게 연습중인 문장구조의 통사적 특성에 관한 명시적 설명 ... 스웨덴어로 해당하는 문장구조의 비교 ... 문법은 연역적으로 가르친다 ... 연습문제는 주로 괄호 넣기나 번역으로 한다 ... 문형연습은 실시하지 않는다"(von Elek and Oskarsson, 1975, p.16-17).

[3] IMEX = 설명을 추가한 IM과 같다. EXIM= 구두문형연습을 추가한 EX와 같다.

지 않는다, 그리고 그 반대도 마찬가지이다. 그러나 어떤 동료 연구자는 A로 우수한 결과를 얻고 있고, 또 다른 연구자는 B로 우수한 결과를 얻고 있다. 어떻게 이런 일이 가능할까?"(p.104).

이와 같이 이상한 수수께끼와 같은 것을 교수법 비교연구의 결과에 적용시키기 위해서, 우리는 인지 교수법이 어떻게 조건화 및 습관 강화에 의하여 우리가 언어를 배운다는 가설에 기초를 두고 있으며, 청각교수법에 비견할 만한 결과를 가져올 수 있는지를 질문할 수 있다.

이에 대한 가능성이 있는 해답에 들어가기에 앞서서, 다른 반응이 있음을 언급할 필요성이 있다: 모든 사람이 다 Stevick이 보았던 모순을 보지는 못했다. 수많은 방법론자들과 교사들은 그 해법은 단순히 절충주의적이고, 어중간한 곳에 어정쩡하게 서있는 것으로 간주했다. 내 생각으론 언어 습득을 촉진시키기 위하여 각각으로부터 교사가 최악의 것을 선택해 낸 결과가 되는 수가 종종 있다: 즉 청각-교수법으로부터 문형연습을, 문법-번역식 교수법으로부터 규칙 설명을 선택해내는 것과 같은 경우이다.

내 해석으로는 청각-교수법, 문법-번역식 교수법, 인지-부호 교수법 등을 사용하는 교수법 비교연구의 결과는 앞부분에서 제시한 바 있는 교수법의 이론적 분석과 일맥상통하는 면이 있다: 이와 같은 분석에 의하면, 비록 각각의 교수법이 최소한 몇 가지를 제공하고, 인지-부호 교수법이 다소 더 많은 학습을 허용하는 방법이라 할지라도 무의식적 언어습득을 촉진시키는데 특별히 효과적인 교수법은 존재하지 않는다. 이는 교수법의 효율성 면에서 서로 비슷비슷하다는 말이며, 인지적 체계가 다소 나은 편이고, 청소년의 경우 보다 "구두언어"적임을 나타낼 뿐이다. 이는 또한 기타 다른 교수법들이 매우 나을 수도 있음을 예견해 주는 것이다. 그러나 불행하게도, 모든 새로운 교수법에 관한 비교연구 데이터를 가지고 있지 않은데, 그 결과가 아마도 이와 같은 예측과 큰 차이가 나지 않을 것이다.

3) 최근의 교수법 비교연구

우리는 제2외국어 습득론에 따라, 문법-번역식, 청각-교수법, 혹은 인지-부호 교수법보다 훨씬 새로운 최근의 교수법으로 논의의 방향을 돌려보고자 한다. 우리는 현재 이들 새로운 교수법들 간의 상호 비교연구에 관한 상세한 보고서나 결과물을 갖고 있지 못하며, 이들 새로운 교수법중 일부는 아직 검증되지도 않은 상태이다. 그러나 지금까지 수행되어 온 연구들은 이들 새로운 교수법들이 습득을 위하여 필요한 입력을 더 많이 제공하는 교수법이며, "적재적소"에 문법을 배치시키는 기법도 낡은 교수법보다 훨씬 우수하다는 점을 시사하고 있다.

(가) TPR 씨리즈

Asher는 자기의 교수법을 실험적으로 검증하는 일에 최선을 다했다. 그는 외국어 학급을 이용하고, 어린이와 성인을 이용하여 TPR과 기타 교수법을 비교 연구했다. 여기 그가 실시한 간단한 조사연구가 있다.

Asher(1972)는 성인을 대상으로 TPR 씨리즈를 시작했는데, "표준" 대학 교과과정을 통제집단으로 TPR 독어 학급을 비교했던 것이다. Asher는 고작 32시간의 TPR 교육을 실시한 다음 TPR 학생들이 150시간의 교육을 받았던 통제집단보다 듣기 평가에서 훨씬 더 양호했고, 읽기와 쓰기 평가에선 통제집단과 대동소이했다고 연구 결과를 발표했다. Asher의 학생들은 통제집단보다 거의 5배 가량 습득속도가 빨랐다! 이와 같은 결과는 과거에 실시했던 청각-교수법, 인지-부호 교수법, 문법-번역식 교수법에 대한 비교연구에서 교수법간에 별다른 유의미한 차이가 발견되지 않았던 사실과 비교할 때 매우 대조적인 것이었다.

Asher, Kusudo and de la Torre(1974)는 AL 통제 하에 대학 1학년 수준

에서 스페인어를 배우고 있던 TPR 학생을 비교해 보았다. 45시간의 TPR 교육을 실시한 다음, 학생들은 150시간의 교육을 받은 통제집단보다 듣기 평가에서 훨씬 우수한 결과를 보였고, 읽기 평가에선 통제집단과 대동소이했다(Pimsleur Spanish Proficiency Test). 그 후 다시 45시간의 추가 교육을 실시한 다음, TPR 학생들은 읽기, 쓰기, 말하기, 듣기 등 모든 기술을 평가할 목적으로 설계된 스페인어 시험에서 모두 순위 50퍼센트 이상 상위로 올라갔다.

Asher(1977a)는 TPR 교수법을 사용하여 30명의 ESL 학생들을 청각-교수법을 적용한 통제집단과 비교하여, TPR 적용 학생들이 동일한 교육시간을 할애(120시간) 했지만 더 높은 단계에서 출발했던 통제집단보다 훨씬 학업 성취도가 높게 나타났다고 연구 결과를 보고했다.

TPR 연구들은 또한 (성인뿐만 아니라) 어린이도 실험대상으로 활용했다. Asher(1977b)는 한 번에 3가지 실험을 했는데, 실험에는 모두 외국어로서의 스페인어 5단계에서 9단계에 속하는 학생들을 대상으로 했다. 실험 I에선 9단계 학급을 통제집단으로 설정하여, 6단계 학급들 그리고 7단계와 8단계가 혼합된 1개 학급 등을 비교했다. 통제집단에도 실험집단과 유사한 교재를 적용했지만, 교육의 주안점은 반복(repetition) 및 공식 교육에서 "스페인어 문법을 강조하는" 읽기와 쓰기의 강조 등이었다. 양 집단(실험집단, 통제집단)은 모두 40시간의 실험교육을 적용했다. 작문시험에서 (한 장의 만화를 보고 작문을 하라는 문제였는데, 채점방식은 작문에 나타난 의미 있는 단어 및 어휘 표현의 숫자의 합을 점수화하는 방식이었다), TPR 학급 모두가(학급 분류상 7가지 종류와 등급이 나옴) 통제집단을 앞질렀다.

실험 II에서는 초등학교 학생을 대상으로, 통제집단으로 2개 학급을 편성하고(7단계에서 9단계에 해당), 실험집단으로는 9개 학급(5단계에서 8단계에 해당)의 어린이 그리고 성인으로 구성된 1개 TPR 학급을 설정했다. 이번엔 교육 시간 수를 달리하여 실험집단인 TPR 학급엔 20시간, 통제집단엔 200시간으로 했고, 교육 내용은 실험 I의 경우와 비슷했다. 평가용 시험은 그림과 연관해서 주어진 문장이 맞느냐 틀리느냐 여부를 묻는 방식의 "청해용 스페인어 그림 테스트(Spanish Picture Test for Listening)"를 채택했다. 그랬더니 100시간의 교육 후 5단계 학급을 제외하면 모든 TPR 학급이 통제집단보다 낫다는 결과가 나왔으며, 성인 학급의 경우는 단 20시간의 교육후의 결과가 200시간의 교육을 실시한 통제집단보다 낫다는 결과가 나왔다. 읽기 테스트(reading test)에서도 이와 유사한 결과가 나왔다.

실험 III에서는 5단계와 6단계에 속하는 TPR 학급과 통제집단을 비교했는데, 비교의 기준은 언어 유창성을 측정한 테스트의 점수였다(예: "학생 여러분이 기억할 수 있는 모든 스페인어 어순이나 문장을 쓰시오"). 양측 집단에 교육 시간은 동일했다. 이 경우도 TPR 학급이 통제집단보다 상당히 나은 결과를 보였다.

TPR 수업의 결과는 분명하고 일관성이 있으며, TPR의 우수성은 상당히 놀라운 것이다. 심지어 우수하지 않다고 결과가 나온 (위의 실험 II에서 5단계 학급의 경우) 경우도 설명이 가능하다: 즉 통제집단이 더 나이가 많은 학생들이라는 사실에 의하여 TPR의 장점은 너무 큰 부담을 안게 되었던 것이며, 앞의 2장에서 언급한 바와 같이 나이가 더 많은 어린이들이 더 빨리 습득하는 것으로 알려져 있다(Krashen, Long and Scarcella, 1979).

(나) 기타 입력 방법론 비교

그 동안 TPR과 같이 이해 가능한 입력의 제공에 초점을 맞추는 교수법의 효율성을 연구하는 다양한 연구가 계속 진행되어 왔는데, 이와 같은 연구들은 조기 발화 생산을 강요하지 않는다. 이와 같은 새로운 교수법들은 "표준"이 아니거나 널리 사용되지 않기 때문에 앞장에서 전혀 다루지 않았지만, 이들 새로운 교수법의 장점은 침묵기를 인정하는 교수법들이 허용치 않는 교수법보다 낫다는 가정과 (심지어는 직접 "말하기 실력"을 테스트하는 경우마저도) TPR 사례 등을 무시할 수 없게 만든다.

Gary(1975)는 5개월 동안 외국어로서 스페인어를 공부중인 어린이들을 조사해 보았다. 여기서 실험집단은 교육 초기 14주 동안은 스페인어를 한 마디도 할 줄 몰랐지만, 결국은 스페인어를 이해했음을 알 수 있는 "능동적인 반응"을 생산해 냈다. 또한 이들 학생들은 그 후로도 7주간이나 수업 중 스페인어로 말을 해보라는 강요를 받지 않았다. 실험집단은 통제집단과 비교할 때 듣기 면에서 더 우수했고, 말하기 면에선 양 집단이 대동소이했다 (통제집단이 말하기 훈련을 더 많이 받았음에도 불구하고).

Postovsky(1974)는 상당히 표준화된 청각-언어 교육과정에서 1일 6시간씩 12주간의 집중적인 러시아어 교육을 받는 국방언어학교(Defence Language Institute)의 학생들을 연구대상으로 했다. 교육 시작 첫 4주간은 실험집단은 러시아어를 단 한 마디도 말하지 않고 자신의 반응을 글로 썼다. 두 집단은 4주간의 교육을 받은 다음 합반했다. 중간고사에서 실험집단은 읽기, 쓰기, 말하기 테스트에서 우수한 성적을 보였고 (특히 "문법 통제" 및 "큰 소리로 읽기" 등에서), 12주가 지난 다음 이들은 듣고 이해하기(listening comprehension)면에서 월등히 나아졌다.

Swaffer and Woodruff(1978)는 텍사스 주립대(University of Texas)에 개설된 1학년용 독일어 교과목의 효과분석을 실시했다. 위에 인용한 사례와 마찬가지로, 이 대학의 독어 교과목은 본 장의 앞부분에서 기술한 그 어느 교수법에도 속하지 않았지만, 이 대학의 독어 교과목은 습득을 위한 최적 입력의 필요조건에는 부합되고, "학습 적재적소" 조건도 충족시키는 것이었다. 독어 교과목 수업 첫 4주 동안은 TPR 방식을 적용하여 "세계적인 의미"(p.28)에 맞는 읽기에 치중했다. 수업 시작 2주 동안 학생들은 독어로 말할 것을 요구받지 않았으며, "그 다음부터 학생들에겐 지원자에 한해서 독어로 말하는 것을 장려했다"(p.28). 또한 "초급단계 학생들의 오류 교정은 가급적 피하는 방식의 최소 오류 교정 방식을"(p.28) 택했다. 정의적 여과의 수준을 최소화시킬 목적으로 편안한 휴식 및 요가식 호흡 등을 조장해 주었다. 그리고 "매시간 수업이 끝날 무렵 간단한 질의응답기(5분 정도)를 설정한 것을 제외하면, 수업 내내 독어만 교육 언어로 사용했다"(p.28). 연습(drill)이란 방법은 사용되지 않았고, 문법 교육은 "듣기와 읽기 이해에 꼭 필요한 것이라고 생각되는 것만"(p.30) 불가피하게 실시했다. 그러므로 Swaffer and Woodruff 의 교수법은 정의적 여과 수준을 낮게 유지시키는 기법을 사용하여 충분한 양의 이해 가능한 입력을 제공하는 방식인 것이며, 모니터(Monitor)의 과잉 사용은 피하거나 장려하지 않았던 방식이다.

Swaffer and Woodruff의 교육 프로그램은 몇 가지 방식으로 평가를 받았는데, 이 프로그램은 여타 다른 교수법보다 상당히 개선된 좋은 프로그램임이 분명하게 들어 났다. 첫째, 1학기 때보다 더 많은 학생들이 2학기에 계속 수강 신청을 했다. 둘째, 독일어 교과과정들은 학생들로부터 더 좋은 호평을 받는 새로운 방식으로 가르쳤다. 셋째, 독어 교육과정을 마친 학생들은 읽기와 듣기 테스트(70 퍼센트 및 68 퍼센트 이상의 성적)에서 Modern Language Association상의 전국적 규범(기준) 이상으로 잘 해나갔다. 그리고 끝으로 내 생각으론 자기 능력에 관한 학생-자기 고백은 흥미로운 현상이 있는 것 같다: 독어 교육 1년을 마친 학생의 78%가 "적어도 거의 모든 시간에서 그들이 독어를 말할 수 있고, 독어에 담긴 주제를 파악할 수 있다"(p.32)는 믿음을 표현했다; 이중 48%가 적어도 구어 독어를 이해할 수 있다고 말했다. 나는 맨 마지막 문제를

위한 통제된 데이터를 알지 못하지만, 경험을 바탕으로 할 때, 이와 같은 반응은 정말 이상하다.[2]

(다) Suggestopedia 연구

Suggestopedia 교수법을 이용하여 하루 1000개의 단어를 학습하는 학생들에 관한 보고가 있는데, 정상적인 1개월의 집중 교육과정에서 학생들은 약 2000개의 단어를 공부했다. Lozanov는 "교육을 마친 다음, 학생들은 자기들이 알고 있는 어휘적 틀 속에서 자유롭게 자기 표현을 할 수 있고, 신문과 책을 읽을 수 있다"(Ostrander and Schroeder, 1976, p.74에서 인용된 프라우다에서 발행된 Interview)란 말을 인용하고 있다. 이는 아주 훌륭한 결과이지만, 그렇다고 초인적인 것은 아니다 – 이미 앞에서 언급한 바와 같이 1개월의 과정은 매우 집약적이며 1일 4시간 수업, 주당 6일로 전체 수업시간은 거의 100시간에 가깝다. 수업시간 자체만 보더라도 대학 수업방식으로 보면 1년 이상 걸리는 것과 같다. 만약 학생들이 실제로 목표어로 의사소통 능력을 "얻을 수" 있고, 목표어로 많은 것들을 읽을 수 있다면, Lozanov의 교수법은 이와 유사한 결과를 얻었다고 보고된 바 있는 Swaffer and Woodruff에 의하여 사용된 방법과 같은 기타 다른 "입력 방법(input methods)"과 마찬가지로 성공적인 방법이라고 볼 수 있다.

Bushman and Madsen(1976)은 미국 BYU(유타주 부리갬 영 대학교)에서 Suggestopedia를 이용하여 소규모 연구로 실험적 테스트를 실시했다(Lozanov는 AL 유형보다 우수하다고 알려진 Suggestopedia 교수법으로 범위가 넓은 실험을 실시했다. 이들 연구의 결과 자세한 사항이 내게는 없다. 자세한 사항은 Scovel, 1979를 참조할 것). BYU 실험은 한 반 평균 7명의 학생이었고, 외국어로서의 핀란드어를 가르쳤으며, 각기 다른 수준의 6개 학급을 대상으로 했다. 통제집단 2개 학급은 "약간 수정된 청각-교수법"(p.34)으로 가르쳤다. 2개 학급은 "완전히" Suggestopedia 교수법으로 처리했고, 나머지 2개 학급은 하나의 수정된 교수법으로 처리했다. 수정된 Suggestopedia 학급은 거의 모든 것을 Suggestopedia 방식을 따르지만, 음악, 편안한 의자, "집안의 거실 분위기" 등등은 가미하지 않았고 대신에 일반적인 교실 분위기를 그대로 유지했다. 각각의 학급은 10시간씩 교육을 실시하여 거의 비슷한 언어학적 내용을 다루었다. 교사의 영향을 통제하기 위하여 2명의 교사들이 이들 3가지 처치법을 모두 가르치게 했다.

"완전" Suggestopedia 적용 학급 및 수정된 방식 적용 학급 모두에서 Suggestopedia 적용 학생들은 어휘 테스트에서 통제집단보다 분명히 우수했고, 의사소통 테스트에선 "대단히 우수"한 것으로 판명되었다. (이 시험에서 학생들은 원어민들에게 자기가 전달하고 싶은 메시지를 성공적으로 잘 전달하는 것으로 평가되었다). 문법 테스트나 발음 테스트 면에서 Suggestopedia 적용 학급과 통제집단간에 유의미한 차이점은 없었다; 이와 같은 결과는 통제집단은 문형연습 및 반복 연습에 더 많이 치중했기 때문에, Suggestopedia가 통제집단보다 우수하다는 가정이라고 볼 수 있다.

Bushman and Madsen도 각기 다른 처치법에 대한 학생의 개인적 반응을 면밀히 조사한 다음 양 집단 간에 별 다른 차이가 없다고 연구 결과를 보고했다: 통제집단과 Suggestopedia 적용 집단 간에 측정된 영향 면에서 차이점이 보이지 않았다. 이것은 1개월 간 불어 교육을 조사 연구했던 카나다의 Public Service Commission의 결과보고와는 다소 다르며 상충된다. 그들은 언어 학습을 향한 태도변화가 (여기서 "학습"이란 용어는 일반적인 개념으로 사용했음) 있었고, "학생 자신의 마음속에서 진심에서 우러나오는 그리고 전반적인 변화"(p.33)가 있었다고 연구결과를 보고했다. Lozanov가 Suggestopedia에서 일고 있는 내용을 그대로 유지하고 있는 것과 같이, 캐나다 연구자들은 "학생은 자기 자신 속에 내재된 새로운 능력을 발견했고, 자기가 할 수 있는 것이 무엇인지 자각하게 되었으며, 자기의 창의성과 잠재력의 범위를 깨달았다; 그는 자기에게 더 많은 자신감과 자만심을 가져다 준 '자기 자신'을 발견했다"(p.33). 우리 용어로 말하자면 그들은 자기 자신이 갖고 있는 제2외국어 습득 능력 및 그 능력이 성인이 된 다음에도 대단히 강력한 힘으로 남아 있다는 사실 등을 자각하게 되었다는 말이 된다.

3. 대안으로서의 교수법

앞부분에선 몇 가지를 나타내려고 시도했는데, 첫째, 제3장에서 제시한 바 있는 최적 입력 필요조건, 그리고 제4장에서 제시한 바 있는 의식적 문법 교육을 위한 기준 등의 용어로 학급에 적용되는 공통적인 모든 교수법을 분석해 볼 수 있다. 둘째, 어떤 특정의 교수법들은 이와 같은 필요조건과 기준을 다른 교수법보다 훨씬 더 많이 충족시키는 것으로 나타났다. 셋째, 그 동안 응용언어학 연구는 교수법에 관한 비교연구에서 우수한 것으로 나타난 교수법들이 제2외국어 습득론에서 파생된 기준을 더 많이 만족시키고 있음을 볼 수 있다고 주장한다.

이와 같은 조사연구 및 검토를 통하여 우리가 내릴 수 있는 결론은 학생을 가르치는 방법으로서 단 한 개의 유일한 교수방법은 존재하지 않으며, 교수방법 중 최선의 교수법이란 존재할 수 없다는 점이다. 그러나 어떤 교수법들은 분명히 여타 다른 교수법들 보다 더 효과적일 것이기 때문에, 여기서 주장할 수 있는 것은 동일한 원칙이라 할지라도 제3장, 4장에서 개략적으로 검토한 바 있는 원칙이 성공적인 제2외국어 교육 프로그램을 위하여 고수할 수 있다는 점이다.

본 장의 목적은 학급에서만 적용되는 교수법이 아니라 교실 밖에서까지도 폭넓게 적용할 수 있도록 사람들이 제2외국어를 습득하는데 도움을 줄 수 있는 길을 모색해 보자는 데 있다. 이어서 나는 내가 학급의 필수적인 기능이 무엇이며, 모든 교실 교수법에 내재된 한계가 어떤 것이라고 생각했던 것들을 재검토해 볼 작정이다. 그 다음 학급 역할에 관한 나의 견해와 일치하는 언어 교육면에서의 몇 가지 가능성, 그리고 동시에 교실 교수법에서 야기되는 몇몇 문제점을 간과하거나 회피하는 것이 어떤 것인지 등등에 관하여 논의할 예정이다.

1) 학급의 기능

제2외국어를 배우는 학급의 역할은 간단히 말해서 학생들이 교실 밖의 실생활에서 외국어를 사용할 수 있는 지점까지 끌어 올려주는 것이다. 제2장에서 표현한 바와 같이, 이것은 학생들에게 교실 밖의 실생활 현장에서 접하게 되는 제2외국어를 듣고 이해할 수 있는 수준까지 학생들의 제2외국어 능력을 길러줄 수 있는 이해 가능한 입력을 충분히 제공해야 함을 뜻한다. 그들은 완전한 언어 능력을 갖게 될 것이기 때문에, 우리도 학생들에게 입력을 촉진시킬 수 있고 규제할 수 있는 도구를 제공해야만 한다.

바꾸어 말하면 모든 제2외국어 학급은 잠정적인 것일 뿐, 어떤 제2외국어 학급도 전반적이고 완벽한 일이 될 것이라고 기대할 수 없다. 제3장에서 논의한 바와 같이, 외국어 학급은 습득자가 아직 외부로부터 제공되는 입력을 이해할 능력을 갖추지 못했을 때라고 볼 수 있는 외국어 습득 초기단계에서 이해 가능한 입력을 확보하기 위한 장소라고 생각하는 것이 제일 좋다.

2) 제2외국어 학급 및 필요조건 #2

우리가 이미 본 바와 같이, 수많은 새로 등장한 교수법들은 본래가 흥미를 끌고 관련성이 있는 입력을 제공하기 위하여 제3장에 제시한 필요조건 #2를 충족시키려고 온갖 노력을 기울인다. 자연식 교수법은 학생 개인적 토픽에 치중하여 이와 같은 조건을 충족시키려고 애를 썼고, 지역사회언어교수법(CLL)은 학생들이 자기 자신의 입력을 생성할 수 있는 방안을 모색한다. 문헌에는 무엇을 말할 것인가란 문제를 해결하는 방법에 관하여 여타 수많은 유익하고 흥미로운 주장과 제안이 담겨 있다: Stevick(1980)은 제2외국어 학생들을 위하여 시(poetry)를 이용할 수 있는 가능성에 대하여 훌륭한 제안을 했고, Winn-Bell Olsen(1977)은 그 밖에 수많은 제안을 했다.

그러나 제2외국어 학급에서 필요조건 #2를 충족시키려는 시도와 노력엔 두 가지 근본적인 문제점이 있다. 첫째는 일부 사람들에게 흥미로운 것이 나머지 다른 사람에게도 똑같이 흥미를 자아내는 것이 아니라는 점이다. Stevick은 이것을 자기가 고안한 시적 실험과 연관시켜서 설명했다: 시 적용 시도를 했던 어느 교사는 자기 학생들에게 "시는 우리의 소관이 아니다; 그들은 정치적인 것을 좋아한다"(p.225)라고 언급했다. Stevick도 일부 학생들은 제2외국어습득과 함께 잘 어울리는 개인적 성장을 촉진시키는 지역사회 언어학습(CLL)과 같은 인본주의적 교수법을 반대한다고 말한다: "일부 (학생들은) ... '인본주의적' 언어 교육과정을 하나의 도전의 장으로서 또는 하나의 수단으로서 열렬히 수용하고 받아들이는데, 그 속에서 자기 자신을 재발견하는 모험을 맛볼 수 있고, 그 속에서 그들이 과거에 경험했던 것보다 더 큰 것을 계속 경험할 수 있고 성장할 수도 있다. 그러나 나머지 학생들은 언어 교육 수업이 개인적 가치의 문제나 소외의 문제를 해결하기 위하여 더 이상 선택할 만한 가치가 있는 교과목이 아니라고 결정할 수도 있다 ... 그들은 잘 배울 수 있기를 기대할 수도 있다 …. 우리는 이와 같은 결정을 존중해야 한다" (p.293).

　더더욱 근본적인 문제는 많은 교사와 학생들에게 비춰진 제2외국어 교실은 "진정한" 의사소통을 촉진시키려고 시도함에도 불구하고 하나의 인공적인 언어 환경으로 보인다. 그러나 이것은 하나의 교실이라는 사실, 그리고 수업 자체가 "영어"나 "스페인어"라고 불린다는 사실은 필요조건 #2를 충족시키기 위한 노력을 무산시킬 수도 있으며, 학생들이 듣는 말의 의미에 완전히 초점을 맞추는 일을 방해할지도 모른다. 바꾸어 말하면, 여과는 어느 정도까지는 항상 "올라"가며, 많은 학생들은 제2외국어로 표현된 말로 이미 기억 속에서 잊혀진 말에 대하여 결코 흥미를 느끼지 못할 것이다.

　필요조건 #2를 완전히 충족시키는데 실패한 것과 관련되지 않은 학급의 한계가 또 하나있다. 앞의 제3장에서 언급한 바와 같이, 교실은 제아무리 다양한 연출을 한다할지라도, 그리고 역할학습 활동에서 제아무리 다양한 상황을 조성한다 할지라도 제2외국어의 실제 사회현장에서의 언어능력 구비에 필요한 제2외국어의 다양성을 제공할 수 있는 길이 없다. 교실은 또한 제2외국어의 진정한 의미에서의 고급단계에 필요한 상당량의 입력을 제공할 길도 없다. 그러나 교실이 무엇 때문에 존재하는지를 생각해 보면 이런 것들은 진짜 문제가 되지 않는다. 학생들이 교실에 잠시 머물다가 실제 세상으로 자연스럽게 이동해 간다면, 그리고 만약 학생이 교실 밖의 외부 세계를 이해 가능한 입력으로 이용하기 시작한다면, 입력의 양과 다양성 모두 제공될 것이다.

3) 대안

　앞으로 우리는 가능성이 있는 수많은 대안과 보완적인 내용을 검토해 볼 예정이며, 우리가 앞에서 이미 언어 교수법에 대하여 논의한 바와 같이 제2외국어 습득론에 의한 예측에 따라 이들 대안과 보완적 내용을 분석하고, 이들 교수법들이 효과적인 방법인지 여부를 실험적으로 검증해 보고자 한다. 우리는 우선 제2외국어 교실, 대화 (목표어의 원어민 화자와 이루어지는 실제적인 대화), 즐거운 독서(reading) 등에 분명히 보충적인 활동이 무엇인지 살펴보고 난 다음, 몇몇 문맥상황 속에서 성공을 거두고 있는 아이디어로서 다른 문맥상황에도 확대 적용될 수 있는 아이디어를 살펴볼 예정이다.

(가) 대화

"원어민과의 대화가 제2외국어 습득을 위하여 매우 좋다"는 예측을 하기에 앞서서, 나는 대화(conversation)를 매우 좁은 의미로 정의를 내릴 필요가 있다: 여기서 말하는 대화란 제2외국어 습득자가 이해할 수 있도록 도와주겠다는 동기가 분명한 원어민, 그리고 하나의 인간으로서 외국어 습득자에게 진지한 관심을 가진 원어민 등과의 대화만을 의미한다. 바꾸어 말하면, 필요하다면 대화는 "외국인의 말"(foreigner talk, 외국인을 상대할 때 사용하는 원어민의 말)과, 그리고 진정한 혹은 잠재적인 친구와의 말, 사업 연관성을 가진 말 등의 대화를 의미한다.

이와 같은 종류의 대화가 의식적인 학습에 어떤 효과를 준다는 점을 보이려는 의도는 없다. 그러나 만약 대화의 상대가 언어 교사이거나 언어 습득자라면 이것은 상당히 축복 받은 기회라고 할 수 있다. 그러나 이와 같은 방식으로 정의를 내린 대화(conversation)는 무의식적인 습득에 최대한의 충격요인이 될 수 있는 경우라고 볼 수 있다. 다음 분석은 외국어를 전혀 모르는 사람에게 가장 분명하게 나타나는 것, 여러분과 상호관계를 갖는데 흥미가 있는 사람들과의 대화, 그리고 여러분이 자기가 하는 말을 이해시키려고 애쓰는 사람 등등과의 대화가 제2외국어 습득에 좋은 영향을 준다는 점을 나타내려고 한다.

(1) 최적 입력의 필요조건

(i) 이해 가능성. 만약 의미가 성공적으로 타협점을 찾는다면, 대화 상대방이 언어 외적 정보 및 문맥을 이용하여 자기의 스피치를 조정할 수 있는 능력이 있다면, 그리고 습득자가 언어적 능력을 충분히 갖고 있고, 입력의 질적인 면을 규제할 수 있다면, 대화 내에서 제공된 입력은 이해 가능한 것이 될 것이다.

(ii) 흥미/관련성. 대화는 우리가 지금까지 고려해 본 모든 교수법의 이에 대한 필요조건을 충족시킬 최선의 기회를 갖는 것이 된다. 그것은 메시지에 전체적인 초점을 맞출 수 있는 최선의 기회가 되며, 습득자를 입력이 다른 언어 속에 존재함을 잊게 만드는 시점에까지 이끌어 주는 최선의 기회가 된다.

(iii) 문법적으로 연속성이 없을 것. 이와 같은 필요조건은 명백하게 충족된다.

(iv) 분량. 대화는 분명히 습득자의 개인적인 여건과 환경에 따라서 이와 같은 필요조건을 충족시킬 수 있는 잠재력을 갖고 있다.

(v) 여과의 강도. 동정적인 감정을 가진 원어민과의 자유로운 대화에서 여과의 강도는 낮을 것이다. 일반적으로 언어 형태에 대한 오류 교정은 거의 없거나 아예 전무하고, 대부분의 사람들은 언어 교사처럼 그렇게 완벽한 정확도나 완벽한 발화를 요구하지 않는다. 물론 대화의 주제는 예측 불허이지만, 일반적으로 교실에서 진행되는 것보다는 훨씬 흥미로운데, 이는 또한 불안의 낮은 수준과 낮은 수준의 여과 강도 유지에 기여할 것이다. 자유로운 대화의 경우 긴장을 유발시킬 가능성이 있는

것은 습득자가 "머릿속에서 스스로 야기 시킬" 기회가 존재할 수 있다는 점일 것이고, 또 다른 가능성은 자기에게 한 말을 무슨 말인지 이해하지 못하는 경우일 것이다. 만약 그가 준비가 되었다면, 그리고 만약 그가 대화 운영을 위한 도구가 준비되었고 그 도구를 이용하고자 한다면, 이것은 그다지 문제가 되지 않는다.

(vi) 대화 운영을 위한 도구. 대화는 습득자에게 자기가 학습했던 도구를 연습 내지는 실습할 기회를 주게 될 것이고, 아마도 새로운 것을 습득할 수 있는 최선의 기회를 제공하게 될 것이다.

(2) 유쾌한 독서(pleasure reading)

앞부분에서 설명한 대화의 경우에 그랬던 것처럼 나는 "읽기"(reading)에 대해서도 특수한 방법으로 정의를 내리고자 한다. 나는 여기서 「읽기」를 집중적인 읽기, 글로 쓴 산문의 분석, 읽고 내용에 대한 질문 혹은 토론 준비나 작문 숙제를 위한 읽기 등을 "읽기" 범주에 두려고 하지 않는다. 여기서 분석해 보려고 하는 「읽기」는 학생이 유쾌한 즐거움을 얻기 위하여 모국어로 읽게 되는 폭 넓고 관심 있는 주관적인 문제인 것이다. 이것은 완전히 자발적인 행동이다. 유쾌한 글읽기가 되기 위해서 독자(reader)는 너무 어렵다거나 별로 흥미가 없는 부분을 만나면 과감히 건너 뛸 수 있는 선택권을 갖고 있다(예: 소설에서 상세한 기술이나 묘사를 한 부분). 심지어는 책을 펴서 처음 몇 페이지를 읽어보고 그 책을 내려놓거나 아예 다른 책을 골라 볼 수도 있다. 만약 주제는 다 이해하고 있다고 생각하면, 독자는 이해하지 못하는 부분을 그냥 건너 뛸 수도 있고, 만약 그런 것이 독자의 스타일이라면 독자는 한 글자도 빼놓지 않고 첫 글자부터 끝 글자까지 몽땅 다 읽을 수도 있다.

바꾸어 말하면 우리는 순수 즐거움용 독서를 생각한다는 점이다. 읽혀지는 것은 순전히 독자에 딸린 문제이며 독자가 현재 어떤 읽을거리를 접할 수 있느냐에 달린 문제이다. 일부 사람들은 미스테리 소설을 좋아할 것이고, 또 어떤 이들은 공상과학 소설을, 또 어떤 이들은 만화책을 좋아할 것이다. 여기서 오직 필요조건이라곤 소설이나 책의 주제가 이해 가능한 것이냐일 뿐이고, 토픽이 학생(독자)의 흥미와 관심을 끌 수 있느냐일 것이며, 읽는다 해도 학생들이 모국어로 쓰인 책을 읽을 것이다.

나는 여기서 기쁨을 얻기 위한 책읽기가 학습에 어떤 효과를 주느냐를 입증하여 보여주려는 것이 아니라 앞부분에서 행한 것과 마찬가지로 분석적 연구를 통하여 기쁨을 얻기 위한 독서가 습득에 어떤 영향을 미치는지를 알아보려고 한다.

(1) 최적 입력을 위한 필요조건

(i) 이해 가능성. 우리는 유쾌한 책읽기를 이해 가능한 독서라고 정의를 내렸기 때문에, 여기선 아무런 문제가 없다. 그러나 나는 유쾌한 책읽기가 독자 자신에 의하여 선택되고, 독자에게 어렵다고 판단된 것은 선택하지 않음으로서 유쾌한 기분을 유지할 수 있고 이해가 가능해졌음을 집고 넘어가고 싶다. 그러므로 유쾌한 책읽기의 성공은 독자 자신이 자기 수준에 맞는 것을 선별하고, 자기 수준을 벗어나는 것을 거부하는 자신의 의지에 달린 것이다.

(ii) 흥미/관련성. 학생들은 오직 자기 개인의 흥미와 관심을 기준으로 책을 골라내기 때문에 여기서 내린 정의에 맞는 독서는 흥미/관련성과 잘 맞아떨어진다.

(iii) 문법적으로 연속성이 없을 것. 학생이 특수한 목적을 갖고 설계

한 교육적인 책을 읽겠다고 고집하지 않는 한 이 조건은 매우 잘 충족시키고 있다.

(iv) 분량. 독서는 분명히 이와 같은 필요조건을 충족시킬 수 있는 잠재력을 갖고 있다. 여기서 오직 한 가지 문제라면 적당한 책이 입수 가능하냐, 가격은 적정한가, 학생이 독서할 만한 시간적 여유가 있느냐 등등 실제적인 문제가 있을 수 있다.

(v) 여과의 강도. 만약 학생이 이해 가능하고 흥미도 있은 책을 발견할 수 있다면, 이 조건은 쉽게 충족될 수 있다. 이해 가능한 메시지냐에 따른 좌절도 없고, 초기에 발화 생산을 요하는 것도 없고, 조숙한 문법적 정확도에 관한 요구도 필요 없다. 유쾌한 독서를 하는 학생은 절대로 방어적 자세를 취할 이유가 없다.

(vi) 대화 운영을 위한 도구. 만약 책 속에 일부 대화까지 들어 있다면 유쾌한 독서는 이 조건을 충족시키는데 크게 기여할 것이다.

여기서 나는 유쾌한 독서에 관한 나의 개인적 관찰 사례를 삽입시키고 싶다. 나는 지난 몇 년 동안 유쾌한 독서를 통하여 나의 불어 실력을 향상시키고자 애를 썼는데, 그것은 매우 성공적인 시도이었다. 대체로 이와 같은 입력을 통하여 나는 "초급중 상위권"에서 "중급중 상위권"으로 불어 실력을 향상시켰다. 나는 중급 수준을 다음 방식으로 정의를 내렸다: 원어민 측에서 쉽게 대화를 나눌 수 있도록 일부 몇몇 분야에서 "하향 이동"을 요하는 것이고, 사전 없이 대부분의 텍스트를 읽을 수 있고, 모든 단어를 다 알 필요가 없는 수준 바로 이런 것을 중급 수준이라 정의한다. 이제 나는 사전 없이 불어로 된 텍스트의 대부분을 읽을 수 있고, 심지어는 불어 독서를 통하여 진정한 기쁨을 얻기도 한다. 모니터(Monitor) 사용자이며 동시에 언어구조에 대하여 본질적인 흥미를 갖는 사람이 되기 위하여, 나는 이따금씩 문법책을 들여다보기도 한다(문법책은 내게 고교 시절 골치 아픈 존재이었음). 놀랍게도 나는 초등학교 문법책의 끝 부분쯤 되면 아직도 문장이 어렵고 골치 아프다는 사실을 알게 되었다! 나는 불란서 원어민을 위하여 쓰여진 그야말로 편집되지 않은 본래의 상태인 "원재료(raw)" 상태보다 그런 것들이 더 어렵다는 사실을 알게 되었다. "교육적"인 문장이 중급 수준의 학생들에게 더 어려운 이유가 그런 문장들은 가정법, 조건절, 미래 이전 시제(futur anterieur), 사용 빈도가 낮은 어휘의 도입 등등으로 가득 채워졌기 때문이다! 이와 같은 문장들을 읽어 나아가면서 나는 이해하기 어렵고 좌절감을 맛보게 되었다: 주제(topics) 자체가 별로 흥미도 없었고, 만나는 단어마다 잘 모르는 단어 투성이로 정의적 여과 수준만 높아갔다. 나의 좌절감은 2학년 교과서를 보니 더더욱 난해하고 어려운 것으로 구성되어 있다는 점을 알고 나니 더욱 심해졌다!

이와 같은 경험이 제안하는 바는 우리의 중급반 학생들이 교육적인 텍스트(예: 교과서)보다 더 쉬운 진정한 의미에서의 교과서를 스스로 찾아내어 흥미와 기쁨으로 그 책을 읽도록 하자는 것이다. 더 나아가, 이상의 분석이 맞는다면 자유롭고 유쾌한 독서가 언어 습득에 더 좋은 결과를 가져온다고 볼 수 있다.

언어 교육 교과과정의 강독은 순수 문학작품인 고전으로 이루어져야만 한다는 주장에 반대하는 사람들을 위하여 나는 "문학작품"을 읽을 수 있는 능력은 제2외국어 능력이 고급단계로 발전하면 저절로 갖추어질 것이라는 말밖에 할 말이 없다. 나는 대학에서의 언어 교육의 주요 목표가 제2외국어로 쓰여진 문학작품을 읽고 이해할 수 있도록 외국어 능력을 길러 주자는 것이라고 느끼는 사람들의 생각에 개인적으로 동의

한다. 그러나 처음부터 무게 있는 문학작품으로부터 외국어 교육을 시작해야 한다고는 생각지 않는다. 보다 쉬운 텍스트로 자유롭게 책을 읽는데 적어도 4, 5개월 간 몰두하게 하는 것이 학생들로 하여금 심각한 언어 장벽 없이 외국어로 쓰인 문학작품을 읽을 수 있는 시기가 언제쯤인지 스스로 알게 만드는 가장 빠른 방법일 수도 있다.

(3) 요약

대화와 유쾌한 책읽기 둘 다 습득을 위한 최적 입력의 필요조건을 충족시킬 잠재력을 가지고 있다. 우리는 제2외국어로 하는 흥미로운 대화와 기쁨을 주는 유쾌한 독서 등이 매우 뛰어난 언어 레슨이란 결론에 도달했다. 이는 이와 같은 방법(교수법)을 이용하여 외국어를 잘 습득한 수 백만 명에 달하는 사람들에겐 별로 놀라운 일도 아니다.

(4) 언어 교육을 위한 주관적인 일의 이용

교실 수업을 위한 대안으로서의 또 다른 수업은 발표와 설명을 할 때 제2외국어를 수단으로 학생 각자의 주관적인 일이나 사건을 말하게 하는 것이 있다. 나는 주관적인 일을 소위 말하는 "잠수"라고 알려진 방식인 제2외국어를 공부하는 학생들을 원어민 화자들 속에 혼합시켜서 교육하자는 뜻으로 주관적인 일(subject matter)로 보지는 않는다. 내 말은 학급에 원어민이 참여하지 않고, 학생들의 이해를 돕기 위해서 교사가 언어적, 문화적 설명과 조정을 도와주는 그런 특수한 학급을 뜻한다.

여기서는 우리가 제2외국어 습득론에 입각하여 만들어진 예측에 따라 이에 유사한 분석을 통하여 우선 주관적인 일을 도입하자는 것이다. 대화와 유쾌한 독서에서 그랬던 것처럼 주관적인 일의 교육이 의식적 학습에 도움이 될 것이라는 주장을 할 생각은 추호도 없다. 그러면 우선 주관적인 일을 교육에 도입했던 구체적인 사례를 몇 개 소개해 보자: 미국과 캐나다에서 진행중인 성공적인 몰입교육 프로그램, 그리고 제2외국어 교육 상황 하에서 주관적인 일을 사용하기 위한 몇 가지 시도되지 않았지만 가능성이 있는 것들 등이 이에 속한다.

(1) 최적 입력을 위한 필요조건

(i) 이해 가능성. 주관적인 일을 가르치는 것은 다만 이해 가능한 범위 내에서만 언어습득에 쓸모가 있다. 이 말의 의미는 다른 주제는 다른 수준과 차원에서 학생들에게 더욱 쓸모가 있을 수 있다는 뜻이다. Cazden(1979)은 불완전하게 습득된 L2를 가르치기 위해선 수학이 가장 이상적인 사례를 만들 수도 있음을 지적했다. 몇 가지 다른 주제 및 이해를 돕기 위한 고려해 볼만한 언어외적 지원 등등 보다 훨씬 덜한 상호 작용적 요구로서 제한된 어휘가 있다(그러나 그녀는 복잡한 "이야기 문제"가 초급단계의 학생들에게 장애물이 될 수도 있다고 지적한다). 제2외국어 유창성이 보다 높은 학생들은 시간과 공간이 상당히 뒤바뀐 경우, 역사와 문학과 같이 구체적인 지시물(referents)의 뒷받침이 별로 없는 경우 등등의 주관적인 일을 처리할 수 있다. 요점은 제2외국어를 공부하는 학생들은 주관적인 일을 다루는 학급에서 살아남을 수 있다는 것이 아니라 이들의 제2외국어를 더 많이 이해할 수 있도록 도와줄 수 있는 이해 가능한 입력을 받을 수 있다는 것이다.

이해 가능성 필요조건은 잠입에 반대하고, 제2외국어 습득자가 높은 단계의 유창성에 도달하기 전에 제2외국어 습득자와 원어민 화자를 혼합하는 것에도 반대한다고 주장한다: 원어민 화자의 임석은 중급단계의 언어 습득자에 의하여 듣게 되는 언어의 상당 부분은 이해 가능한 것이 아님을 보장한다.

(ii) 흥미/관련성. 주관적인 것이 항상 흥미로운 것이 아닐지라도 관련

성은 있을 수 있다. 학생들이 주관적인 일에 초점을 맞출 때, 현재 제시된 언어의 형태로부터 초점이 멀어질 수 있는 절호의 기회가 있게 된다. 주관적인 일은 학생이 들은 말에 초점을 맞추고 있기 때문에 그가 어떻게 듣는지를 깨닫지 못하는 "망각원리"(forgetting principle)에 맞을 좋은 기회가 된다.

(iii) 문법적으로 연속성이 없을 것. 이 필요조건도 분명히 충족된다. 사실, 주관적인 일의 교육이 이 조건에 맞지 않는다고 상상하기는 어렵다. 이것은 우리의 가장 야성적인 꿈을 넘어선 문맥상황화를 요구한다.

(iv) 분량. 분명히 이와 같은 방식으로 입력의 엄청난 분량을 공급할 잠재력이 있다. 제2외국어로 가르치는 주관적인 일은 자동적으로 이해 가능한 입력으로 수업 전체를 채우는 것이 교육적 이상이라는 결론에 도달한다.

(v) 여과의 강도. 주관적인 일의 교육은 바람직한 것일 지도 모르며, 실제로 최소량의 불안을 요한다. 그러나 이와 같은 불안은 만약 메시지가 이해 가능한 것이라면 현재 배우고 있는 언어에서 비롯되는 것이 아니다. 주관적인 일을 가르치는 교사는 비교적 불안이 없고 다음과 같이 여과의 수준을 낮출 수 있다:

(1) 메시지의 이해 가능성의 보장
(2) 조숙한 발화 생산을 요구하지 않음
(3) 학생으로부터 완벽한 문법적 정확성을 요구하지 않음

주관적인 일을 가르치는 교사들은 비교적 언어적 생산을 (긴 문장보다는 짧은 대답) 덜 요하는 테스트 절차, 그리고 학생들의 언어 능력을 고려할 수 있는 학급 토의 절차 (자연식 교수법에서와 같이 실제적으로 L1의 사용을 허용하거나 언어형태에 대한 오류 교정이 아닌) 등을 고려할 지도 모른다. 기억해 둘 사항은 언어 생산을 위한 요구로부터가 아니라 더 많은 언어습득은 교사의 말과 독서로부터 이해 가능한 입력이 더 많이 오게 된다는 점이다.

(vi) 대화 운영을 위한 도구. 주관적인 일을 가르치는 것은 교실 밖에서 일어나는 것들에 대한 대화를 유지하는데 필요한 도구를 제공하지 않을 수도 있지만, 다른 문화 속에서는 학술적 의사소통 능력의 학습 및 습득으로 이어질 수도 있다. 순전히 이민자와 외국인으로 구성된 학급에서 교사들은 학술적 활동 면에서 문화적인 차이를 발견할 수 있으며, 학습을 통하여 학급활동의 분명한 측면이나(교실에 교사가 들어 올 때 학생들이 기립하거나 가만히 앉아 있는 행위 등) 습득을 통한 더욱 정교한 측면의 학급활동을 가르칠 수 있다.

(2) 요약
 그러므로 주관적인 일의 가르침은 언어 학습을 촉진시킬 수 있는 거의 완벽한 잠재력을 갖고 있다. 이쯤해서 나는 주관적인 일을 가르치는 것은 "특수 목적을 위한 영어" 또는 "학술적 목적"을 갖고 있는 것이 아니라는 점을 밝힐 필요가 있다. 내가 이해하기론 ESP와 EAP가 학생들이 직면하게 될 일의 분석, 그리고 그들이 필요로 하는 언어의 분석에 기초를 둔 교실 언어 교육의 표준인 것이다(Robinson, 1980 참조). 주관적인 일의 교육은 비록 이것이 ESP에 의도된 수많은 목표를 충족시킨다 할지라도 내가 보기엔 근본적으로 다른 것이다. ESP가 통사, 어휘 및 일정 분야의 담화 등의 상세한 분석이 교수 요목으로 발전되고 하나씩 차례로 수업에 제시될 것을 요한다면, 주관적인 일에 관한 교육은 오직 토픽, 정보 또는 학습되어야 할 기술(skill) 등에만 초점을 맞추고 있으며, 많은 량의 통사, 어휘 및 담화 스타일 등은 주관적인 일과 함께 병행하여 습득될 수 있음을 가정하고 있다(이와 같은 생각은 ESP의 경우에도 완전히 낯선 개념이 아니다; 몇몇 ESP 교육과정도 "확실한 근거가 있는 활동"을 강조한다. Robinson, p.39; Widdowson, p.23).

(3) 주관적인 일을 가르치는 증거: 몰입 프로그램

몰입 이중언어 프로그램은 주관적인 일을 이용하여 제2외국어 습득에서 어떤 가능성이 있는지를 제시해 왔다. 몰입 프로그램에서 본래부터 1개 언어밖에 모르는 다수의 아이들이 소수민의 언어로 학교 교육을 받는다(캐나다의 영어권에서의 불어; 미국에서의 스페인어 등). 이런 아이들은 학문적인 모든 것을 전적으로 제2외국어로 가르쳐진다. "전적인 초기 몰입"으로 알려진 것에서 제2외국어로 된 입력은 아예 유치원부터 시작된다. 아이들이 적어도 1년 이상 제2외국어로 된 교육을 받고 난 다음 후기 몰입 프로그램은 시작될 수 있다.

이 몰입 프로그램은 여러 방면에서 성공적인 것으로 나타난다. 그 동안 출판된 많은 연구 보고서는 거듭해서 학생들이 몰입 프로그램으로 상당히 높은 외국어 능력을 얻게 되었음을 확인시켜 주었으며 (이들이 원어민 수준에 도달하지는 못했어도 일반적인 외국어 학급의 동료들보다는 훨씬 나은 수준까지 올라갔다), 1개 언어만 아는(monolingual) 자로서 주관적인 일을 잘 해냄으로서 학교에서 지극히 정상적인 발달 속도를 유지했고, 동시에 모국어 발달 면에서도 동료들에 뒤떨어지지 않았다(Lambert and Tucker, 1972; Swain, 1974).

Cohen and Swain(1976)은 기타 많은 유형의 이중언어 프로그램이 성공하지 못했다는 점에 착안하여 이 방법의 성공을 논하고 있다. 몰입 프로그램과 기타 프로그램 사이에 존재하는 차이점 중 몰입 프로그램의 이와 같은 특성이 그 성공을 설명하는데 도움을 주게 될 것이다. Cohen과 Swain은 초기 몰입에서 "모든 유치원생들은 오직 L1 하나밖에 모른다. 성공적인 프로그램은 언어적으로 차별화 된 프로그램으로 출발한다"(p.47)라고 지적했다. 위에서 언급한 바와 같이 교사들은 제2외국어 습득자를 제쳐두고 원어민에게만 말하는 이들의 스피치를 어느 정도인지 측정할 길이 없기 때문에 이것은 학생들이 이해 가능한 입력을 얻어낼 수 있는 기회를 증대시켜준다.

Cohen과 Swain은 기타 다른 몇 가지 요인들도 지적했는데, 우리 용어로 말하자면 몰입 프로그램에서 정의적 여과의 낮은 수준을 유도하는 것이라고 말할 수 있다. 언어적 차별화는 "학생들이 자기들 보다 언어 유창성이 떨어지는 언어 수행자들에게 군림하고 발휘하는 그런 종류의 우스꽝스러운 짓(바보짓)을 감소시켜주고"(p.47), 교사들은 긍정적인 기대를 갖고, 프로그램은 자발적으로 된다. 또한 "유치원에서 아이들은 L2로 말을 할 준비가 될 때까지 L1으로 말하는 것이 허용된다"(p.48). 그러므로 침묵기가 허용된다는 말이다.

몰입 경험은 학생들을 원어민의 수준으로 끌어올리는 수단은 아니며, 몰입 학생들의 제2외국어 능력은 여전히 원어민과 차이가 있는데 특히 일상적인 대화에서 원어민과 상호작용이 자유롭게 이루어질 때 더욱 그렇다는 점을 강조할 필요가 있다. (이 분야에서 몰입 학생들이 안고 있는 문제점을 다룬 Conners, Menard and Singh, 1978; 반대로 몰입 학생들이 할 수 있는 것에 대하여 연구한 Bruck, Lambert and Tucker, 1974 등도 참고). 이와 같은 차이는 제2외국어 입력이 동료로부터 받는 입력을 포함하고 있지 않기 때문에 나타나는 것이다. 몰입 아이들은 오직 학급에서 교사들로부터만 제2외국어를 들을 수 있다. 이와 같은 한계를 생각할 때 이들의 성취도는 괄목할 만한 것이다.

　몰입 프로그램은 우리에게 주관적인 일을 가르침으로서, 언제 사회적 심리적인 문제가 감소되거나 제거되는지 그 언어적 가능성을 보여준다. 학자들은 주관적인 일의 가르침이 주관적인 일을 가르칠 뿐만 아니라 입력이 이해 가능한 것인 한 가르쳐지는 언어도 잘 가르칠 수 있다는 강한 실험적 증거를 제공한다.

(4) 주관적인 일을 가르칠 경우 기타 가능성
　주관적인 일의 가르침이 기타 제2외국어 습득 영역에까지 확대될 수 없다는 증거는 없고, 적어도 제2외국어 학급의 보충적으로 활용될 수 있으며, 언어 학급에서 실제 세상으로 이동해 가기 어려운 면에 몇 가지 도움을 제공한다. 그와 같은 영역 중 하나가 바로 대학이다. 나는 여기서 미국 대학의 상황을 논의하겠지만, 그 원리는 상당히 많은 수의 제2외국어 화자들이 등록하고 있는 고등교육기관이라면 어디에나 일반화시킬 수 있고 적용되는 것이다.

　실제로 대부분의 미국의 큰 대학들은 ESL 교육 프로그램을 갖고 있다. 물론 이들은 범위가 질적으로 우수한 것으로부터 거의 표준에 이르기까지 이르지만, 질적인 문제와 상관없이 외국인 학생들은 이런 것들을 하나의 장애물로 생각하는 것 같다. 뿐만 아니라 ESL은 이론과 응용연구 둘 다 이것은 관련성이 없다는 결론에 도달한 것과 같은 수준에서 관련성이 없는 것으로 인식된다: 즉 "중급"수준에서 말이다. 많은 외국 학생들은 그들이 정규 학급에서 생존할 수 있지만, 의미 있는 행정가들은 외국 학생들의 방어자세 때문에 이들의 영어 능력 수준은 더 높아질 것이라고 더 이상 느끼지 않는다.

　응용언어학 연구는 중급수준의 ESL은 생산적이지 못하다는 점을 확인시켜준다. 제2장에서 검토했던 Uphsur(1968) and Mason(1971)의 연구는 학생들이 정규 학급에 등록할 때 과외로 추가적인 ESL은 도움이 안 된다는 점을 보이고 있는데, 이는 단지 이 단계에 속하는 학생들만 포함한다.

일부 "훌륭한 언어 학습자(습득자)"의 경우, 이 문제에 대한 대답은 "ESL" 필요성이 감소되거나 영어에서 요구되는 유창성의 수준을 좀더 낮추어 준다. 그러나 기타 다른 사람들의 경우, 이것이 최선의 해결책이 되지는 못할 것이다. 일부 학생들이 "더 많은"것을 필요로 하는 ESL 행정가들의 감정은 상당히 진지한 것으로 정당화된다. 너무 빈번히 학생들은 언어적 요구가 매우 낮은 경우 또는 텍스트나 클래스메이트의 형식으로서 원어민의 도움에 크게 의존하는 일을 끝낸 경우 학급에서 생존할 수 있다.

주관적인 일을 가르치는 것은 이와 같은 "잠정적인" 문제의 해답의 한 부분이 될 수도 있다. 내가 여기서 제안하는 것은 대학이 주관적인 일 속에서 국제 학생용 학급을, 그리고 사실상 국제학생만 차별적으로 가르치는 학급을 고려하고 있으며, 그렇게 될 경우 외국인 학생들이 모든 분야에서 등록을 하게 될 터인데 그나마도 자발적인 것을 원칙으로 한다. 그와 같은 교과과정은 완전한 학점을 부여하고 주관적인 일을 정규적으로 가르친다. 주요 차이점은 교수나 교사가 국제학생의 욕구 및 이들의 언어학적 결함 등에 민감할 것이고, 학생들은 미국 대학들의 실제 상황에 익숙치 않을 것이라는 사실을 깨닫게 될 것이다.[3]

학급에 원어민이 부재한 상황은 이해 가능한 입력이 되는데 도움이 될 것이고, 똑같은 이유에서 몰입이 submersion보다 더 많은 이해 가능한 입력을 제공하게 될 것이다. 학급 발표의 복잡성, 발표의 양 및 학급 외에서의 독서의 복잡성 등등의 수준이 학급의 언어적 실력과 수준을 제어할 것이다. 이해 가능성을 도와주는 여타의 수정(modifications)도 가능하다: 우리는 오류에 대한 인내 (시간이 지남에 따라 더 많은 이해 가능한 입력에 의하여 감축될 많은 것들) 및 긴 작문(essay)이란 환경하에서 짧은 대답을 요하는 테스트 등을 포함하여 학생들의 생산 결과에 대한 낮은 요구를 기대하게 된다.

국제학급은 언어적 결함을 고려할 수 없으며 이들 결함을 줄이는데 도움을 줄 수 없다. 그런 것들도 국제 학생들의 지식 면에서 여타 다른 격차를 채워주는데 도움이 될 수 있다. 이런 것들은 불안으로부터 자유로움 또는 적어도 낮은 수준의 불안을 제공할 수 있기 때문에 미국식 교육에 초도 노출을 제공하게 될 것이다. 학생들은 미국식 교실 행동의 정교함을 체득하게 될 것이며, 자기 모국의 학급에서 수용 가능한 행동과 미국 대학에서 기대되는 것 사이에 존재하는 분명한 차이점을 배우게 될 것이다. 바꾸어 말하면 국제 학급은 학생들에게 교실 맥락 속에서 의사소통적 능력을 위한 몇 가지 도구를 제공할 수 있을 것이다.[4,5]

(i) 뉴잉글랜드의 문제. 국제학생들도 원어민과 미국 학생들을 위한 교과과정에서 전제하고 있는 문화적 정보 면에서 외국 학생을 채울 수 있다. USC 사학과 Thomas Jablonski 교수는 지난 3년 동안 외국 유학생만 상대로 미국사를 가르치고 있는데, 그는 많은 외국 학생들은 미국의 교수들이 당연하다고 생각하는 정보도 모르고 있는 경우가 많다고 내게 말한 바 있다. 그 좋은 예를 들면 그이 많은 학생들이 뉴잉글랜드의 위치가 어딘지 모른다는 사실을 그가 발견했다는 점일 것이다. 이와 같은 정보의 격차는 분명하지는 않지만 아마도 많을 것이다. 이런 것들이 국제 학급에 채워지는 것이 이들에게 더 유익할 것이고, 학생들에게 질문을 하도록 권장하게 될 것이다.

(ii) 주관적인 일을 가르치는 경우 ESL의 역할. 국제학급의 설립은 비록 그것이 몇 가지 수정 보완이란 결과를 가져올 것이고 우리의 ESL이 제공하는 것을 개선해 주기를 바라지만, 그렇다고 ESL의 종식을 뜻하는

신호는 아니다.

첫째, 우리가 주관적인 일을 다루는 학급을 가능한 한 최저수준의 언어적 유창성을 낮추는 동안, 우리는 항상 초급반 수준에서부터 제2외국어 학급을 위한 필요성을 가질 수 있다. 학생들이 특수한 주관적인 일을 가르치는 학급을 시작하기에 앞서서 얼마만큼의 능력과 교육이(즉 이해 가능한 입력) 필요한가는 하나의 실증적인 문제이지만, 대부분의 경우 처음부터 일반적인 학급을 위한 필요성이 있을 것이다.[6]

둘째, 제5장에서 논의한 바와 같이 "문법적으로"(대부분의 학생들에겐 음운론), 그리고 담화(구두점 및 조직을 포함하는 writing의 장점을 위한 의식적인 규칙) 등 둘 다가 의식적으로 학습할 만한 언어의 여러 가지 측면과 현상이 있다.

또한, 상당히 많은 수의 외국 학생들은 미국 사회생활 속에 참여할 수 있게 되기 위하여 교실 상황 속에서 그들이 배울 수 있는 것 이상으로 영어를 더 많이 배우고자 할 것이다. 의사소통 능력 및 대화 운영을 위한 도구 제공에 초점을 맞추는 중급단계의 학급은 더 많은 집약적 지향성으로 그리고 앞으로 상당기간 동안 미국에 남아있을 계획을 가진 학생들을 위하여 대단히 도움이 될 것이다.

뿐만 아니라, ESL 교사는 국제적인 부문을 가르치는 교사들에게 주관적인 일을 상담해 주고 보조해주는 유익한 기능을 갖게 된다.

<그림 5.2>는 ESL 구성 요소와 학문적 요소 사이의 상호작용의 가능성을 나타내고 있다.

단 계	ESL 구성요소	학문적 구성요소
초급	대학생활 안내와 같은 일반적인 관심을 갖는 주제에 초점을 맞춘 교실 언어 교육	없음
중급	다음중 하나 선택적 교과과정: 1. 영문법(모니터) 2. 문체학(학습 가능) 3. 대화(본문 참조)	주관적인 사건 교육과정 중 국제적인 부문(선택적)
고급	없음	주관적인 사건 교육과정 중 정규 부문(regular section)

초급과 중급 사이의 이동에 관한 제안은 주6을 참조할 것.
<그림 5.2> 대학 수준의 국제 학생 교육 프로그램의 ESL 구성요소와 학문적 구성요소

(iii) 응용언어학 연구를 위한 필요성. 만약 내가 위에서 개략적으로 소개한 바 있는 국제학생 프로그램이 미국 대학에 와 있는 외국 학생의 문제에 "해답"이 된다고 간단히 주장을 한다면, 우리는 실제(practice)의 정확한 형태에 도달하기 위하여 단지 상담이론만 필요하다고 주장했던 과거의 과오를 되풀이하는 결과가 될 것이다. 제1장의 메시지로 되돌아가기 위해서는 이것으론 충분치 않다. 적어도 다음과 같은 질문들이 필요하고 다음과 같은 실험적 데이터를 가지고 응답해야 할 필요성이 있다:

1. 국제 학급에 있는 학생들이 다른 학급의 학생들 보다 영어를 더 많이 습득하는가?
2. 주관적인 일을 학습하는 면에서 이들은 일반적인 표준학급을 택한 학생들의 경우와 같은가?
3. 이들이 장기적으로는 공부에 더 성공하는가?
4. 학문적인 분위기에서 이들이 더 안락함을 느끼는가?

분명히 이들 질문에 대한 답은 이론적이며 실제적인 이해관계가 될 것이다.

(iv) 성인 ESL 및 주관적인 문제. 미국에서의 ESL이란 직업은 이미 미국으로 들어오는 이민자 성인들을 위한 "교육과정"으로 하나의 주관적인 문제의 형태로서 실험이 끝난 상태이다. (이것은 이론과 실험을 기다리지 못하는 교사와 행정가의 또 다른 사례이지만, 자기들 자신에게 "어떤 일"이 작용하고 있음을 발견한 것이다; 이에 대한 논의는 제1장 참조). S. Brown(1979)은 LA에서 이와 같은 종류의 실험을 하나 기술했다.

Brown의 학교에서 ESL 교육의 일부분이 "보다 전통적인 문법-지향적인" 스타일의 학급이었는데, 학생들도 2~4주간 지속된 "생활상황"의 주제를 담고 있는 교과 진도에 참여했다. 이에 속하는 예로는 지역사회 봉사(우체국, 도서관 등등), 소비자 교육, 고용(광고, 대행업소, 노조 등), 가족 생활(예: 결혼 초청, 생일 파티 등), 시민 정신(예: 교통 위반 딱지 및 주·정차 위반 딱지, 투표, 세금 등) 그리고 기타 "생활 상황" 등이 있다. 교사들은 학생들에게 새로운 나라에서의 "삶의 매카니즘"을 이해시키기 위하여 연사 초청, 영화, 현장 학습, 광고물 등을 이용할 수 있다.

다시 늘 사례가 그랬던 것처럼, 이와 같은 프로그램의 유용성을 확인할 수 있는 증거가 아직은 없다. 그러나 제1장에 제시했던 교육 프로그램을 위한 영감을 불어 넣어주는 2, 3가지 근원으로서 제2외국어 습득 이론 및 교사의 영감/육감은 그와 같은 교육 프로그램들은 언어 습득을 위하여 매우 유익할 뿐만 아니라 입력이 이해 가능한 것인 한 분명히 실용적 가치가 있다.[7]

4. 성취도 테스트

　여기서는 우리가 테스트에 관한 제2외국어 습득이론의 의미를 고찰해 보기로 한다. 나는 우리가 제2외국어의 성취도를 알아보기 위한 테스트 선정시 정상적으로 고려해야 할 일, 그리고 우리가 선택한 테스트 방법의 종류와 특성 등을 알아보기로 한다. 앞에서 언어 교육체계에 대한 기술의 경우에 그랬던 것처럼, 이것은 새로운 정보를 공급하기 위한 노력으로 이루어지지 않고, 일반적인 가정의 세트를 구축하기 위한 노력으로 이루어진다; 그러므로 제2외국어 테스팅에는 표준 문학과 몇 가지 유사성이 있다고 본다(예: Harris, 1969; Valette, 1977; Oller, 1979). 그 다음 나는 Oller(1979)가 말하는 테스트의 "교육적 가치"에 주로 초점을 맞춰 보고, 만약 우리가 테스트의 이와 같은 속성을 너무 진지하게 다루다 보면, 제2외국어 습득이론은 성취도 테스트 선정에서 우리의 선택의 폭을 너무 심하게 제한하게 된다는 점을 주장하게 된다.

1) 테스트 평가와 선정시 정상적으로 고려할 사항

　테스트와 측정에 관한 표준적인 문헌들은 좋은 테스트란 어떤 기준에 맞는 것이어야 한다고 말한다. 테스트는 신뢰도 즉 다른 조건 하에서도 동일한 결과를 낳는 일관성이 있어야한다. 테스트는 타당성 즉 측정하기로 되어 있는 것을 진정으로 측정해야만 한다. 테스트 전문가들도 테스트를 확실히 한다는 것은 실제적인 문제로서 경제적이고, 점수화가 용이하고, 해석도 용이해야 한다고 우리에게 충고한다(Harris, 1969, pp.21-22). Harris도 우리는 테스트의 표면 타당도 즉 "테스트가 피험자, 테스트 행정 전문가, 교육자 및 기타 등등에게 어떤 방식으로 보이는가"(p.21)에 신경을 써야 한다고 주장한다. 이 경우 사실이야 어찌되었든 간에 만약 테스트가 타당한 평가나 측정을 하지 못한 것으로 보이면 학생과 교사가 그것을 진지하게 받아들이지 않게 된다.

이제 제2외국어 교육 프로그램의 행정가와 교사들은 테스트의 선택의 폭이 상당히 다양해졌다. 테스트는 테스트가 취하고 있는 양식에 따라(읽기, 쓰기, 말하기, 듣기 등) 구분되기도 하고, 단편적인 점수냐, 집약적인 연속선적 성격이냐에 따라 구분되기도 한다. 단편적인 점수화 테스트는 "한번에 한 가지 문법적인 요점에 관하여 관심의 초점을"(Oller, 1979, p.37) 맞추는 테스트이다. 극단적으로 단편적인 테스트는 테스트하고자 하는 문법 범주를 포함하는 문장외적 문맥에 대한 최소한의 지식을 요구한다. 여기서 단편적인 테스트의 한 예를 다음과 같이 든다:

   Mary _____ in New York since 1960.
    a. is living
    b. has lived
    c. lives

한편 집약적인 테스트는 한 번에 언어의 한 가지 측면이나 현상에 초점을 맞추려고 하지 않는다; Oller(1979)에 따르면, "단편적인 문법 범주 테스트는 한 번에 하나씩 언어의 지식을 테스트하려고 하지만, 집약적인 테스트는 동시에 많은 것을 사용할 수 있는 학습자의 능력을 평가하려고 하며, 가능한 한, 한 문법체계의 여러 가지 구성요소라고 추정되는 것들을 연습하게 되는데, 그것은 아마도 전통적으로 인정되어 온 기술이나 그와 같은 기술의 한 가지 측면 이상의 것들을"(p.37) 말한다. 대체로 집약적인 테스트라고 보는 테스트의 예로는 독해 테스트, 괄호 넣기 테스트, 받아쓰기, 작문, 구두 의사소통 테스트 등등이 있다.

2) 교육적 가치

나는 여기서 테스트의 한 가지 측면인 성취도 테스트의 교육적 가치에 초점을 맞추어 단 한 가지 요점을 추출해내고자 한다. 테스트는 학급 활동에 지대한 영향을 미치기 때문에 학생들이 보다 많은 언어 습득이 가능한 방향으로 유도할 수 있는 테스트를 선정할 필요가 있다. 교육적 가치란 기준이 위에 열거한 테스트 방법들 보다 더 중요할 가능성은 충분히 있다.

간단히 말해서 선택된 종류의 테스트는 학급에 거대한 영향을 끼친다. 만약 학생들이 자기들 학업 성취도를 측정하는데 어떤 테스트가 사용될 것인지 미리 알게 된다면, 그들은 자연히 그 시험에 대비하여 공부를 할 것이고, 교사들은 테스트에 대비하여 가르쳐야 한다는 심리적 압박감을 느끼게 될 것이다. 나는 우리가 이와 같이 자연스러운 성향을 묶어 두고, 테스트 자체가 학생들의 제2외국어 습득을 더 많이 할 수 있도록 학생들로 하여금 시험준비를 하도록 조장하게 되는 그런 종류의 테스트를 골라내어야 한다.[8]

Jones(1979)는 그가 소위 "역류효과"라고 칭하는 이와 같은 경향을 묶어 두는 결과를 낳는 아주 좋은 사례를 들고 있다. 대학 수준에서 초등학교용 독어 교육과정을 가르칠 경우, 그는 중간고사로 학생 1대1의 짧은(5분) 대화의(oral conversation) 구두시험을 보기로 결정했다. Jones는 이 시험에 대하여 사교적인 대화 영역에서 구두 의사소통이 유창한 학생은 별로 없었다며 "내가 학생에게 인사를 하고 어제 어떻게 지냈느냐고 묻거나 잘 가라고 말하면 대부분의 학생들은 아무런 반응이 없고 다만 수줍게 웃을 뿐이었다. 비록 학급에서 이와 같은 내용을 수업하고 연습과 실습을 많이 했을지라도 마찬가지였다"(p.56)라고 했다.

이런 방식의 중간고사가 가져오는 효과는 대단한 것이었다: "구두 면접 테스트가 처음 실시된 다음 조교는 내게 말하길, 학생들은 학급에서 구두 연습을 더 많이 하게 해달라고 간청하고 있다는 것이었다. 그런데 두 번째 시험에선 상황이 처음과 많이 달라졌다. 학생들은 나를 기다리고 있었다. 학생들은 시험방식을 예상했기 때문에 짧은 기간 내에 스피킹 유창성을 발달시키기 위하여 상당한 노력을 기울였던 것이 분명했다. 이번 테스트는 학생들의 스피킹 능력에 관한 생생한 정보를 제공해 줄뿐만 아니라, 말하기라는 중요한 기술을 발전시키기 위하여 더 많은 시간을 할애해야한다는 영향력 있는 동기부여의 계기도 되었던 것이다"(pp.56-57).

이상에서 언급한 Jones의 구두시험 방식은 신뢰도 면에서 실패했는가(재래식 기준으로 볼 때)? 예를 들면 여러 명의 심사관에 의한 등급 판정과 이들 판정관 간의 상호 신뢰도가 요구되는 수준을 충족시키지 못했는가? 나는 소위 말하는 강력한 역류효과가 이상과 같은 문제점을 보완하는 것보다 어떤 상황 하에서는 더욱 크다고 주장한다.

내가 여기서 지금 말하고 있는 기본적인 문제는 어떤 특정 유형의 시험에 대한 대비(연습)가 필수적으로 제2외국어를 더 많이 습득하게 되는 요인이 되지 않는다는 사실이다. 이와 같은 요소들은 신뢰도와 타당성에 근거를 두고 판단해 볼 때 상당히 감소됨을 발견할 수 있는 좋은 자료들이 있다. 예를 들면 학급에서 실시하는 괄호 넣기 시험 연습은 학생들이 해당 언어의 더 많은 것을 습득하는데 또는 괄호 넣기 시험 성적 향상에 도움이 된다는 증거는 없다. 그런가 하면 대화에의 참여, 만족이나 기쁨을 얻기 위한 독서가 학생들의 언어 습득에 도움이 된다는 좋은 증거는 있다. 대화연습은 이해 가능한 입력을 제공하고, 학생들이 원어민과 대화하는데 필요한 도구를 습득하는데 도움이 된다. 여기서 원어민은 학생에게 더 많은 입력 및 더 많은 언어 습득의 계기를 주는 결과를 가져온다. 만족을 얻기 위한 독서도 우리가 본 장의 첫머리에서 본 바와 같이 습득을 위한 최적 입력의 필요조건을 충족시키는 입력을 확보하는 효과적인 방법인 것이다.

　학업 성취도 테스트는 이와 같은 요구조건을 충족시킨다고 나는 주장하는 바이다: 테스트에 대한 준비 또는 테스트를 대비한 공부는 분명히 학생들이 수업이 끝난 다음까지도 더 많은 입력을 확보하기 위한 도구와 이해 가능한 입력을 제공할 수 있는 일에 매달릴 수 있는 촉진제 역할을 하게 된다. 이는 우리 선택의 폭을 극적으로 감소시켜 줄 뿐 만 아니라 진정한 의미에서 학업 성취도 테스트에서 할 작업을 간소화시켜 준다는 의미도 있다. 그럼 우선 외국어 테스트 분야에서 이와 같은 철학의 결과가 무엇인지 검토해 보자.

　외국어 수업에서 학업 성취도 테스트는 학생이 주어진 교과과정상의 요구사항을 충족시키고 있는지 여부, 그리고 때로는 학생이 어느 기관(학교/학원)에서 설정한 언어의 필요조건들을 만족시키고 있는지 여부 등을 평가하려고 한다. 이런 것들을 하나씩 차례대로 다루어 보겠다.

　외국어 수업의 경우 나는 단 2개의 선택밖에 없다고 본다. 그중 하나는 상당히 전통적인 것으로 강독일 것이다. 만약 학생들이 강독 방식의 시험이 주어질 것이라는 사실을 미리 알았다면 시험문제가 몇 가지 단문이 주어지고 그 단문을 읽고 주어진 질문에 답하라는 방식으로 출제될 것을 알기 때문에 미리 안다는 사실이 학생들로 하여금 시험대비로 많은 독서를 촉진시키게 되는 효과가 있을 것이다. 이는 학생들로 하여금 가장 간단하고 분명한 시험대비를 할 수 있게 해줄 것이며, 동시에 제2외국어로 쓰인 책을 읽을 기회를 갖게 만든다. 학생들이 알고 있는 한 여러 가지 다양한 문장을 접하게 될 것이고, 시험문제가 구체적인 단어나 문장구조가 아니라 문장의 "요점"에 초점을 맞추는 한, 학생의 기쁨이나 흥미용 독서가 이런 시험을 대비하는데 적합한 사례가 될 것이 분명하다. 교사들은 이해 가능한 독서물을 제공하는 일을 촉진시킬 것이고, 학생들은 교과서 이외의 적합한 보충교재를 찾아 학교 밖으로 나아가는 일이 장려될 것이다. 학생들이 책을 읽는다면 가장 중요한 일은 그들이 목표어를 더 많이 습득하게 된다는 사실이다.

독해 테스트는 일반적으로 위에서 언급한 통계학적 요구조건에 맞는 평가문제지 구성이나 구입에 아무런 문제가 없기 때문에 더더욱 유익하다. 표준형 문헌들은 독해문제 구성에 대하여 많은 주장을 하고 있고 (예: Harris, 1969, 제6장), 신뢰도 측정 및 다양한 유형의 타당도 측정 등을 손쉽게 확보할 수 있다. 독해 테스트는 실제적이고 분명한 면전 타당도를 충분히 갖춘 것으로 구성이 가능하다.

두 번째 종류의 테스트는 다소 복잡하지만, 우선 타당한 다른 선택적 대안이 없는 것 같다. 필요로 하는 것은 학생들이 의사소통 능력에 필요한 두고 사용을 요하는 대화에 참여할 것을 장려하는 시험이다. 많은 구두 테스트는 이 점에 있어서 실패하고 있다. 학생이 질문에 대답하게 하는 이런 테스트는 상호작용 능력을 요하지도 않고, 학생이 간단하게 말을 하게 하거나 질문을 하게 하는 것도 아닌 것이다. 여기서 필요한 것은 대화 운영에 대한 진정한 의미의 테스트인 것이다.

대화 운영에 관한 테스트는 이런 것이라는 점을 여기선 간단하게 다음과 같이 기술해 보고자 한다: 이상적으로 볼 때 뭔가 실존하는 것에 대하여 대화를 할 경우 평가자인 교사와 평가대상인 학생 둘 다 대화에 관련되어야 하는데, 대화 속에 풀어야 할 문제가 있고, 상호 논의할 주제가 있어야 한다. 둘째, 학생의 평가는 문법적 정확성이 아니라 대화 운영 능력 및 의사소통 능력 위주로 이루어져야한다. 예를 들어서 만약 학생이 난처한 입장으로 말미암아 적절한 단어 선택에 어려움을 겪고 있다면, 그 학생에 대한 평가는 등급이 내려갈 것이다. 만약 학생이 적절한 채워 넣기로(예: just a moment .... what I want to say is .... how do you say .... ?) 문제를 풀 수 있다면, 그 학생은 벌을 받을 이유도 없을 뿐만 아니라 대화를 유지할 능력이 있는 수준으로 올려주어야 할 것이고, 발언권을 잃지도 않을 것이다! 적어도 성공적인 대화를 위해서는 겸손과 적절성에 관한 최소한의 지식이 절대적으로 필요하기 때문에 학생의 겸손과 적절성에 대해서도 성적을 주어야 할 것이다. 가장 중요한 것은 의사소통의 성공적인 완성을 위하여 성공적인 의사소통을 한다면 이에 대해서도 그들에게 성적을 주어야 할 것이다. 평가자로 하여금 학생들을 도와주도록 지원해 주는 학생들에겐 필요한 어휘를 이끌어 낼 수 있고, 원어민이 학생들에게 이해 가능한 입력을 줄 수 있도록 도와주는 사람들은 장기적으로 볼 때 제2외국어 습득에 더욱 성공적일 것이라는 가정 하에 더 높은 점수로 평가를 내려 주어야 할 것이다.[9]

인간이 그와 같은 테스트 계획을 세울 수 있다는 것에 대한 반대도 있다. 가장 분명한 것은 그와 같은 테스트 특히 두 번째 것은 문법적 정확성 발달에 아무런 영향도 미치지 못할 것이며, 투덜거리는 스피치인 자유방임주의(laissez-faire), 언어를 향한 "태도"(어떤 것이든), 영원한 나쁜 습관의 형성 등만을 조장할 것이라는 주장도 있을 수 있다. 그러나 제2외국어 습득이론은 전혀 다른 예측을 한다: 만약 이와 같은 종류의 테스트가 학생들이 대화에 참여하여 대화 운영을 위한 기술을 개발할 수 있도록 촉진시킨다면, 이런 것들은 문법적 정확도 발전에 크게 기여할 것이다. 사실, 이들은 장기적으로 보면 다른 어떤 측정법 보다 문법적 정확성 발전에 더 큰 기여를 할 것이다! 이들은 학생들에게 이해 가능한 입력 확보에 필요한 도구를 주게 될 것이고, 따라서 이것은 학기가 끝나면 근본적인 언어 습득이 훨씬 개선된 결과가 될 것이다.

대화운영 테스트는 신뢰할 만한 등급 판정이 매우 어렵고, 이와 같이 낮은 신뢰도 때문에 채택 가능한 타당도란 조건을 충족시키는데 실패하게 된다. 평가자를 훈련시키기가 어려울 것이고, 논의할 주제를 발명해 내기도 어렵다. 그럼에도 불구하고 거기엔 그들의 불완전한 유창성에도 불구하고, 학생들이 해당 언어를 사용할 수 있는 대화 기술을 개발할 수 있도록 학생을 자극한다는 약속이 있기 때문에 학기가 끝난 다음 제2외국어 습득에서 지속적인 발전을 보장하게 된다.

  사람들은 적어도 일부 문법 테스트가 여기에 포함되어야 한다고 주장할 수도 있다. 앞의 제2장에서 강조한 바와 같이, 우리는 형식문법 교육을 반대한 바가 없다. 모니터(Monitor) 사용이 의사소통에 방해가 되지 않을 경우 형식문법 교육도 하나의 모니터(Monitor)로서 그 나름대로 쓰임새가 있다. 그러므로 형식문법 교육도 교육 프로그램의 일부분인 것이다. 따라서 모니터 사용에 좋은 조건 하에서 학생들이 자기 발화 생산을 모니터 할 수 있는 능력을 테스트하는 형식적인 면으로 볼 때, 우리가 문법을 테스트하지 말아야 할 것인가?

  내게 이와 같은 주장이 한 때는 환영할 만한 것이었다. Tracy Terrell은 내게 문법 테스트에 대하여 반대 논리를 제시했고, 나는 그가 옳다고 생각한다: 만약 우리가 문법 테스트를 허용한다면, 문법 테스트가 성장, 발달하여 얼마 안 가서 테스팅 프로그램을 지배하게 될 것이고 이어서 교과과정도 지배하게 될 것이다. 제한적인 문법 테스트가 문법의 제한적인 역할과 일맥상통하지만, 교사들과 행정가들이 옛날 방식으로 방향을 바꾸고 서서히 문법만 테스트하는 쪽으로 진행되어 나아갈 수 있는 위험성이 있다.

3) 언어란 요구조건

  수많은 대학과 일부 고교들이 여전히 교과과정상 언어 과목을 요구한다. 이 말은 결국 2-4학기 동안 필수로 외국어 과목을 수강하라는 뜻이다. 그러나 만약 과목 개설의 목표가 학생들로 하여금 학교 밖의 외부 세상이나 교실 밖의 재료를 이용하여 계속 언어 습득을 할 수 있기를 바라는 것이라면, 이는 결국 우리가 학생들이 이와 같은 목표와 수준에 도달했는지 여부를 확인하는 것이 테스트라고 생각해야 할 것이다: 즉 학생들이 이해 가능한 입력을 계속 확보할 수 있는가? 에 대한 답을 확인하자는 말이다. 이와 같은 질문을 입증할 수 있는 테스트는 앞부분에서 언급한 교육적 가치의 극대화와 동일한 것이 될 것이다: 독해(reading comprehension) 및 대화 운영은 학기말에 치르는 학업 성취도 테스트에 가장 적합할 뿐만 아니라 기말고사 자체를 보지 않는 것에도 가장 적합할 수 있다. 이와 같은 종류의 테스트는 다음과 같은 질문을 할 수 있다: 학생이 제2외국어로 충분히 잘 읽어서 소위 Newmark가 말하는 "crytoanalytic decoding" 없이 그리고 사전을 보지 않고 텍스트를 읽을 수 있는가? 도와줄 의사가 있는 원어민과 효과적으로 의사소통 할 수 있는가?

물론, 나는 읽고 논의할 주제의 범위, 유창성에 인지적 동일 수준을 요하는 문제, 그리고 이에 따른 더 많은 이해 가능한 언어 및 더 신나는 언어, 합격 수준을 결정하는 방법 등과 같은 수많은 중요 문제들을 해결하지 못하고 말았다. 사실상 일부 응용연구들이 이와 같은 문제를 해결하는데 도움을 줄지도 모른다. 그러나 현재로선 아직 그렇지 못한 것도 사실이다.

4) 대학 수준의 ESL

이 책에서 제시한 바와 같이 제2외국어 습득이론은 대학 수준에서의 ESL 테스트의 어려운 문제들에 대하여 마술적이고 분명한 해답을 주지 못하고 있다. 이와 같은 테스트의 목표는 학생들이 영어로 수업을 받는데 필요한 영어를 충분히 알고 있는지 여부를 결정하는데 있다. 잘 알려진 바와 같이 "역류"(backwash)효과는 이 분야에서 수 년 동안 하나의 골치 아픈 문제가 되어 왔다: 수많은 외국 학생들이 전적으로 TOEFL 시험 대비를 하고 있고, 바로 이와 같은 시험 대비용 특수 교육과정을 수강하여 도움을 받기도 한다(Wiggon, 1979 참조).

우리가 앞에서 이미 사용한 바 있는 것과 동일한 주장을 적용하고, 테스트의 교육적 효과를 강조하면 우리는 주관적인 일에 대한 테스트는 이 수준에서 매우 장점이 많을 것이라는 결론에 도달하게 된다. 이와 같은 것은 행하기 보다 말하기가 훨씬 쉽다. 모든 외국인 학생들을 대상으로 표준화된 주관적인 일에 대한 테스트를 설계하는 것은 금해야 할만큼 박대한 경비가 들어가는 일이다. 앞에서 개략적으로 언급한 바와 같이 국제학생을 위한 교과과정은 이들이 기말고사용으로 주관적인 일에 대한 테스트를 활용하는 한 이쪽 방향으로 나아가는 첫걸음이 될 수 있다. ESL 요구조건으로부터 학생들을 해방시켜주는 것은 학생이 국제 학생용 교과과정을 통과할 수 있는 능력이 있느냐 여부에 달린 문제라고 볼 수 있다.

5. 교재간의 차이

이 책에서 우리가 도달한 결론이 맞는다면, 우리는 우리 교재간에 상당히 심각한 격차를 어느 정도는 갖고 있다고 인정해야 할 것이다. 이와 같은 격차에 어떤 부분에 존재하느냐를 언급하기에 앞서서 우선 먼저 앞의 제3장과 4장에서 목록으로 제시한 바와 같이 교수법이 그랬던 것과 마찬가지로 교재들도 동일한 필요조건을 충족시켜야 할 것이다. 만일 교재가 학생들의 언어 습득에 도움이 되는 것이라면 교재는 학생들에게 이해 가능한 입력, 흥미/관련성, 문법적으로 연계성이 없을 것 등등에 관한 입력을 제공해야만 하고 또는 그와 같은 입력을 제공하는 데 도움을 주는 것이어야 한다. 만약 교재가 언어 학습에 도움이 되는 것이라면, 교재는 학습이 가능하고, 간편한 언어규칙에 초점을 맞추어야 할 것이다. 학습 교재가 비판을 받는데 대하여, 나는 교재중 이와 같은 목적을 결여한 것이 없다고 보며, 오늘날의 교재들은 학생의 외국어 교육과정에서 언어 학습 구성요소를 위하여 매우 유익하게 활용될 수 있다고 본다. 그러므로 어떤 종류의 교재가 학생들의 습득을 촉진시키기 위하여 개발될 필요성이 있느냐에 초점을 맞추어야 할 것이다.

　새로운 교재들이 초급반과 중급반 학생들이 교실 밖에서 이해 가능한 입력을 얻는 것을 도와주면서 기본적인 필요성을 채울 수 있는 것으로 설계되기를 나는 희망한다. 이것은 외국어를 공부하는 학생들에겐 분명히 문제이며, 특히 "이국적인" 언어를 공부하는 학생에겐 심각한 것이다. 이것은 평범하게 많이 사용되는 언어 및 제2외국어를 공부하는 학생들에게도 주요 문제중의 하나이다; 초급 수준의 학생들은 원어민과 대화를 할 수 있는 능력이 없으며, 현지의 라디오와 텔레비전 또는 쉽게 읽을 수 있는 것들에 대해서도 이해를 못한다. 우리는 학급에서 제공된 입력뿐만 아니라 학생들이 교실 밖의 세상을 이용할 수 있는 수준이 되기까지 수준을 끌어올릴 수 있는 그런 교재를 필요로 한다.

　이해 가능한 입력의 분명하고도 편리한 출처 중 하나는 독서인 것이다. 본 장의 초기에 언급한 바와 같이 즐거운 독서는 습득을 위한 입력이란 조건을 매우 잘 충족시킬 수 있다. 오늘날 우리가 안고 있는 문제는 제2외국어를 공부하는 학생용으로 개발된 교재들은 이와 같은 조건들을 충족시키지 못한다는데 있다. 요즈음에 구입할 수 있는 교재들은 이해 가능하지 않은 경우가 종종 있다; 이미 앞에서 언급한 바와 같이 외국어를 공부하는 수많은 학생들이 접할 수 있는 도서는 복잡한 어휘와 통사로 구성된 문장뿐이다. 그나마 거의 모든 부분이 문법적으로 연계성을 보이고 있다; 저자들은 학생이 공부해야 할 것으로 또는 요즈음 학습하고 있을 것으로 생각되는 통사를 본문에 포함시키는 데만 주의를 기울인다. 또한 그나마도 읽을 수 있는 도서나 교재가 충분한 것도 아니다.

　제2외국어 학생들은 이해 가능하고. 충분히 흥미를 자아내는 많은 양의 교재를 필요로 하기 때문에 학생들은 밤으로 한 시간씩 그리고 원한다면 수개월씩 기쁨과 흥미를 얻기 위하여 읽을 수 있어야 한다.

요즈음 일부 교재들이 올바른 방향을 잡아 나가고 있기도 하지만 그래도 다음과 같은 몇 가지 면에서 흠이 있다:

(1) 연습문제를 통하여 사용된 문법과 어휘에 대한 훈련, 그리고 내용에 대한 질문 등을 하고 있다. 물론 교사들은 이와 같은 연습문제를 간단히 무시할 수 있지만, 때로는 교재를 처음부터 끝까지 한 장도 건너뛰지 않고 이 잡듯이 가르치는 수도 있다. 연습문제가 곧 학습이란 주장, 교재가 습득을 제공한다는 주장 등이 있을 수 있는데, 내 생각으론 이와 같은 방식으로 한 번에 두 가지를 복합적으로 겨냥하는 것은 위험한 일이라고 본다. 첫째, 본문 내용에 대한 질문에 답할 필요성은 독서의 즐거움을 깨뜨린다. 둘째, 이와 같은 연습문제들은 학생들로 하여금 언어 형태에 더 치중하고 내용엔 다소 경솔해질 수 있게 만든다.

이와 같은 교재에서 발견되는 수많은 연습문제의 이면에 깔려있는 가정은 학생들은 새로 나온 어휘와 문법에 대한 "복습"과 "연습"이 필요하다고 보는 것 같지만 학생들은 그런 것을 보유하고 있지 않다. 내가 보기에 이것은 자아-충전식 예언서인 것 같다. 별로 연습문제 풀이도 하지 않은 상태에서 학생들은 더 많은 것을 읽을 수 있고, 텍스트에서 이와 같은 문법 항목들을 더 많이 접할 수 있는 기회를 갖게 될 것이다. 과도한 연습문제 풀이를 통하여 우리는 학생들이 제2외국어로 즐거움과 흥미를 얻기 위한 독서를 바라는 욕구를 파괴시킬 수도 있기 때문에 새로운 문장구조와 단어를 또 다시 많이 만날 수 없을 것임을 확신시켜 주어야 한다.

(2) 최근의 도사들은 충분하게 읽을 거리를 제공하지 못하고 있다. 문제의 일부분은 연습문제에 있는데, 연습문제는 상당히 값비싼 지면을 너무 많이 차지하고 있다. 이와 같은 추세라면 앞으로 책이 독해 및 다양한 주제로 인하여 더 두터워질 것이다. 학생들은 자기들이 원하는 주

제를 선정하여 책을 골라낼 것이다. 이렇게 하기 위해서 그들은 선택의 폭을 넓힐 필요가 있다. 포도주의 나라 불란서라든가, 스포츠에 관한 또 다른 이야기라든가, 하나의 미스터리 이야기라는 식으로 세분되겠지만 이런 세분된 책으로는 충분치 않다.

(3) 끝으로, 그와 같은 책의 저자들은 각 라인이나 문단을 고려해야 하고 새로 나온 문장구조나 어휘 항목의 소개에 저자 자신의 망상을 버려야 할 것이다. 이 책에서 누차에 걸쳐서 강조했던 문법 항목과 같은 것들은 뭔가 흥미로운 것을 쓰고자 하는 시도를 심각하게 파괴할 것이다. 우리는 각각의 라인(한 줄의 문장)을 걱정할 필요는 없다. 만약 우리가 이해 가능한 입력을 충분히 제공한다면, 학생들이 필요한 모든 것은 거기에 있게 될 것이다.

1) 어학 실습실

많은 독자들이 알고 있는 바와 같이, 지금까지 어학 실습실의 장점에 관하여 응용언어학 문헌에서 상당히 많은 논란이 있었다. 내가 보기엔 어학 실습실이 "좋다", "나쁘다"에 대해선 의문의 여지가 없지만 습득에 유익한 입력을 공급할 수 있는 것인지 여부에 관해서는 의문의 여지가 많고, 따라서 어학 실습실은 교실에서 배우는 것과 독서로 배우는 것 등에 보완 또는 보충적 기능을 가질 수는 있다고 본다.

이와 같은 방식으로 어학 실습실이 유익할 뿐만 아니라 기술적으로 말해서 다른 어떤 목적보다도 이해 가능한 입력을 제공하는 수단으로서 어학 실습실을 이용하는 것이 더 쉬울 것으로 보인다. 어학 실습실의 전통적인 이용 방식은 교사에게 상당히 많은 기술적인, 그리고 교육적인 부담을 안겨 준다: 교사는 학생의 발화 생산을 모니터하여 학생들의 오류를 교정해 줄 것으로 기대된다. 여기 몇 가지 가능성이 있다: 이해에 도움이 되는 그림을 곁들인 카세트 테이프에 담은 이야기, 강의 노트로 보완된 즐거움을 주는 강의실 유형의 강의 (화학이나 가짜 왕국 이야기 등에 관한 견본 강의가 아니라 국제학급을 보충시켜줄 목적으로 설계된 것), 라디오 방송 교육 프로그램, 광고 등등이 그 좋은 예이다. 바꾸어 말하면 간단한 이해 가능한 입력은 이해에 도움이 된다.

　내 견해로는 어학 실습실이 학생들이 편리하게 주관적인 문제에 관하여 언제나 이용할 수 있는 곳으로 입력을 얻기 위하여 서슴없이 드나들 수 있는 곳이 되어야 한다고 본다. 어학 실습실을 항상 신경을 곤두세워야 하는 연습장소로 생각하던 구시대적 낡은 견해는 더 이상 이런 것을 허용하지 못한다.[10]

2) 교재에 관한 현장검증

　이와 같이 교재에 관한 약간 새로운 접근 방법은 현장 검증에도 약간 새로운 접근 방법을 필요로 할 것이다. 나는 이것을 ESL및 외국어 교재에 관하여 적극적이었던 한 출판사 대표와 몇 년 전에 가졌던 관련 대화에 의하여 가장 잘 예시할 수 있다고 생각한다. 출판사 사장은 문법 구조의 습득순서에 관한 우리 책 출판 때문에 나를 만나러 왔던 일이 있다(예: Bailey, Madden and Krashen, 1974; Krashen, 1978a). 당시 우리 책 원고와 다른 학자들의 원고 등이 저자들에게 더 나은 결과를 가져올 것 같다고 느꼈다. 그는 이것을 저자들이 구조를 위하여 통제될 필요가 있는 학생들을 위하여 설계되었다는 사실, 그리고 우리의 자연스런 습득순서가 이에 대하여 더 우수한 기초를 제공할 것이라는 사실로서 출판을 수락했다. 예를 들면 제1권은 초기에 습득된 것으로 확인된 문장구조만 수록했고, 제2권은 자연스런 습득순서에서 약간 벗어난 문장구조를 추가시켰다.

　나는 이 책에서 이와 같은 철학에 대하여 누차에 걸쳐서 반대 입장을 표시한 바 있다. Stevick(1980)이 언급한 바와 같이 그것은 "언어적으로 방부제와 같고 정서적으로 메마른"(p.203, 그의 훌륭한 논쟁 pp.203-204 참조) 하나의 문체(스타일)로 이어진다. 나는 이와 같은 출판사 사장의 입장에 대하여 반대하는 나의 주장을 하면서 출판사 사장에게 현장 테스트의 어떤 형식을 진행시키고 있는지 물었다. 그의 대답은 언어학적 분석을 충분한 것으로 본다는 것이었다: 그 출판사는 초급, 중급, 고급 등 각 단계별로 어떤 문장구조를 포함시키라는 가이드라인을 저자들에게 제시하고 있다. 만약 제출된 교재 원고가 이와 같은 가이드 라인에 맞는 문장구조만 포함하고 있다면 그들은 가치 있는 책이라고 생각하고, 원고 심사를 통과할 것이다. 그가 나를 만난 목적은 자연스런 습득 순서에 따라 자신의 가이드 라인을 바꾸어 보고 싶었던 것이다.

읽을 책을 개발하고 현장 테스트를 해 볼 수 있는 대안이 하나 있는데, 그것은 이 책의 철학적인 설명 부분과 맥을 같이 한다. 첫 번째 조치는 이야기 또는 이야기의 재구성을 좋아하는 작가들, 그리고 독자에게 관심이 있고 독자에게 정감을 갖고 접근하기를 좋아하는 작가들을 이용하는 것이다. 이와 같은 작가들은 육감적으로 독자들이 이런 이야기를 필요로 할 것이라는 사실을 알고 이해 가능한 소재를 찾아서 이야기에 초점을 맞추어 쓸 줄 안다(앞에서 소개한 'Brown의 부모에게 주는 충고' 참조). 현장 테스트는 통사적 분석이 아니다. 그것은 다음과 같은 질문에 답하기 위하여 만들어졌다: 목표로 했던 독자들이 이해하는가? 그들이 그것을 좋아하는가? 그들이 여기서 흥미를 느끼는가? 그들이 숙제로서가 아니라 자기 스스로 읽고 싶어하는가? 이와 같은 질문에 대하여 학생들의 대답이 긍정적이라면, 제2외국어 습득이론은 여기에 $i + 1$단계가 있을 것이고, 독서는 언어학적으로 적절한 것이고, 독자가 목표어를 더 많이 습득하는데 도움이 될 것이라고 한다.

우리는 다른 교재에 대해서도 이와 유사한 기준을 적용시킬 수 있을 것이다. 즉 여기서 다른 교재란 이미 앞에서 언급한 어학실습실 교재,

주관적인 일을 가르치는 데 도움이 될 수 있을 것으로 설계된 교재 등을 말한다(미주 10번 참조). 이런 것들은 모두 이해 가능한가? 이런 것들은 흥미/관련성이 있는가? 오직 학생들과 언어 습득자들만이 이와 같은 질문에 대답할 수 있다.

모든 교재에 대하여 질문해 볼 필요가 있는 다음과 같이 분명한 질문도 잊지 말자: 이런 것들이 실제로 목표어의 유창성을 더욱 높여주는 결과로 나타나는가? 이론을 보면 만약 교재가 우리의 요구조건을 만족시킨다면 이런 일이 일어나겠지만, 제1장에서 강조한 바와 같이 이것은 충분치 못하다. 앞으로 응용언어학 연구가 이 점을 확인시켜 줄 필요성이 있다.

6. 몇 가지 문제점

비록 여기서 제시한 이론이 전적으로 옳고, 응용을 위한 나의 주장이 적절한 것이라 할지라도, 결론을 내리기에 앞서서 언급하지 않으면 안 될 몇 가지 심각한 문제점들이 있다. 이런 것들은 교사와 학생들에 의하여 언어습득을 일차적으로 받아들여야 하고, 언어 습득을 촉진시키는 수단으로서 이해 가능한 입력을 받아들여야 가능하다. 이와 같은 문제들은 습득은 느리고 정교하며, 학습은 빠르고 일부 사람들에겐 명백하다고 보는 습득과 학습이 분명하게 구분된다는 사실이 원인인 것이다.

습득엔 시간이 걸린다; 가정법을 습득하는데는 주당 5시간씩 해서 9개월 이상의 시간이 걸린다. 사실, 가정법 습득이 때로는 몇 년이 걸리기도 한다. 한편 훌륭한 언어학자들은 아주 짧은 시간에 상당히 많은 양을 의식적으로 배울 수 있다. 또한, 우리가 무엇인가를 습득했을 때, 우리는 습득했다는 자체를 깨닫지 못하는 수가 많다. 어떤 의미에선 그것이 항상 그곳에 있었던 것으로 보고, 누구든지 다 그렇게 할 수 있는 것으로 느낀다. 그러나 학습은 다르다. 일부 사람들은 학습과 의식적 규칙의 사용으로부터 커다란 기쁨을 얻는데, 나도 그런 부류중 한 사람이다! 불어의 가정법 "마스터"는 나를 매우 기쁘게 해주었고, 나는 "Il faut que j'aille"와 같은 말을 계획하여 입으로 말할 때면 언제나 승리감을 불태운다. 우리와 같은 사람들이 이런 종류의 기쁨을 주는 행동이 진정한 의미에서 언어습득이 아니라는 점을 이해하기가 때로는 쉽지 않다.

이것은 한 가지 주요 문제를 유발시킨다. 언어 교과과정과 교재는 배우는 속도가 빠르고, 그 배움으로부터 기쁨과 만족감을 느끼는 우리와 같은 사람들에 의하여 짜여진다(Stevick's "group G", p.253; Stevick, 1980). 그러나 대부분의 우리 학생들은 우리처럼 언어구조에 대하여 흥미를 느끼는 것이 아니고 다른 데서 즐거움을 찾는다!

그러나 우리를 믿고, 언어 수업의 핵심으로서 오직 의식적 문법만을 받아들여 연습과 훈련을 열심히 하며 자기들의 언어적 오류를 교정 받기를 기대하는 학생들은 어쩌란 말인가?(Cathcart and Olsen, 1976). 나는 여기서 장기 및 단기 해법 등 두 가지 해법을 제시할 수 있다. 이 책의 핵심 내용이 맞는다면, 장기적으로 이들 학생들과 교사들은 교육될 것이다. 그러나 아이디어는 느리게 서서히 변할 것이고 몇 가지 단기 해법도 필요할 것이다. Tony Pfannkuche에 의하여 제안된 이중의 하나는 언어습득의 단기 교육과정을 언어 교육 프로그램의 일부분이나 바로 직전의 것으로 제시하게 된다. 나는 이것이 합당하다고 생각하는데, 특히 우리가 고교와 대학에서의 필수과목으로서 언어를 교실에서 단순히 가르치는 것이 아니라 습득 방법에 관한 정보와 기술까지를 포함시킨다면 더욱 합당하다고 생각한다. 또 다른 방법은 나는 개인적으로 교실에서 이 방법을 잘 사용하지 않는 방법인데, 그것은 속임수(deception)이다. 우리는 어휘나 문법을 가르칠 수 있고, 그것이 목표어로 행해지는 한 상당량의 습득이 이루어질 수 있고, 수단이 메시지가 될 수 있다. 우리가 학습을 갈망하는 학생들에게 유익하고 짧은 대화를 주어 언어를 기억하도록 상황에 맞게 가르칠 수 있지만, 동시에 이해 가능한 입력을 제시할 수도 있다. 끝으로 주관적인 주제를 주는 국제학급도 학생이 무의식적 습득을 믿거나 말거나 학생에게 이해 가능한 입력을 제공하게 될 것이다.

지금까지 나는 언어습득 이론 및 그 적용에 관한 보수적인 입장을 제시했다고 생각한다. 내가 알고 있는 모든 실험 데이터와 보수적인 입장은 일맥 상통하는 것들이다. 이것은 역사를 통하여 볼 때 수많은 사람들이 이와 같은 방법으로 제2외국어를 습득했고, 그 습득 정도도 대단했다고 볼 수 있다. 그들은 언어가 아닌 다른 것에 초점을 맞추었기 때문에, 정보가 필요했거나 정보에 관심을 가졌기 때문에, 또는 그들이 함께 하고 싶었던 사람들과의 상호작용을 통하여 제2외국어를 습득했던 것이다.

미주

[1] 이 원리는 다음과 같이 Asher가 어린이 언어습득에 주요 3요소라고 생각했던 것으로부터 파생된다:

(1) 듣기가 말하기에 우선한다: "듣고 이해하기가 앞으로 있을 말하기에 대비한 청사진을 그린다"(p.1041).
(2) "... 성인들이 명령을 통하여 영아의 육체적 활동을 조작할 때, 구두언어의 이해가 습득될 수도 있다..."
(3) "... 듣기 기술은 어린이가 말을 할 수 있는 '준비'단계를 낳을 수도 있다... 이해가 발달함에 따라, 어린이가 자발적으로 발화를 생산하기 시작하게 될 시점에서 말하기가 '준비'된다 "(p.1041).

² 교수법 비교실험이 엄격하지 않을 경우, 대학 수준에서의 외국어 교육을 위한 Newmark의 Minimal Language Teaching Program은 Newmark(1971)에 수록되어 있는데, 이는 상당히 흥미를 끈다. Newmark의 학생들은 다음과 같이 1주일간의 교육을 받았다: 원어민과 대화시간 3시간; 포괄적인 독서 수업 2시간("단락 끊어 읽기와 속독을 위하여 의도적으로 일반 학생들이 공부할 수 있는 분량보다 더 많이(10-20쪽) 숙제를 내주었으며, 빠른 독서 스케치 훈련을 위하여 의도적으로 읽기 시험을 부과했다", p.16); 다이아로그 수업을 위하여 어학 실습실 수업 3시간; 그리고 "학습"형태의 활동으로 4시간(대화식 문법, 일반 언어학적인 독서 및 토론 등). 분명히 앞의 3부문에선 대화 부문 및 포괄적 독서로 이해 가능한 입력을 제공하면서 습득에 초점을 맞췄다. Newmark는 자기가 실험한 학생들은 자기의 교육 프로그램에서 1년 만에 2년 과정에 해당하는 MLA 규범에 도달했다고 보고했다.

³ 몇몇의 경우에, 국제학급들은 실제적이지 못하거나 불가능하다. 한 가지 사례가 초등학교 과학으로 대형의 강의식 수업이 있다. 한 가지 가능성은 국제적인 토의 부문 또는 "pre-lecture"부문인데, 여기서는 강의의 주제를 미리 주고 어려운 어휘를 설명해 준다.

⁴ 요즈음, 일부 "학습 기술"을 연마하는 수업 및 교재는 바로 이것을 이행하려고 시도한다. 그들이 성공하고, 국제 학급의 설립이 학습 기술 학급을 배제하지는 않지만(Schwabe, 1978에 의하여 사용된 용어로 "ESL clinic"이란 말이 있다), 몇 가지 장점이 있다는 비공식적인 보고서가 나온 바 있다. 첫째, 학습 기술을 가르치는 교사는 어떤 학습 기술을 가르칠 것인가를 미리 결정할 필요가 있다. 바꾸어 말하면 욕구분석이 있어야 할 것이다. 몇몇 욕구는 분명하다. Schwabe(1978)는 욕구를 다음과 같이 목록으로 정리하였다:

1. 수업 수강시 노트정리를 할 수 있는 능력.
2. 교과서 여백에 노트 정리할 수 있는 능력.
3. 제한된 시간 내에 에쎄이 타입의 시험문제를 조직하여 정확하게 쓸 수 있는 능력.
4. 객관식 문제에서(p.79)사고 전략의 암시를 인식하고 이해할 수 있는 능력.

국제 학급(수업)은 학습 기술의 습득을 위한 자연스런 교수요목; 위에 열거한 것과 같은 욕구에 충족 그리고 기타 욕구 조사에서 예측하지 못한 것들 등을 제공한다고 주장할 수 있다(예를 보려면 미주 5번을 참조). 둘째, 국제 학생들은 "학습 기술" 수업을 자기들이 필요로 하는 핵심이며, 자기들 교육 프로그램에 직접적인 기여를 하는 것으로 (비록 Schwabe가 UC, Davis에서 그녀가 대상으로 했던 학생들이 정규 ESL 학생들보다 자기의 ESL clinic을 더 좋아하고 흥미도 더 높았다고 지적했지만) 볼 수 없다. 그런 것들은 학생들이 주요 관심과 흥미를 추구하기 이전에 또 다른 장애물이 될 수 있다.

이와 같은 주장과 관찰은 clinic식 수업, 국제학급 또는 이들 몇 가지의 결합 중 어떤 교수법이 제일 좋은지 결정하기 위해서는 응용연구 수준에서 실험을 통하여 검증할 필요가 있다.

[5] 학급/학술적인 행동의 쉽게 학습될 수 있는 측면의 구체적인 사례를 들기 위하여 Gloria Heller는 그녀의 ESL 학생 중 일부가 잘못된 위치(오른쪽)에 고리를 낀 (이런 경우 일반적으로 우리는 맨 뒷장이라고 생각한다) 3개의 고리 달린 숙제 과제물을 제출했다고 내게 말했다. 이 사소한 오류는 정규학급에서의 느슨함을 보여주는 신호로 해석될 수도 있다. 그것은 국제 학생 수업에서 예측될 수 있거나 적어도 교정될 수 있는 일이며, 진정한 차이를 가져오는 간단하고 학습될 수 있는 것의 좋은 사례인 것이다. 종이의 올바른 면을 사용하는 것은 학생을 더 나은 학생으로 만들거나 학생의 주관적인 일에 대한 인식을 개선해 줄 수는 없을 것이지만, 교사의 눈에 비친 자신의 이미지에 영향을 미칠 수는 있다. 그러므로 학급활동과 학술활동의 작은 측면과 현상을 "학습"하는 것은 언어의 후기-습득현상을 학습하는 것과 유사한 기능을 갖는다(제4장): 그런 것들이 의사소통에 필수적인 요소는 아니지만, 종종 중요시되는 화장품의 효과를 주면서 "광채"를 더하게 된다.

[6] 여기 한 가지 가능성이 있는 여름방학 집중언어 교육 프로그램이 있는데, 이는 아직 영어로 수업을 받을 준비가 되지 않은 학생으로서 모국에서 몇 년간 공식적인 영어 교육을 받은 국제학생을 대상으로 하는 프로그램을 뜻한다. 교육 프로그램의 목표는 학생이 필요로 하고 흥미를 보이며 동시에 언어학적으로 이해 가능한 학생의 영역인 주관적인 분야에 대한 교육을 제공하자는 것이다.

(1) 주관적인 분야 교사에 의해 가르쳐 지는 수업(course work). 다음과 같은 것으로 구성된 목록을 보고 학생이 교과과정을 선택한다:

(i) 대수에서 미적분까지 수학적 고찰
(ii) 컴퓨터 조작(프로그래밍은 아님)
(iii) 신용, 은행업무, 구매전략 등을 포함한 미국 소비자 경제학.
(iv) 영문법("언어 감상" 또는 언어학)
(v) 모니터 사용을 위한 영문법

(2) 일단 유창성이 어느 수준에 도달하면, 영어 더 많은 경험을 한 학생들과 전공이 같은 분야에서 흥미를 보이는 원어민 학생들과 함께 한 토론 그룹은 공식적으로 제공된 교실 수업을 보충해주는 역할을 할 수 있다. 나는 그와 같은 프로그램이 일반적인 표준형 집중 어학 코스보다 훨씬 더 많은 언어습득이란 결과로 나타날 것으로 예견한다. 왜냐하면 그런 것이 외국 학생에게 더 관련성이 많고 학생의 교육 프로그램에서 학생 자신의 특기 면에서 더 고려해 볼 만한 가치가 있다고 인식하기 때문이다.

[7] 그와 같은 수업을 더 많은 학생들이 지원하는 분야에서, 기타 다른 형태의 주관적인 것을 가르치는 일은 이민자를 위한 취업 대비반 또는 비원어민 영어 교실 및 기타 미문학 소개반, 미국 스포츠반, 요리 교실 등과 같은 관심분야를 위주로 하는 반 등을 포함한 성인 ESL반에서 할 일인 것이다. 요점은 입력이 이해 가능한 것이라면 어떤 주제라도 교육이 가능하며, 학생들은 진정으로 주관적인 분야에 관심이 있다는 점이다.

[8] Carroll이 "학생들이 테스트에서 최고로 성공하기 위하여 학습 노력을 기울이는 것은 지극히 자연스러운 일이고, 만약 시험에서 가르친 것과 다소 다른 것들을 객관적으로 측정한다면, 학생들은 바로 그 다른 객관적 테스트 대상을 향하여 대비할 것이고, 시험에 나오지 않는 여타의 대상에 대해서 별로 관심을 보이지 않을 것이다. 시험의 외관적 특성은 종종 교사 자신의 행동을 구체화시키기도 한다. 우리는 종종 교사들이 '오직 테스트를 위하여 가르칠 뿐'이라고 불평한다"(p.528)라고 언급한 바와 같다.

⁹ 나는 "진짜" 그리고 해결될 진짜 문제를 제기하는 전적으로 만족할 만한 주제 (topics)를 갖고 있지 않다. UC, Berkeley 교육학과에서 실시한 Karl Scheville의 "PEFL" 연구 프로젝트의 컨설팅 기간에, 나는 우리가 어떤 것을 개발하는데 매우 근접하고 있음을 느꼈다. 여기 한 예가 있다. 평가자와 학생에게 다음과 같은 상황이 주어졌다: 그들은 대가족이 함께 사는 작은 아파트의 형제이다. 모든 아이들은 침실을 함께 공동으로 사용한다. 맏형은 비좁은 방에서 자기 고유 영역을 갖기로 결정했다. 형이 자기 공간을 갖고 싶다면, 나머지 가족들에게 참을 수 없는 공간 압박감을 느끼게 될 것이므로, 어떻게 해야할지를 결정하기 위하여 가족회의를 열어야 할 필요성이 있었다. 이에 가족들에게 가능한 해법이 무엇인가 아이디어를 제공하는 것을 목적으로 평가자와 학생들은 이와 같은 상황을 토의한다. 이 주제는 꾸며낸 상황이기 때문에 "진짜"는 아니지만, 우리 리허설 연습에서 참가자 모두가 서로 주거니 받거니 아이디어를 낼 수 있는 흥미와 좋은 자극이 가능하다는 사실을 발견했다.

¹⁰ 앞에서 내가 제안한 국제 학급은 (국제 학생들을 위한 주관적인 일에 관한 특수한 수업 시간) 특수한 교재로부터 이득을 볼 수도 있다. 이런 것에는 약간 일찍이 습득보다 다소 빠른 독서 교재를 구할 수 없는 곳에서의 교재, 기존 교재의 보충 교재 등을 포함하고 있으며, 방금 언급한 바와 같이 주석으로 보충된 녹음 테이프 강의 등도 포함될 수 있다.

참고문헌

Allwright, R. (1975) Problems in the study of the language teacher's treatment of error. In M. Burt and H. Dulay (Eds.) New Directions in Second Language Learning, Teaching, and Bilingual Education. Washington, D.C.: TESOL. pp.96-109.

Andersen, R. (1976) A Functional acquisition hierarchy study in Puerto Rico. Paper presented at the 10th annual TESOL conference, New York, New York. March, 1976.

Andersen, R. (1978) An implicational model for second language research. Language Learning 28: 221-282.

Asher, J. (1965) The strategy of the total physical response: an application to learning Russian. International Review of Applied Linguistics 3: 291-300.

Asher, J. (1966) The learning strategy of the total physical response: a review. Modern Language Journal 50: 79-84.

Asher, J. (1969) The total physical response approach to second language learning. Modern Language Journal 53: 3-17.

Asher, J. (1972) Children's first language as a model for second language learning. Modern Language Journal 56: 133-139.

Asher, J. (1977a) Learning Another Language Through Actions: The Complete Teacher's Guidebook: Los gatos, Calif.: Sky Oaks Productions.

Asher, J. (1977b) Children learning another language: a developmental hypothesis. Child Development 48: 1040-1048.

Asher, J. and Price, B. (1967) The learning strategy of the total physical response: some age differences. Child Development 38: 1219-1227.

Asher, J., Kusudo, J. and Dela Torre, R. (1974) Learning a second language through commands: the second field test. Modern Language Journal 58: 24-32.

Bailey, N., Madden, C. and Krashen, S. (1974) Is there a "natural sequence" in adult second language learning? Language Learning 21: 235-243.

Bancroft, J. (1978) The Rozanov method and its American adaptations. Modern Language Journal 62: 167-174.

Bialystock, E. and Frohlich, M. (1977) Aspects of second language learning in classroom settings. Working Papers on Bilingualism 13: 1-26.

Bialystock, E. and Frohlich, M. (1978a) The aural grammar test: description and implications. Working Papers on Bilingualism 15: 15-35.

Bialystock, E. and Frohlich, M. (1978b) Variables of classroom achievement in second language learning. Modern Language Journal 62: 327-335.

Birkbichler, D. (1977) Communication and beyond. In J. Phillips (Ed.) The Language Connection: From the Classroom to the World. Skokie, Ill.: National Textbook. pp.53-94.

Briere, E. (1978) Variables affecting native Mexican children's learning Spanish as a second language. Language Learning 28: 159-174.

Brown, J. (1980) An explanation of morpheme-group interactions. Paper presented at the Los Angeles Second Language Acquisition Research Forum, UCLA, February, 1980.

Brown, R. (1973) A First Language. Cambridge: Harvard Press.

Brown, R. (1977) Introduction, In C. Show and C. Ferguson (Eds.) Talking to Children. New York: Cambridge University Press. pp.1-27.

Brown, R., Cazden, C. and Bellugi, U. (1973) The child's grammar from I to III. In C. Ferguson and D. Slobin (Eds.) Studies of Child Language Development. New York: Holt Rinehart and Winston. pp.295-333.

Brown, S. (1979) Life situations: incorporating community resources into the adult ESL curriculum. CATESOL Occasional Papers 5: 48-65

Bruce, L. (1979) The acquisition of grammatical morphemes by adult students of Russian as a foreign language. MA Paper, Department of Linguistics, USC.

Bruck, M., Lambert, W. and Tucker, G. R. (1974) Bilingual schooling through the elementary grades: the St. Lambert Project and grade seven. Language Learning 24: 183-204.

Burt, M. and Kiparsky, C. (1972) The Gooficon: A Repair Manual for English. Rowley, Ma: Newbury House.

Bushman, R. and Madsen, H. (1976) A description and evaluation of Suggestopedia-a new teaching methodology. In J. Ganselow and R. Crymes (Eds.) On TESOL '76. Washington: TESOL. pp.29-38.

Campbell, D. and Stanley, J. (1963) Experimental and Quasi-Experimental Designs for Research. New York: Rand McNailly.

Cancino, H., Rosansky, E. and Schumann, J. (1975) The acquisition of the English auxiliary by native speakers. TESOL Quarterly 9: 421-430.

Carroll, J. (1966) The contributions of psychological theory and educational research to the teaching of foreign languages. In A. Valdman (Ed.) Trends in Language Teaching. New York: McGraw-Hill. pp.93-106.

Carroll, J. (1967) Foreign language proficiency levels attained by language majors near graduation from college. Foreign Language Annals 1: 131-151.

Carroll, J. (1980) Foreign language testing: persistent problems. In K. Croft (Ed.) Readings on English as a Second Language. Cambridge, Ma: Winthrop. pp.518-530.

Cathcart, R. and Olsen, J. (1976) Teachers' and students' preference for correction of classroom conversation errors. In J. Fanselow and R. Crymes (Eds.) On TESOL '76. Washington: TESOL. pp.41-53.

Cazden, C. (1979) Curriculum/language contexts for bilingual education. In E. Briere (Ed.) Language Development in a Bilingual Setting. Pomona, California: National Multilingual Multicultural Materials Development Center. pp.129-138.

Celce-Murcia, M. and Rosenzweig, F. (1979) Teaching vocabulary in the ESL classroom. In M. Celce-Murcia and L. McIntosh (Eds.) Teaching English as a Second or Foreign Language. Rowley, Ma.: Newbury House. pp.241-257.

Chastain, K. (1970) A methodological study comparing the audio-lingual habit theory and the cognitive code learning theory: a continuation. Modern Language Journal 54: 257-266.

Chastain, K. and Woerdehoff, F. (1968) A methodological study comparing the audio-lingual habit theory and cognitive code-learning theory. Modern language Journal 52: 268-279.

Chihara, T. and Oller, J. (1978) Attitudes and attained proficiency in EFL: a sociolinguistic study of adult Japanese speakers. Language Learning 28: 55-68.

Chomsky, N. (1965) Aspects of the Theory of Syntax. Cambridge: MIT Press.

Christison, M. (1979) Natural sequencing in adult second language acquisition. TESOL Quarterly 13: 122.

Clark, E. and Andersen, E. (1980) Spontaneous repairs: awarness in the process of acquiring language. Papers and Reports in Child Language Dev. 16: 1-12.

Clark, H. and Clark, E. (1977) Psychology and Language. New York: Harcourt Brace Jovanovich.

Cohen, A. and Robbins, M. (1976) Towards assessing interlanguage performance: the relationship between selected errors, learner's characteristics, and learner's explanations. Language Learning 26: 45-66.

Cohen, A. and Swain, M. (1976) Bilingual Education: the "Immersion" model in the North American context. TESOL Quarterly 10: 45-53.

Corder, S. P. (1967) The significance of learner's errors. International Review of Applied Linguistics 5: 161-170.

Cross, T. (1977) Mother's speech adjustments: the contributions of selected child listener variables. In C. Snow and C. Ferguson, Talking to Children. New York: Cambridge University Press. pp.151-188.

d'Anflejan, A. (1978) Language learning in and out of classrooms. In J. Richards (Ed.) Understanding Second and Foreign Language Learning. Rowley, Ma: Newbury House. pp.218-236.

De Villiers, P. and De Villiers, J. (1973) A cross-sectional study of the acquisition of grammatical morphemes in child speech. Journal of Psycholinguistic Research 2: 267-278.

Diller, K. (1978) The Language Teaching Controversy. Rowley, Ma.: Newbury House.

Dulay, H. and Burt, M. (1974) Natural sequences in child second language acquisition. Language Learning 24: 37-53.

Dulay, H. and Burt, M. (1975) A new approach to discovering universal strategies of child second language acquisition. In D. Dato (Eds.) Developmental Psycholinguistics: Theory and Applications. Georgetown University Round Table on Languages and Linguistics. Washington: Georgetown University Press. pp.209-233.

Dulay, H. and Burt, M. (1977) Remarks on creativity in language acquisition. In M. Burt, H. Dulay and M. Finnochiaro (Eds.) Viewpoints on English as a Second Language. New York: Regents. pp.95-126.

Dulay, H. and Burt, M. (1978) Some guidelines for the assessment of oral language proficiency and dominance. TESOL Quarterly 12: 177-192.

Dulay, H., Burt, M. and Krashen, S. Language Two. New York: Oxford. In press.

Duskova, L. (1969) On sources of error in foreign language learning. International Review of Applied Linguistics 4: 11-36.

Ekstrand, L. (1976) Age and length of residence as variables related to the adjustment of migrant children, with special reference to second to second language learning. In G. Nickel (Ed.) Proceedings of the Fourth International Congress of Applied Linguistics. Vol.3. Stuttgart: Hochschul Verlag, pp.179-197.

Ervin-Tripp, S. (1973) Some strategies for the first and second years. In A. Dil (Ed.) Language Acquisition and Communicative Choice. Stanford: Stanford University Press. pp.204-238.

Ervin-Tripp, S. (1974) Is second language learning like the first? TESOL Quarterly 8: 111-127.

Farris, M. (1978) The acquisition of English grammatical functors by child second language learners. TESOL Quarterly 12: 482.

Fanselow, J. (1977) The treatment of error in oral work. Foreign Language Annals 10: 583-593.

Fathman, A. (1975) The relationship between age and second language productive ability. Language Learning 25: 245-266.

Fathman, A. (1979) The value of morpheme order studies for second language learning. Working Papers on Bilingualism 18: 179-199.

Fathman, A. (1980) Lnfluences of age and setting on second language oral proficiency. Paper presented at Los Angeles Second Language Research Forum, UCLA, February, 1980.

Felix, S. (1980) The effect of formal instruction on second language learning. Paper presented at Los Angeles Second Language Research Forum, UCLA, February, 1980.

Freed, B. (1980) Talking to foreigners versus talking to children: similarities and differences. In R. Scarcella and S. Krashen (Eds.) Research in Second Language Acquisition. Rowley, Ma.: Newbury House. pp.19-27.

Gaies, S. (1977) The nature of linguistic input in formal language learning: linguistic and communicative strategies in ESL teachers' classroom language. In H. D. Brown, C. Yorio and R. Crymes (Eds.) Teaching and Learning English as a Second Language: Trends in Research and Practice. Washington: TESOL. pp.204-212.

Gardner, R. and Lambert, W. (1972) Attitudes and Motivation in Second-Language Learning. Rowley, Ma.: Newbury House.

Gary, J. O. (1975) Delayed oral practice in initial stages of second language learning. In M. Burt and M. Dulay (Eds.) On TESOL '75: New Directions in Second Language Learning, Teaching and Bilingual Education. Washington: TESOL. pp.89-95.

Gillis, M. and Weber, R. (1976) The emergence of sentence modalities in the English of Japanese-speaking children. Language Learning 26: 77-94.

Hakuta, K. (1974) A preliminary report of the development of grammatical morphemes in a Japanese girl learning English as a second language. Working Papers on Bilingualism 3: 18-43.

Hale, T. and Budar, E. (1970) Are TESOL classes the only answer? Modern Language Journal 54: 487-492.

Hall, E. (1959) The Silent Language. Greenwich, Conn.: Fawcett.

Hammarberg, B. (1979) On intralingual, interlingual and developmental solutions in interlanguage. Paper presented at the Fifth Scandinavian Conference of Linguistics, Forstvallen, April, 1979.

Hammerly, H. (1975) The deduction/induction controversy. Modern Language Journal LIX: 15-18.

Hanania, E. and Gradman, H. (1977) Acquisition of English structures: a case study of an adult native speaker in an English-speaking environment. Language Learning 27: 75-92.

Harris, D. (1969) Testing English as a Second Language. New York: McGraw Hill.

Hartnett, D. (1974) The Relation of Cognitive Style and Hemispheric Preference to Deductive and Inductive Second Language Learning. MA Thesis, Department of English(TESL), UCLA.

Hatch, E. (1972) Some studies in second language learning. UCLA

Workpapers in Teaching English as a Second Language 6: 29-36.

Hatch, E. (1976) Language in outer space. Paper presented at the UCLA-USC Second Language Acquisition Forum, Fall, 1976.

Hatch, E. (1978a) Discourse analysis and second language acquisition. In E. Hatch (Ed.) Second Language Acquisition. Rowley, Ma.: Newbury House. pp.401-435.

Hatch, E. (1978b) Introduction. In E. Hatch (Ed.) Second Language Acquisition. Rowley, Ma.: Newbury House. pp.1-18.

Hatch, E. (1979) Apply with caution. Studies in Second Language Acquisition 2: 123-143.

Hatch, E., Shapira, R. and Gough, J. (1978) "Foreigner-talk" discourse. ITL: Review of Applied Linguistics 39-40: 39-60.

Hawkins, J. (1978) Difiniteness and Indefiniteness: A Study in Reference and Grammaticality Prediction. London: Croom Helm.

Hendrickson, J. (1978) Error correction in foreign language teaching: recent theory, research, and practice. In K. Croft (Ed.) Readings on English as a Second Language. Cambridge, Ma.: Winthrop. pp.153-175.

Houck, N., Robertson, J. and Krashen, S. (1978) On the domain of the conscious grammar: morpheme orders for corrected and uncorrected ESL student transcriptions. TESOL Quarterly 12: 335-339.

Houck, N., Robertson, J. and Krashen, S. (1978b) What happens in error correction. abstract submitted to 1978 TESOL Conference.

Hyltenstam, K. (1977) Implicational patterns in interlanguage syntax variation. Language Learning 27: 383-411.

Inhelder, B. and Piaget, J. (1958) The Growth of Logical Thinking from Childhood to adolescence. New York: Basic Books.

Johnson, T. and Krug, K. (1980) Integrative and instrumental motivations: in search of a measure. In J. Oller and K. Perkins (Eds.) Research in Language Testing. Rowley, Ma.: Newbury House. pp.241-249.

Jones, R. (1979) Performance testing of second language proficiency. In E. Briere and F. Hinofotis (Eds.) Concepts in Language Testing. Washington: TESOL. pp. 50-57.

Jordens, P. and Kellerman, E. (1978) Investigation into the strategy of transfer in second language learning. Paper presented at AILA conference, Montreal, August, 1978.

Kayfetz, J. (Fuller) (1978) Natural and Monitored Sequences by Adult Learners of English as a Second Language. Ph.D. dissertation, Florida State University.

Kellerman, E. (1978) Giving learners a break: native language institutions as a source of predictions about transferability. Working Papers on Bilingualism 15: 59-92.

Kessler, C. and Idar, I. (1977) The acquisition of English syntactic structures by a Vietnamese child. Paper presented at the Los Angeles Second Language Acquisition Forum, UCLA, 1977.

Kleinman, H. (1977) Avoidance behavior in adult second language acquisition. Language Learning 27: 93-107.

Klima, E. and Bellugi, U. (1966) Syntactic regularities in the speech of children. In J. Lyons and R. Wales (Eds.) Psycholinguistic Papers. Edinburgh University Press. pp.183-208.

Kounin, T. and Krashen, S. (1978) Approaching native speaker competence from two different directions. In C. Blatchford and J. Schachter (Eds.) On TESOL '78: EFL Policies, Programs, Practices. Washington:

TESOL. pp.205-212.

Krashen, S. (1976) Formal and informal linguistic environments in language learning and language acquisition. TESOL Quarterly 157-168.

Krashen, S. (1977) Some issues relating to the Monitor Model. In H. D. Brown, C. Yorio and R. Crymes (Eds.) On TESOL '77: Teaching and Learning English as a Second Language: Trends in Research and Practice. Washington: TESOL. pp.144-158.

Krashen, S. (1978) Individual variation in the use of the Monitor. In W. Ritchie (Ed.) principles of Second Language Learning. New York: Academic Press. pp.175-183.

Krashen, S. (1980) The theoretical and practical relevance of simple codes in second language acquisition. In R. Scarcella and S. Krashen (eds.) Research in Second Language Acquisition. Rowley, Ma.: Newbury House. pp.7-18.

Krashen, S. (1981) Second language Acquisition and Second Language Learning. Oxford: Pergamon Press.

Krashen, S. (1982) Newmark's "Ignorance Hypothesis" and current second language acquisition theory. Unpublished manuscript.

Krashen, S., Seliger, H. and Hartnett, D. (1974) Two studies in second language learning. Kritikon Litterarum 3: 220-228.

Krashen, S. and Pon, P. (1975) An error analysis of an advanced ESL learner. Working Papers on Bilingualism 7: 125-129.

Krashen, S., Madden, C. and Bailey, N. (1975) Theoretical aspects of grammatical sequencing. In M. Burt and H. Dulay (Eds.) Second language Learning, Teaching, and Bilingual Education. Washington: TESOL. pp.44-54.

Krashen, S. and Seliger, H. (1975) The essential characteristics of formal instruction. TESOL Quarterly 9: 173-183.

Krashen, S. and Seliger, H. (1976) The role of formal and informal linguistic environments in adults second language learning. International Journal of Psycholinguistics 3: 15-21.

Krashen, S., Sferlazza, V., Feldman, L. and Fathman, A. (1976) Adult performance on the SLOPE test: more evidence for a natural sequence in adult second language acquisition. Language Learning 26: 145-151.

Krashen, S., Houck, N., Giunchi, P., Bode, S., Birnbaum, R. and Strei, J. (1977) Difficulty order for grammatical morphemes for adult second language performers using free speech. TESOL Quarterly 11: 338-341.

Krashen, S., Butler, J., Birnbaum, R. and Robertson, J. (1978) Two studies in language acquisition and language learning. ITL: Review of Applied Linguistics 39-40: 73-92.

Krashen, S. and Scarcella, R. (1978) On routines and patterns in language acquisition and performance. Language Learning 28: 283-300.

Krashen, S., Zelinski, S., Jones, C. and Usprich, C. (1978) How important is instruction? English Language Teaching Journal 32: 257-261.

Krashen, S., Long, M. and Scarcella, R. (1979) Age, rate and eventual attainment in second language acqusition. TESOL Quarterly 13: 573-582.

Kunihara, S. and Asher, J. (1965) The strategy of the total physical response: an application to learning Japanese. International Review of Applied Linguistics 4: 277-289.

Lado, R. (1964) Language Teaching: A Scientific Approach. New York: McGraw Hill.

Lado, R. and Fries, C. (1958) An Intensive Course in English. Ann Arbor: University of Michigan Press.

Lambert, W. and Tucker, G. (1972) The Bilingual Education of Children. Rowley, Ma.: Newbury House.

Lamendella, J. (1979) Lectures presented at the 1979 TESOL Summer Institute, UCLA, English 272K.

Larsen, D. (1975) A re-evaluation of grammatical structure sequencing. On TESOL '74. Washington: TESOL.

larsen-Freeman, D. (1975) The Acquisition of Grammatical Morphemes by Adult Learners of English as a Second language. Ph.D. dissertation, University of Michigan.

Larsen-Freeman, D. (1979) The importance of input in second language acquisition. Paper presented at the Linguistic Society of America, Los Angeles, December, 1979.

Lawler, J. and Selinker, L. (1971) On paradoxs, rules, and research in second language acquisition. Language Learning 21: 27-43.

Lee, R., McCune, L. and Patton, L. (1970) Physiological responses to different modes of feedback in pronunciation testing. TESOL Quarterly 4: 117-122.

Lenneberg, E. (1962) Understanding Language without ability to speak: a case report. Journal of Abnorminal and Social Psychology 65: 419-425.

Levin, L. (1972) Comparative Studies in Foreign-Language Teaching. Stockholm: Almqvist & Wiksell.

Lightbown, P., Spada, N. and Wallace, R. (1980) Some effects of intruction on child and adolescent ESL learners. In R. Scarcella and S. Krashen (Eds.) Research in Second Language Acquisition. Rowley, Ma.: Newbury House. pp.162-172.

LoCoco, V. (1975) An analysis of Spanish and German learner's error. Working Papers on Bilingualism 7: 96-124.

Long, M. (1980) Input, Interaction, and Second Language Acquisition. Ph.D. dissertation, UCLA.

Lukmani, Y. (1972) Motivation to learn and language proficiency. language Learning 22: 261-273.

Macha, D. (1979) Reading comprehension of non-native students in English composition at the freshman level. TESOL Quarterly 13: 425-427.

Macnamara, J. (1972) Cognitive basis of language learning in infants. Psychological Review 79: 1-14.

Makino, T. (1980) Acquisition Order of English Morphemes by Japanese Adolescents. Tokyo: Shinozaki Shorin Press.

Mason, C. (1971) The relevance of intensive training in English as a foreign language for university students. Language Learning 21: 197-204.

Milon, J. (1974) The development of negation in English by a second language learner. TESOL Quarterly 8: 137-143.

Minoura, Y. (1979) An examination of the role of acculturation in second language acquisition through multivariate analysis. Paper presented at TESOL summer meeting, UCLA, July, 1979.

Mueller, T. (1971) The effectiveness of two learning models: the audio-lingual habit theory and the cognitive code-learning theory. In P. Pimsleur and T. Quinn (Eds.) The Psychology of Second language

Learning. Cambridge: Cambridge University Press, pp.113-122.

Murakami, M. (1980) Behavioral and attitudinal correlates of progress in ESL by native speakers of Japanese. In J. Oller and K. Perkins (Eds.) Research in Language Testing. Rowley, Ma.: Newbury House. pp.227-232.

Nelson, J. (1980) Language Systems in Adult Informal Second Language Learners. Ph.D. dissertation, McGill University.

Newmark, L. (1966) How not to interfere with language learning. Language Learning: The Individual and the Process. International Journal of American Linguistics 40: 77-83.

Newmark, L. (1971) A minimal language teaching program. In P. Pimsleur and T. Quinn (Eds.) The Psychology of Second Language Learning. Cambridge: Cambridge University Press. pp.11-18.

Oller, J. and Perkins, K. (1978) Intelligence and language proficiency as sources of variance in self reported affective variables. In J. Oller and K. Perkins (Eds.) Language in Education: Testing the Tests. Rowley, Ma.: Newbury House. pp. 103-122.

Public Service Commission of Canada, Staff Development Branch, Studies Division, Suggestopoedia Program (1975) A teaching experience with the Suggestopedic method. Ottawa, Canada.

Rivers, W. (1968) Teaching Foreign Language Skills. Chicago: University of Chicago Press.

Robinson, P. (1980) ESP: English for Specific Purposes. Oxford: Pergamon Press.

Scarcella, R. Developing conversational competence in a second language. Forthcoming.

Scovel, T. (1979) Georgi Lozanov: Suggestology and outlines of Suggestology. TESOL Quarterly 13: 255-266.

Seliger, H. (1979) On the nature and function of language rules in language teaching. TESOL Quarterly 13: 359-369.

Selinker, L. (1972) Interlanguage International Review of Applied Linguistics 10: 209-231.

Shipley, E., Smith, C. and Gleitman, L. (1969) A study in the acquisition of language: free responses to commands. Language 45: 322-342.

Stafford, C. and Covitt, G. (1978) Monitor use in adult second language producation. ITL: Review of Applied Linguistics 39-40: 103-125.

Stauble, A. (1978) The process of decrerolization: a model for second language development. Language Learning 28: 29-54.

Stevick, E. (1976) Memory, Meaning, and Method. Rowley, Ma.: Newbury House.

Stevick, E. (1980) Teaching Languages: A Way and Ways. Rowley, Ma.: Newbury House.

Swaffer, J. and Woodruff, M. (1978) Language for comprehension: focus on reading. Modern Language Journal 62: 27-32.

Swain, M. (1974) French immersion programs across Canada: research findings. Canada Modern Language Review 31: 117-129.

Terrell, T. (1977) A natural approach to second language acquisition and learning. Modern Language Journal 6: 325-337.

Tucker, G. R. and Sarofim, M. (1979) Investigating linguistic acceptability with Egyptian EFL students. TESOL Quarterly 13: 29-39.

Ulijn, J. and Kempen, G. (1976) The role of the first language in second language reading comprehension-some experimental evidence. Proceedings of the Fourth International Congress of Applied Linguistics. Stuttgart: Hochschul Verlag. pp.495-507.

Upshur, J. (1968) Four experiments on the relation between foreign language teaching and learning. Language Learning 18: 111-124.

Valette, R. (1977) Modern Language Testing. New York: Harcourt Brace Jovanovich.

Van Naerssen, M. (1981) Ph.D. dissertation, Department of Linguistics, University of Southern California.

Varvel, T. (1979) The Silent Way: panacea or pipedream? TESOL Quarterly 13: 483-494.

Von Elek, T. and Oskarsson, M. (1975) Comparative Method Experiments in Foreign Language Teaching. Department of Educational Research. Mölndal (Gothenburg) School of Education. Sweden.

Wagner-Gough, J. and Hatch, E. (1975) The importance of input data in second language acquisition studies. Language Learning 25: 297-308.

Walburg, H., Hase, K. and Pinzur Rasher, S. (1978) English acquisition as a diminishing function of experience rather than age. TESOL Quarterly 12: 427-437.

White, L. (1977) Error analysis and error correction in adult learners of English as a second language. Working Papers on Bilingualism 13: 42-58.

Widdowson, H. (1977) The significance of simplification. Studies in Second Language Acquisition 1.

Wiggin, B. (1979) Comments on the TOEFL test. TESOL Quarterly 13: 292-294.

Winn-Bell Olsen, J. (1977) Communication Starters and Other Activities for the ESL Classroom. San Francisco: Alemeny Press.

Wode, H. (1976) Developmental sequences in naturalistic L2 acquisition. In E. Hatch (Ed.) Second Language Acquisition. Rowley, Ma.: Newbury House. pp.101-117.

Yorio, C. (1978) Confessions of a second language speaker/learner. Paper presented at 12th annual TESOL convention, Mexico City, April, 1978.

Zobl, H. (1980a) Developmental and transfer errors; their common bases and (possibly) differential effects on subsequent learning. TESOL Quarterly 14: 464-479.

Zobl, H. (1980b) Contact-induced language change, learner-language, and the potentials of a modified CA. Paper presented at the Los Angeles Second Language Acquisition Research Forum, UCLA.

Zobl, H. (1980c) The formal and developmental selectivity of L1 influence on L2 acquisition. Language Learning 30: 43-57.

외국어 교육 이론과 실제

Krashen 저
김윤경 역

2000년 8월 15일 1판 1쇄
2004년 4월 20일 1판 2쇄
2004년 4월 25일 발행

발행인 김진수
발행처 **한국문화사**
133-823 서울시 성동구 성수1가 2동 656-1683
두앤캔하우스 502호
전화 464-7708, 3409-4488, 팩스 499-0846
E-mail hkm77@korea.com
등록번호 제2-1276호(1991. 11. 9)

값12,000원

ISBN 89-7735-765-9 93740

☞ 잘못된 책은 교환해 드립니다.